잠들기 전에 읽는
아들러

잠들기 전에 읽는 아들러

초판 1쇄 인쇄 | 2024년 2월 2일
초판 1쇄 발행 | 2024년 2월 22일

지은이 | 예저우
옮긴이 | 하진이
펴낸이 | 박찬욱
펴낸곳 | 오렌지연필
주 소 | 경기도 고양시 덕양구 삼원로 73 한일윈스타 1422호
전 화 | 031-994-7249
팩 스 | 0504-241-7259
이메일 | orangepencilbook@naver.com
본 문 | 미토스
표 지 | 강희연

ⓒ 오렌지연필

ISBN 979-11-89922-49-8 03100

※ 잘못 만들어진 책은 구입처에서 교환 가능합니다.

잠들기 전에 읽는
아들러

Adler,
Alfred

예저우 지음 | 하진이 옮김

오렌지연필

Prologue

Adler

지금 당신의 인생 때문에 고민하고 있는가? 삶의 의미를 찾아 헤매고 있는가? 당신의 꿈이 현실이라는 벽에 가로막혀 있는가? 혹시, 당신의 풍요로운 인생이 이제 막 시작되었는가?

오늘날과 같은 치열한 경쟁 사회에서 1분 1초의 차이는 바로 생존과 탈락을 가름한다. 성공의 법칙은 당신이 성공가가 되어 자신의 인생 왕국을 세우게 하기도 하고 평범한 사람으로 평생 아무것도 이루지 못한 채 인생을 마감하게 하기도 한다. 그렇다면 당신은 어떤 사람이 되고 싶은가? 성공을 향한 당신의 출구는 어디에 있는가? 혹자는 이렇게 말했다.

"생각은 자석과 같다. 당신의 머릿속에 든 생각과 비슷한 것들만 끌어당기기 때문에 그 생각과 반대되는 일이 일어날 가능성은 그다지 크지 않다. 따라서 성취를 이루기 위해서는 먼저 당신의 생각 속에서 이뤄야 한다."

인생에는 수많은 곤란과 혼란이 있다. 당신이 인생의 방향을 잃는 것은 생각이 불완전하기 때문이다. 무릇 생각은 한 사람의 인생을 결정한다. 명철한 두뇌에 이성적인 사람이더라도 혹은 이미 성공한 사람이더라도 철학이 있어야 한다. 그래야만 한층 이성적이고 지혜로운 삶을 살아갈 수 있다.

우리는 어떻게 우리의 인생을 대면하고 또 어떻게 살아가야 할까? 아들러 심리학의 세계에서 그 해답의 실마리를 찾아보자.

알프레트 아들러(Alfred Adler)는 오스트리아 출신의 정신의학자이자 심리학자이다. 그는 개인심리학의 창시자이자 인본주의심리학의 선구자이며 자아심리학의 아버지이다. 그는 프로이트의 제자 중 한 명이었지만, 정신분석학파 내부에서 최초로 프로이트의 심리학 체계에 반발한 인물이기도 하다. 그는 《신경쇠약의 특색에 관하여》, 《열등감, 어떻게 할 것인가》 등의 저서를 통해 정신분석학을 생물학 지향의 자아심리학에서 사회문화 지향의 자아심리학으로 방향을 전환함으로써 훗날 서양 심리학 발전에 큰 기여를 했다.

아들러는 프로이트의 성본능과 잠재의식에서 벗어나 사회문화 환경과 외적 요소에 시선을 두었다. 아들러는 아동의 사회적 책임감에 중점을 두고 사회적 관심에 대한 연구를 통해 개인은 사회 일원으로서 사회의 발전과 쇠퇴, 인류의 진화에 자기 책임을 다해야 한다고 강조했다. 그는, 사람은 누구나 자기 발전을 추구하는 의지와 소망을 지니고 있다고 여겼다. 그의 심리학에서는 사회에 비관적인 실망을 갖거나 심지어 믿음마저 상실했던 프로이트의 철학적 관점을 찾아볼 수 없다. 그 대신 우리가 미래 삶의 아름다움을 보며 미래와 자신에 대한 믿음으로 가득 찰 수 있도록 해준다.

이 책에서는 아들러의 시각과 현대인들이 가장 관심 갖는 화제를 결합하여 일곱 가지 방면에서 인생을 해석했다. 여기에는 인생 가치에 대한 탁월한 식견, 몸과 마음에 대한 해석, 인생을 대하는 용기 등을 포함하고 있다.

아들러의 이야기를 통해 그가 숭배한 인생철학과 풍부하고 실용적인 철학사상을 들여다보자. 이는 어떻게 인생을 잘 살 것인지에 대한 단초가 되어준다. 이 책을 통해 혹독한 경쟁에서도 살아남을 힘을 얻고 우수한 인재로 거듭나는 시간이 되길 바란다.

개인심리학은 개인을 이해하는 데서 사회적 맥락과 그의 생활 방식, 열등감의 역할을 강조한다. 아들러는 나폴레옹이 키가 작았기 때문에 위대해졌다는 '열등콤플렉스'라는 용어를 고안해내기도 하였다.

Chapter 3
아들러의 용기; 열등감을 내뱉고 용기를 불어넣어라

Chapter 4
아들러의 성격; 완벽한 성격으로 세계를 대하라

Chapter 5
아들러의 시련; 인생 파고에 용감히 맞서라

Chapter 6
아들러의 관계; 인간관계 때문에 고민하지 말라

Chapter 7
아들러의 사랑; 사랑으로 행복한 삶을 완성하라

Adler,
Alfred

Chapter 1

아들러의 인생;
인생의 진정한 의미를 깨달아라

아들러는 인생이란 생명의 시작점부터 종점까지의 과정이라고 여겼다. 그 과정에서 의미가 있고 없고는 저마다 개인이 느끼는 것이기에 지극히 주관적이다. 개인의 인생 의미와 그가 속한 사회는 밀접한 관계가 있고, 그 인생의 의미 역시 그 사회가 객관적인 평가를 내린다고 주장했다. 그의 말인즉슨 인생의 진정한 의미를 깨달아야만 최대의 가치를 실현하며 살아갈 수 있다는 뜻이다.

인간은
삶의 의미를 추구한다

Adler

인간은 '의미'의 영역 속에서 살아간다.

우리는 삶의 의미를 추구하며 살아간다. 의미의 영역 속에서 우리가 깨닫는 것은 단순한 환경이 아니라 환경이 인간에게 미치는 중요성이다. 이것이 바로 아들러가 창시한 개인심리학의 핵심이다.

아들러는 말했다.

"생명의 의미는 셀 수 없이 많다. 또한 그 의미들은 터무니없는 것들이 태반이다. 어차피 생명의 절대적인 의미를 아는 이가 없다면 저마다 말하는 의미들이 완전히 잘못된 것이라고 할 수는 없을 것이다. 모든 의미는 바로 그 양극단에 존재한다. 그러나 그 의미들 중 도움 되는 것도 있고, 엉망진창인 것도 있고, 잘못된 것도 있음을 우리는 잘 안다. 또한 우리는 수많은 의미 속에서 모두가 공유할 좋은 의미와 결함 있는 나쁜 의미를 구별할 줄 안다. 우리는 그 속에서 진리의 공통 척도이자 공공의 의미를 찾을 수 있다. 그 의미는 인간과 관련된 현실사회를 해석하는 데 도움을 준다. 여기서 우리가 반드시 기억해야 할 점이 있다. 인류에게 '진리'란 인류의 목표와 목적을 위한 것으로 그 외에는 딱히 진리라고 할 수 없다. 설령 다른 진리가 있다고 하더라도 우리와는 상관이 없다. 우리는 그러한 진리를 알 수도 없을뿐더러 그 진리는 우리에게 아무런 의미도 없다."

인간은 '의미'의 영역 속에서 살아간다. 우리가 경험하는 사물은 추상적인 것이 아니라 인간의 관점에서 체험하는 것들이다. 설령 가장 원시적인 경험이라도 인간의 견해의 제약을 받는다. 예컨대 '나무'가 가리키는 것은 '인간과 관련된 나무'이며, '돌'이 가리키는 것은 '인간생활 요소 중 하나인 돌'이다. 누군가가 의미를 모두 배제하고 사실 자체에만 집중한다면 그는 대단히 불행해질 것이다. 그는 자신을 다른 이들로부터 고립시키고, 그의 행동은 자기 자신은 물론 다른 사람들에게도 전혀 도움이 되지 않을 것이 분명하다. 그 때문에 어떠한 인간도 의미 없이는 살아갈 수 없다. 인간은 자신이 부여한 의미를 통해서 현실을 경험한다. 그 경험은 현실 자체가 아니라 해석을 통한 현실이다. 그리하여 우리는 다음과 같은 결론을 얻는다. 그 의미는 언제나 미완성의 것, 불완전한 것, 심지어 완전히 정확하다고 할 수 없는 것들이라고 말이다. 그래서 의미의 영역은 착오로 가득한 영역이게 마련이다.

대개 사물 자체가 아닌 사물에 대한 우리의 견해에 미혹되는 것처럼 생활의 의미도 자신이 부여한 의미를 통해서 그것을 경험한다. 바로 그 때문에 우리가 경험하는 것은 진정한 의미가 아니라 우리의 해석에 의해 가공 처리된 의미를 통한 것이다. 그래서 의미의 영역은 착오로 가득 찬 불완전한 것들이다. 그러나 그 이유로 누군가가 의미를 부여하지 않고 단순한 현실 속에서 살아가고자 한다면 비현실적일뿐더러 불행해질 것이 뻔하다. 왜냐하면 그는 사람들과 단절될 것이고 주변 사람들에게서 그 어떤 의미도 얻지 못하며 그의 행동 역시 남들에게 아무런 의미도 주지 못할 것이기 때문이다. 그저 상상만 해도 슬프기 짝이 없는 일이다.

아들러는 그의 개인심리학에서 성격 발전과 사회정신의 전파를 제창했다. 일상생활에서 사회에 대한 우리의 관심이 깊어지고 더불어 자신의 생활 속에 한때 존재했던 잘못된 가치관을 고쳐가면서 비로소 인생의 의미를 진지하게 체험하기 시작한다. 사실 이는 아들러의 말과도 다름없다.

"타인에게 관심을 갖지 않는 사람은 인생에서 큰 고난을 겪거나 타인에게 가장 큰 상처를 준다. 인류의 모든 실패는 이런 유형의 사람들에게서 나왔다."

역할은
책임이 따르기에 존재한다

Adler

삶의 진정한 의미는 타인과 공유할 수 있으며 그들이 매우 도움이 된다고 인정하는 것이다.

우리는 도대체 무엇을 위해 사는가? 또 우리 삶의 의미는 무엇인가? 우리는 저마다 이 명제와 그 답안을 자신의 행동으로 표출한다. 또한 이 명제의 정확한 대답을 내놓은 사람도 극히 드물다. 그럼에도 그 누구도 이 명제를 간과할 수 없다. 왜냐하면 우리는 의미 없이는 살 수 없기 때문이다. 그렇지 않으면 훗날 늙어서 자신의 인생을 돌아봤을 때 아무것도 해놓은 것이 없는 자신의 인생을 부끄러워할 것이고, 또 의미 없는 한평생을 살아온 것에 회한만 남을 것이다.

'도대체 인생의 의미는 무엇인가'라는 명제는 수많은 사람을 곤혹스럽게 하는 질문이다. 그렇다면 심리학의 대가 아들러는 어떤 대답을 내놓았을까? 아들러는 삶의 진정한 의미는 타인과 공유할 수 있으며 그들이 매우 도움이 된다고 인정하는 것이라고 여겼다. 예컨대 천재는 타인들이 그의 삶을 자신들에게 필요하다고 인정하기 때문에 천재라고 추앙받는다. 물론 그렇다고 당신더러 타인을 위해 살아야 한다는 뜻은 아니다. 그저 우리가 일종의 사회정신을 갖기를 바라는 것이다.

딕의 집은 오랜 역사를 가진 작은 마을에 있다. 노인들은 말하기를 일찍이 철길이 뚫리면서 고향이 크게 번성했다고 한다. 하지만 점차 경제가 쇠락하면서 마을은 예전의 영광을 뒤로한 채 벽지의 시골 마을로 전락했고, 교회당 시계탑의 괘종시계도 멈추고 말았다. 마을 사람들은 그 마을의 유구한 역사를 상징하는 괘종시계를 되살리기로 뜻을 모았다. 그리하여 마을회의를 열고 이제 만 열여덟 살이 된 마트의 직원 딕을 시계탑 관리자로 뽑았다. 딕의 임무는 날마다 시계의 태엽을 감고 또 시곗바늘의 눈금을 바로잡는 일이었다.

그로부터 일주일 뒤 백발의 시계공 모튼이 괘종시계의 수리를 마치자 딕은 그에게 시계탑 열쇠를 달라고 요청했다. 그런데 모튼은 뜻밖에도 딕에게 다음과 같은 생뚱맞은 주문을 했다.

"먼저 마을을 한 바퀴 돌면서 각양각색의 시계들을 구경하고 나서 자네의 소감을 들려주게."

그래야만 교회당 시계탑의 열쇠를 건네줄 수 있다고 했다. 참으로 이상한 노인이라고 생각했지만 딕은 그의 말을 거역할 수가 없었다.

그날 딕은 마을 이곳저곳을 돌아다니며 다양한 시계를 살펴보다 참으로 뜻밖의 발견을 했다. 시청, 은행, 증권거래소의 시계들이 하나같이 멈춰 있거나 아니면 시간이 제멋대로였던 것이다. 게다가 마을 사람 대부분은 그런 사실도 모른 채 시계 앞을 지나칠 때면 소매를 걷어붙이고 자신의 시곗바늘을 맞췄다. 그들을 보고 있자니 딕은 "그 시계는 시간이 틀려요!"라고 외치고 정확한 시간을 알려주고 싶은 마음이 절로 들었다. 교회의 새벽 기도 시간에 늦거나 증권거래소의 개장 시간이 늦춰지거나 혹은 연인들이 데이트 약속 시간 때문에 실망하지 않도록 말이다.

다시 발길을 돌려 철길을 따라 걷던 딕은 철길 옆 붉은색 벽돌집을 발견했다. 그곳은 선로전환기 작동을 책임지고 있는 역무원 메를린 노부부의 집이었다. 메를린 아저씨는 야간근무를 끝내고 쉬는 중이었고, 메를린 아주머니는 집 앞에 나와 바람을 쐬고 있었다. 그런데 가까이 다가가서 보니 바람을 쐬는 것이 아니라 바람 소리 속에서 기차 소리가 들리는지 귀를 기울이고 있었다.

"시계 없으세요?"

딕이 궁금한 듯 물었다.

"물론 있지. 하지만 나이가 들어서 눈이 침침하니, 통 보여야 말이지."

본래 메를린 부부는 교회당 시계탑의 종소리로 기차 운행 시간을 미리 알 수 있었다. 하지만 시계가 멈춘 뒤로는 서로 번갈아가며 집 앞에서 기차 소리가 들리는지를 살피면서 선로전환기를 작동시키고 있었다. 그런 노부부를 바라보자니 딕은 새삼 마음이 불안해졌다.

"우리 마을에 부족한 것은 시계가 아니라 책임감입니다."

딕은 마을의 시계들을 둘러본 소감을 이렇게 말했다. 그러자 모튼이 웃으며 말했다.

"좋네. 앞으로 시계탑 관리자로서의 막중한 책임을 항상 기억하게."

모튼은 묵직한 황동 열쇠를 딕에게 건네주었다.

그날 밤 딕은 기름때로 범벅인 작업복 차림으로 홀로 시계탑 위로 올라갔다. 그는 칠흑 같은 어둠 속에서 거대한 괘종시계를 바라보며 이렇게 다짐했다.

"난 반드시 이 낡은 괘종시계를 메를린 노부부가 기억하는 정확한 시계로 되돌려놓고 말 거야. 그래서 마을 사람들의 모든 시계가 똑같은 시각에 똑같은 박자로 똑딱똑딱 움직이게 할 테다."

딕은 탑을 에둘러 사면에 설치된 괘종시계의 유리를 하나

하나 열어젖혀서 태엽을 감고 윤활유를 발랐다. 그리고 4개의 문자판에 있는 8개의 초침과 분침을 정확하게 조정하고는 유리판을 정성껏 닦았다. 4개의 괘종시계가 보조를 맞추며 일사분란하게 움직이는 기계처럼 영원히 움직여주기를 바라면서.

그렇게 2년이 지났을 즈음, 교회당의 괘종시계는 다시금 마을 주민들 생활의 중요한 일부분으로 자리잡았다. 예컨대 수많은 사람이 북적거리는 우체국에서 누군가가 큰 소리로 "지금 몇 시입니까?"라고 물으면 사람들은 저마다 손목시계를 들여다보거나 회중시계를 꺼내서 시간을 확인한 뒤 약속이나 한 듯 똑같은 시간을 알려줬다. 혹은 직장에서는 "방금 교회당의 괘종시계랑 시간을 맞췄다"라고 말하는 것이 일상이 되었다.

책임감이 강한 사람은 일을 수행할 때 자신이 마땅히 해야 할 일을 정확하게 처리한다. 그리하여 주위 사람들로부터 신뢰받는 사람이 된다. 반면에 일을 할 때 대충대충 적당히 얼버무린다면 더 이상 당신에게 중요한 일을 맡기는 이는 없을 것이다. 사실 우리 주위에는 뛰어난 능력을 타고난 사람이 많다. 하지만 책임감이 부족해서 이렇다 할 성취도 이루지 못하고 심지어는 걸핏하면 실수를 저지르다 점차 평범하게 변하고 만다. 이뤄놓은 성과가 없기에 사회적 지위 역시 내세울 것이 없다. 그와 반대로 처음에는 그다지 뛰어난 점이 없어 보이지만 꾸준히 자기계발을 하면서 자신이 맡은 일에 책임감을 갖고 성실하게 수행하는 이들이 있다. 이들은 점차 많은 성과를 거두면서 사회적 지위도 높아진다.

우리는 동시에 각기 다른 역할을 맡고 있으며, 그 역할들은 저마다 책임이 따르기에 비로소 존재한다. 그 책임은 부담이 아니라 일종의 수요다. 남들이 필요로 하기에 존재의 가치가 있다. 왜냐하면 필요성 때문에 생명은 의미가 있고 또 존재감을 갖기 때문이다. 한번 상상해보라. 그 누구도 당신을 필요로 하지 않고 또 당신 역시 그 무엇에도 책임질 필요가 없다면 어떻게 될까? 아마 당신은 자신을 제외하고서는 그 누구에게도 의미 없는 존재가 될 것이다. 그렇게 되면 당신은 모든 책임에서 벗어나 해방감을 느낄까? 아니다! 책임에서 벗어난 해방감이 아니라 끝도 없는 공허감과 고독감에 시달릴 것이다.

모든 생명은
다 유일한 존재이다

Adler

저마다 삶의 의미를 갖는다. 그의 태도, 동작, 표정, 예절, 야심, 습관, 개성 등은 그의 삶의 의미와 일치한다. 즉, 그의 스타일이나 행동 속에는 이 세계에 대한 그 사람만의 고유한 견해가 담겨 있다. '나는 이러한 사람이고, 이 세계는 이러하다'라는 그의 판단이 담겼다. 다시 말해서 그가 자신의 삶과 가치에 부여한 의미가 있는 것이다.

사람은 누구나 평등하다. 이 세상에 똑같이 생긴 나뭇잎이 없듯 사람 역시 저마다 유일한 존재이다. 신분의 귀천을 떠나서 열심히 살아가는 사람은 모두가 존재적 가치와 의미를 지니고 있다. 무수히 많은 생명으로 구성된 이 세계에서 당신은 그 수많은 유일한 사람 중 한 명으로서 이 세상을 한층 다채롭게 만들 권리와 의무가 있다.

▼

우리는 이 세계를 선택해서 태어날 수도 없고 또 우리의 탄생을 맞이해주는 환경도 선택할 수 없다. 그러나 일단 이 땅에 발을 디딘 이상 당신의 인생은 당신 손에 쥐어져 있다. 당신을 제외하고는 그 누구도 당신의 인생을 결정할 권리가 없다. 그와 동시에 그 어떤 사람에게도 온전히 의지해서도 안 된다. 가족은 당신 인생을 이끌어주고 또 버팀목이 되어주지만 그렇다고 인생사의 온갖 풍파를 대신 겪어주지는 못한다. 또한 친구는 당신을 지지해주고 또 함께 인생의 수많은 중요한 순간을 함께해줄 수 있지만, 그들에게는 저마다 완성해야 할 인생이 따로 있다.

당신은 자기 삶의 방관자가 되어서는 안 된다. 당신이 용감하게 첫발을 내디디고 생활 속에서 일어나는 모든 것을 받아들일 때 진정한 당신의 인생을 누릴 수 있다. 생명은 단 한 번밖에 주어지지 않지만, 그 생명력을 마음껏 발산할 기회는 모두에게 주어진다. 그 인생을 찬란하게 펼칠 수 있는가 여부는 오롯이 당신에게 달렸다. 이상과 현실은 단 한 걸음의 차이밖에 없다. 그러므로 당신이 가지고 있는 것들을 소중히 여기고 신이 창조한 이 세상에 단 하나밖에 없는 당신의 유일한 가치를 최대한 활용해야 한다. 그렇게 미래를 향해 힘차게 걸음을 내디디면서 아름답고 의미 있는 인생을 만들어가야 한다.

그렇다면 우리는 어떻게 해야 이 세상에 단 하나뿐인 내가 될 수 있을까? 간단하다. 자기다운 삶을 살아가는 것이다! 꾸

밈없는 본래의 모습대로 살아가야만 진정한 삶의 주인공, 자기 운명의 주인이 될 수 있다.

켈리라는 소녀가 있었다. 어린 시절부터 유난히 수줍음이 많고 예민한 성격이었다. 그녀는 뚱뚱했는데 특히 얼굴에 살집이 많아서 한층 뚱뚱해 보였다. 켈리의 엄마는 딸에게 아름다운 옷을 입히는 것은 어리석은 일이라고 여겼다. 그녀는 항상 켈리에게 "헐렁한 옷이 입기도 편해. 몸에 꼭 맞는 옷은 자칫 찢어지기 쉬워"라며 일부러 크고 헐렁한 옷만 사 입혔다. 그런 엄마의 당부 탓에 켈리는 친구들과 밖에 나가 놀지도 않았으며 심지어 체육 수업도 빠지기 일쑤였다. 부끄럼쟁이였던 켈리는 점차 자신을 여느 평범한 친구들과 다르다고 느끼게 되었고, 심지어 사람들이 싫어하는 타입이라고 여기게 되었다.

어른이 되어 결혼하고서도 켈리는 달라지지 않았다. 남편과 시댁 식구들은 인품도 훌륭하고 자신감이 넘치는 사람들이었다. 켈리는 그들처럼 되고 싶어 열심히 노력했지만 도무지 소용이 없었다. 가족들도 켈리가 밝고 쾌활하게 변하도록 도와줬지만 그럴수록 오히려 켈리는 점점 위축되어 자신의 껍질 속으로 움츠러들었다. 켈리는 긴장감과 불안감에 휩싸인 채 모든 친구를 멀리하기 시작했다. 심지어 현관벨 소리에도 소스라치게 놀랄 지경에 이르고 말았다. 켈리는 그러한 자신의 폐쇄적 성향을 남편에게 들키고 싶지 않았다. 그래서 남편과 외출할 때는 대단히 즐거운 척 자신을 꾸몄다. 그러고는 집에 돌아와서는 사나흘을 괴로워하곤 했다. 그렇게 하루하루 스스로를 속이며 살아간다는 사실에 고통스러워하던 켈리는 더 이상 삶의 의미를 느끼지 못하게 되었다. 그녀는 자살하고 싶다는 충동에 사로잡히고 말았다.

그런데 어느 날 켈리는 시어머니의 한마디 말에 번쩍 정신을 차렸다. 그날 시어머니는 자신의 양육방식에 대해 이렇게 말했다.

"어떤 일이 일어나든 나는 항상 아이들이 자신의 본성을 지킬 수 있도록 했단다."

'자신의 본성을 지키다'라는 말이 뇌리를 스치는 순간 켈리는 깨달았다. 그녀의 모든 불행의 원인은 본래의 자신을 숨기고 타인의 가면을 쓰고 살았기 때문이라는 것을 말이다.

훗날 켈리는 그날을 떠올리며 이렇게 말했다.

"하룻밤 사이에 나는 완전히 바뀌었습니다. 나는 자아를 찾기 시작했어요. 나의 개성이 무엇인지, 또 나의 장점은 무엇인지 고민했습니다. 그리고 색채와 패션을 공부하면서 나에게 맞는 스타일을 찾고, 적극적으로 친구를 사귀었습니다. 나는 동호회 활동에도 참여했어요. 물론 처음에는 작은 규모의 동호회였지요. 처음에 그 사람들이 나에게 참여하라고 권유할 때는 두려움이 컸습니다. 하지만 그들과 대화를 나누는 횟수가 늘면서 용기가 생겼어요. 지금은 예전에는 상상조차 하지 못한 행복과 즐거움을 누리고 있습니다.”

'자신의 본성을 지켜야 한다'는 깨달음은 켈리를 해방시켰다. 그녀는 건강한 심리 상태를 회복하면서 자신감과 즐거움을 되찾았다. 켈리가 고통을 겪은 끝에 얻은 교훈은 우리에게 다음과 같이 말해주고 있다.

'어떤 일이 일어나든 자아를 잃어서는 안 되며 자신의 장점을 발휘하며 새로운 자아로 거듭나야 한다.'

사람은 누구나 장단점을 지니고 있다. 그래서 특정한 세속적인 관념을 이유로 자신을 타인화할 필요가 없다. 우리는 모두가 이 세상에서 유일무이한 존재이다. 남들이 나를 어떻게 생각하든 그것은 그 사람 개인의 문제이지, 나와는 상관이 없다. 정작 중요한 것은 내가 자신을 어떻게 바라보느냐이다. 우리는 자신이 필요로 하는 것이 무엇인지를 정확히 파악하여 자기 가치관의 우선순위를 정하되 최우선 순위는 자기 자신에 두어야 한다. 자신이 옳다고 생각하는 일을 하며 자신이 원하는 사람이 되어야 한다. 그래야만 우리는 자신만의 사업을 일으켜 남들과는 다른 특별한 인생을 만들어갈 수 있다.

자기 완성이
교육받는 것보다 중요하다

Adler

자기 완성은 우리가 내면에 필수적으로 갖추고 있는 충동, 즉 자기 개선에 대
한 갈망을 의미한다.

아들러는 이렇게 말했다.

"교육은 인류가 책과 학교 교육에 의지하여 점진적으로 자
신의 지혜를 발전시키는 과정이다."

오늘날 우리는 저마다 다른 이유로 교육받을 기회를 잃기
도 하지만 의기소침할 필요가 없다. 왜냐하면 여전히 교육받
을 또 다른 방법을 찾을 수 있기 때문이다. 바로 '자기 완성'을
통해서이다. 사실상 우리 주변에는 수많은 '자기 완성'의 기
회가 있으며, 또 '자기 완성'을 도와줄 다량의 자원이 있기에
각양각색의 유익한 자원의 활용이 가능하다. 예컨대 양서를

저렴한 가격으로 구독하거나 대중에게 무료로 개방된 도서관 혹은 야간학교를 이용할 수 있다. 이러한데도 교육자원이 부족하다는 핑계 아래 '자기 완성'을 기피한다면 그 누구도 납득하지 못할 것이다.

일상생활에서 우리는 무의미하면서도 시간만 축내는 일을 즐긴다. 예컨대 심심풀이용 책을 읽거나 카드놀이를 하거나 당구를 치거나 혹은 수다를 떨거나 아니면 딱히 목적 없이 쇼핑을 하는 등등 말이다. 이러한 것들에 우리는 소중한 시간을 낭비하기 일쑤다. 자신을 개선하고 싶다면 먼저 자기 극복법을 배우고, 또 심신을 피폐하게 만드는 것들을 멀리하는 법을 익혀야 한다. 그래야만 자신의 목표를 실현할 수 있다. 자기 완성을 추구하는 사람이라면 반드시 당신의 전진을 가로막는 걸림돌, 즉 '자기 방임'을 극복해야 한다. 그래야만 좀 더 나은 자아로 발전할 수 있다.

젊은 시절 우리는 여가 시간을 활용하여 좀 더 나은 미래를 위한 토대를 마련한다. 이는 그 사람이 삶에 낙담한 채 모든 의욕을 상실했거나 혹은 인생은 그저 흥청망청 즐기는 것이라 여기는지를 가늠하는 척도가 된다.

사회생활에서 우리는 조금이라도 한눈을 팔면 어느새 경쟁 상대에게 뒤처지게 마련이다. 그런데 자기 반성을 하다 보면 그러한 낙오는 매우 필연적인 결과라는 사실을 깨달을 수 있다. 왜냐하면 노력을 멈췄기 때문이다. 폭넓은 독서로 지식을 쌓지 않고 또 주어진 시간을 충분히 활용하지 않고 낭비했으니 말이다. 그러다 보면 남들은 꾸준히 앞을 향해 나아갈 때 당신은 그저 제자리걸음만 하게 된다. 이는 곧 퇴보를 의미하지 않겠는가?

여가 시간에 독서를 하거나 자기계발을 하는 것은 삶을 대하는 정확한 태도일 뿐만 아니라 당신이 원대한 안목을 지니고 있다는 방증이기도 하다. 역사를 되돌아보면 여가 시간을 활용해 자기 계발을 한 유명인들의 사례가 부지기수다. 이들 성공가는 여가 시간을 그저 향락에 탐닉하며 낭비하지 않고 최대한 알차게 활용했다. 심지어 잠자는 시간과 식사 시간을 아끼면서까지 공부에 열중했다.

엘리후 버릿(Elihu Burritt)은 열악하고 힘든 환경에서도 열심히 공부하여 위대한 성공을 거두었다. 미국의 유명한 자선 사업가이자 언어학자이며 사회운동가가 된 것이다.

16세 때까지만 해도 엘리후 버릿은 대장장이 밑에서 일했다. 온종일 철공소에서 일했으며 밤늦도록 일하는 날도 부지기수였다. 하지만 이처럼 힘든 조건에서도 그는 자기 발전을 위한 노력을 게을리하지 않았다. 항상 호주머니에 책을 집어넣고 다니며 시간이 날 때마다 틈틈이 책을 읽었다. 밤늦도록 일하고 돌아온 날도 책을 읽고, 모처럼 맞는 휴일에도 책을 읽었으며 심지어 밥을 먹을 때도 책을 읽었다. 그렇게 자신이 활

▼

용 가능한 모든 시간을 공부에 투자하며 허투루 낭비하는 법이 없었다. 날마다 아침이면 부유한 집 아이들 혹은 놀기 좋아하는 아이들이 침대에서 기지개를 켜고 하품을 하며 마지못해 일어날 시각에 아직 어린 엘리후는 이미 책상 앞에 앉아 책을 읽고 있었다.

엘리후는 지식과 자기 완성에 대한 강렬한 욕구 덕분에 자신의 앞날을 가로막는 온갖 장애물을 거뜬히 극복할 수 있었다. 한번은 어느 부유한 사업가가 하버드대학교에 진학할 수 있도록 학비를 후원해주겠다고 호의를 베풀었지만 엘리후는 이를 거절했다. 비록 날마다 철공소에서 12~14시간씩 고된 노동을 해야 했지만, 그는 독학으로도 지식을 쌓을 수 있다고 믿었다. 엘리후는 결의가 굳건했기에 철공소에서 일하는 틈틈이 시간을 쪼개 공부를 하면서 불과 1년 만에 7개 국어를 습득했다. 그토록 열악하고 고된 환경에서도 그처럼 위대한 성과를 이룰 수 있다니 참으로 놀랍지 않은가!

아들러가 살던 시대에는 지식을 쌓는 일이 매우 힘들었다. 당시에는 책의 보급량이 적었을 뿐만 아니라 책이 대단히 값비쌌다. 학습 환경 역시 지금과는 하늘과 땅만큼 큰 차이가 있었다. 그럼에도 당시 사람들은 바쁘게 일하는 가운데서도 공부를 게을리하지 않았다. 어두컴컴한 촛불 아래서 온종일 일하느라 녹초가 된 몸을 이끌고 학업에 열중하는 일이 얼마나 힘들고 고달플지 충분히 상상하고도 남음이 있다. 하지만 그처럼 힘든 환경 아래서도 걸출한 위인들이 수없이 쏟아져 나왔으니 이것이 의미하는 바는 매우 명징하다. 이들 위인 중에는 신체적인 질병, 심지어 신체적 장애를 가졌음에도 열악한 학습 환경을 굳건하게 극복한 이도 있다. 그에 비하면 오늘날 우리의 학습 환경은 얼마나 우수하고 효율적인가? 자기 완성의 기회도 많고 책도 손쉽게 읽을 수 있다. 그런데도 과거의 위인들만큼 지식을 쌓지 못하고 있으니, 이는 우리가 곰곰이 반성해야 할 문제이다.

과거의 당신은
현재의 당신이 아니다

Adler

당신이 일단 자신에게 꼬리표를 붙인다면 이는 곧 스스로를 부정하는 것이다.

"당신은 누구인가?"

누군가가 이런 질문을 했을 때 당신은 마음속으로 무슨 생각을 하는가? 혹시 허둥지둥 과거 자신의 모습들을 떠올리고서는 대충 싸잡아서 의기양양하게 혹은 의기소침한 채 이렇게 대답하지 않는가? "나는 성공가입니다", "나는 실패자입니다", "나는 화가입니다", "나는 학생입니다", "나는 노예입니다" 등등…….

아들러는 말하기를, 대부분의 사람은 "당신은 누구인가?"라는 질문을 받았을 때 과거의 경험에서 자신의 현재 상태에 부합되는 신분을 도출한다고 했다. 이는 인간의 자아 인식의 보편적 규율이다. 우리는 과거 타인이 내린 평가나 자신의 각종 행위를 종합하여 자신을 규정하게 마련이다. 이러한 자아인식이 잘못됐다고는 할 수 없다. 그러나 여기서 우리는 경각심을 가져야 한다. 이처럼 당연하다는 듯 자신을 규정한다면 종종 또 다른 잠재적 능력을 제대로 인식하지 못하여 발전 기회를 스스로 차단하는 결과를 초래한다.

그래서 아들러는 이렇게 말했다.

"당신이 일단 자신에게 꼬리표(label)를 붙인다면 이는 곧 스스로를 부정하는 것이다."

그렇다. 누군가가 그 사람에게 꼬리표를 붙이면 주변의 모든 이가 그 사람의 잠재적 능력을 도외시하게 마련이다. 마찬가지 이치로 우리가 스스로에게 꼬리표를 붙인다면 이는 곧 또 다른 잠재력의 가능성을 스스로 포기하는 것이다.

우리가 사는 세상 곳곳에는 꼬리표가 붙어 있다. 가령 상점의 쇼윈도에는 상품의 가격이 적힌 라벨이 붙여져 있으며, 유니폼은 각기 다른 직업을 구별 짓는 꼬리표다. 또 회사의 각기 다른 부서마다 사무실 앞에는 그 부서의 기능을 설명해놓은 명패가 붙여져 있다. 이처럼 꼬리표는 이 세계를 규정하는 유일한 표식이 되었다. 가브리엘 가르시아 마르케스(Gabriel Garcia Marquez)의 노벨 문학상을 받은 작품《백 년 동안의 고독》에는 다음과 같은 내용이 나온다. 마콘도 마을 사람들은 불면증에 시달리다 점차 기억을 잃기 시작한다. 급기야 부엔

디아 가문 사람들은 집안 가재도구의 기능을 잊지 않기 위해 물건마다 딱지를 붙인다. 하지만 생각해보라. 모든 기억이 사라졌을 때 달걀과 책상의 차이점을 인식할 사람이 있을까?

여하튼 이 세계의 다채로운 만물을 파악하기 위해 인류는 분류별로 나눠 저마다 다르게 취급할 수밖에 없었을 것이다. 그러한 집단 무의식 상태에서 사람들은 자신에게도 꼬리표를 붙였다. 그 꼬리표는 때로는 타인이 붙이기도 하고 때로는 스스로 붙이기도 하지만 대부분은 양자가 혼합된 경우가 많다.

이 꼬리표를 통해 우리는 자신의 신분을 확정 짓고 또 존재감을 느낀다. 존재감은 우리가 평화롭고 안정적인 마음으로 생존하는 데 매우 중요한 요인이다. 그러나 우리가 매 시각 자신의 존재감을 느끼는 순간은 바로 과거의 역사에 빠져 있는 순간이기도 하다. 예컨대 태양은 날마다 새롭게 솟아오르고 우리 주변에는 새로운 사물이 끊임없이 출현한다. 그러나 존재감은 우리가 새로운 사물을 경험하는 것을 방해한다. 왜냐하면 우리는 새로운 사물을 접촉할 때 갈팡질팡하며 초조감을 느끼기 때문이다. 그래서 꼬리표는 우리가 현실도피를 하는 데 대단히 유용한 변명이 된다. 가령 당신이 낯선 수학 지식을 접했을 때 "나는 문과생이다"라고 말하며 그 지식을 거부할 수 있다. 또 컴퓨터 기능을 익혀야 할 때 "나는 늙어서 컴퓨터 쓸 일이 없다"라고 이를 회피할 수 있다. 꼬리표는 우리에게 수많은 도피를 위한 변명거리를 제공해준다. 언제든지 어떤 활동을 회피하고 싶을 때 혹은 자신의 능력 부족을 감추고 싶을 때 우리는 적절한 꼬리표를 찾아서 핑곗거리로 내세울 수 있다.

당신이 자신을 규정하고 또 자신에게 붙인 꼬리표를 핑곗거리로 내세우기를 좋아한다면 앞으로 당신의 미래는 더 이상 발전할 수가 없다. 원상태를 유지하는 대신 좀 더 많은 기회를 놓치게 된다. 가령 성적이 나쁜 학생은 왜 성적이 향상되지 않는지, 또 수줍음이 많은 사람은 왜 점점 외톨이가 되는지도 같은 의미다. 그들은 자신이 붙여놓은 꼬리표의 정의에 부합되는 행동을 하게 되고, 그 행동은 기존의 자기 인식을 한층 공고히 해주기 때문이다.

꼬리표는 당신의 과거에 대한 평가일 뿐 당신의 인생 전체를 정의할 수 없다. 우리의 내면에는 무궁무진한 지혜와 잠재력이 내재되어 있다. 그 때문에 반드시 그것들을 다양한 방법으로 발산해야 한다. 그래야만 당신은 발전하는 사람이 될 수 있고, 또 좀 더 완벽한 사람이 될 수 있다. 기존의 꼬리표를 없애버리고 싶다면 다음 몇 가지 사항을 잘 지켜야 한다.

● 과거의 고정관념에서 탈피하라. 우리는 누구나 과거 속에서 성장하고 발전하며, 과거는 우리에게 자양분을 제공해준다. 동시에 우리의 생각을 속박하고 제한한다. 그 때문에 우리는 기존에 형성된 고정관념에서 탈피하여 새로이 출현하는 사물

에 흥미를 갖고 즐거운 마음으로 새로운 사물을 경험하며 끊임없이 자신을 충실히 가꿔야 한다. 무릇 샘물이 끊임없이 솟아나서 깨끗한 물이 유지되듯이 생각의 원천을 가로막는 돌덩이는 반드시 제거해야 한다.

● 꼬리표의 위험성을 인식하라. 꼬리표의 위험성에 대해서는 이미 앞에서 자세히 설명했지만 여기서 또다시 강조하는 것은 그만큼 중요하기 때문이다. 우리는 똑같은 주형틀에서 제작된 상품이 아니다. 우리는 누구나 무궁무진한 성장 가능성을 갖춘 인류로서 그 발전 가능성 역시 무궁무진하다.

● 과거와는 다른 계획을 세우라. 기존의 낡은 틀은 우리의 창의성을 제한하여 또 다른 방면의 잠재력을 발견할 수 없게 한다. 그러므로 과거와는 다른 새로운 계획을 세우고 당장에 실행하여 자신에게 어떤 또 다른 발전 잠재력이 있는지를 파악해야 한다.

● 친구에게 감독을 부탁하라. 강인한 인내력을 가진 사람은 감독관이 필요하지 않다. 그러나 대부분의 사람은 자신을 지켜보고 평가해줄 사람이 필요하다. 이러한 감독관이 옆에 있으면 두 가지 장점이 있다. 하나는 자신의 꼬리표 심리를 바꾸려는 계획을 순조롭게 완수할 수 있다는 것, 또 하나는 계획을 수행하는 과정에서 오류가 생길 경우 제때 이를 바로잡아준다는 것이다.

● 굳건한 신념을 가져라. 강력한 신념이 있어야만 고정관념을

허물고 마음의 고지(高地)를 차지할 수 있다. 앞서 살펴봤듯이 계속 자신에게 긍정적인 암시를 하면 우리 내면에는 굳건한 신념이 생긴다. 꼬리표 심리를 제거하는 과정에도 똑같은 방식을 적용한다면 우리의 목적을 달성할 수 있다. 당신의 내면을 향해 진심으로 되뇌어라.

'과거의 나는 현재의 내가 아니다!'

아들러는 우리에게 지금의 당신은 과거의 당신이 아니라는 사실을 알려주고 있다. 당신은 새벽안개와 함께 동녘에서 떠오르는 태양처럼 언제나 새롭게 거듭난다. 당신은 원대한 미래와 무궁무진한 잠재력을 지니고 있다. 과거의 당신은 이미 스러졌고 이제 막 힘차게 떠오르는 것은 현재의 당신이다. 과거를 그리워하지도 않고 또 미래에 도취되어 있지도 않는 당신은 바로 현재의 당신으로서 무한한 발전 가능성을 지닌 당신이다.

자신을 명확히 인식하고
스스로에게 도전하라

Adler

우리는 항상 꼬리표에 의해 새로운 잠재력을 발견할 수 있는 두 눈이 가려지
기 일쑤이고, 그로 말미암아 자기 발전의 폭과 깊이가 제약된다.

힐튼 호텔은 대단히 독특하면서도 효율적인 인사시스템을 갖추고 있다. 이 시스템은 오래전 졸업생 새내기를 채용하는 과정에서 탄생했다.

힐튼 호텔 설립 초창기에 갓 졸업한 새내기들을 대거 채용한 적이 있었다. 이 졸업생들의 부서 배치는 창업주 콘래드 힐튼(Conrad Hilton)의 가장 큰 고민거리였다. 재능이 뛰어난 모든 젊은이를 적재적소에 배치하지 않는다면 그들의 재능을 썩히게 될 것이라고 여겼기 때문이다. 하지만 평소처럼 한 사람 한 사람 면접을 하고 부서를 배당하기에는 시간이 너무 많

이 소요되었다. 이때 한 젊은이가 힐튼에게 의견을 내놓았다.

"비록 우리는 이 친구들을 잘 모르지만 그들은 자기 자신을 잘 알고 있을 겁니다. 그러니 차라리 그들에게 원하는 부서를 선택하라고 하는 게 어떨까요?"

힐튼은 그 제안을 받아들였다. 그리고 그 방법에 따라 졸업생 대부분이 자신에게 맞는 부서를 선택했다. 여전히 부서를 찾지 못한 이들은 허드렛일을 하는 곳으로 배정되었다. 그리고 얼마 지나지 않아 호텔은 정식으로 개장했다.

이때 힐튼은 문득 당초 자신에게 아이디어를 제공해준 젊은이가 생각났다. 힐튼은 그를 찾아가 개인 신상에 관해 물었다. 그가 대답했다.

"저는 브릿지라고 합니다. 올해 학교를 졸업하고 이곳에 채용되었습니다. 하지만 지금은 사장님의 인사 담당자입니다!"

힐튼은 껄껄 웃으며 말했다.

"자네 말이 맞네. 자네가 실질적으로 인사 담당자의 직무를 수행했지. 자네가 그 일을 맡지 않으면 누가 맡겠나!"

이후 힐튼 호텔은 항상 이러한 방식으로 새 직원들의 인사 배정을 진행하였다.

자신을 잘 알아야만 자기에게 맞는 위치를 찾을 수 있고, 또 잠재력을 마음껏 발휘하며 개인의 기량과 자질을 닦아 뭇사람이 선망하는 '천리마'가 될 수 있다. 그렇지 않으면 비록 재

▼

능이 탁월한 천리마일지라도 그저 인정받지 못한 채 평범한 말들과 함께 마구간에서 평생을 썩을 수밖에 없다.

사실 우리가 자신을 잘 알기 위해 결심한다는 것은 곧 자신에게 도전장을 내미는 것과 다름없다. 왜냐하면 자신을 잘 안다는 것은 결코 쉬운 일이 아니기 때문이다. 아들러는 이렇게 말했다.

"우리는 항상 꼬리표에 의해 새로운 잠재력을 발견할 수 있는 두 눈이 가려지기 일쑤이고, 그로 말미암아 자기 발전의 폭과 깊이가 제약된다."

일본의 '세일즈 신(神)' 하라이치 헤이(原一平)도 이런 경험을 한 적이 있다. 당시 어느 고승이 그에게 영업사원으로서는 틀려먹었다며 성격을 고치라고 충고했다. 하라이치 헤이는 그 충고를 진지하게 받아들여 자신을 되돌아보며 반성했다. 그러나 이상하게도 자신을 자세히 이해하려고 할수록 오히려 헷갈리기만 했다. 심지어 자신이 낯설게만 느껴졌다. 그는 고민 끝에 고객들을 모아 '하라이치 헤이 비판 모임'을 열기로 했다. 그들에게 자신의 잘못과 단점을 거리낌없이 말해달라고 부탁하기 위해서였다.

그는 자신이 계획한 비판 모임에서 원하는 결과를 얻기 위해 다음의 세 가지 원칙을 세웠다.

첫째, 참석자들이 허심탄회하게 발언할 수 있도록 모임의 인원수를 5명 이내로 한다.

둘째, 매번 모임을 개최할 때마다 초대 대상을 바꾼다.

셋째, 모임에 참석하는 고객을 정성을 다해 접대한다.

이후 그는 모임 규칙을 좀 더 세분화했다.

- 모임의 목적은 하라이치 헤이를 비판하기 위한 것이므로 그의 단점을 지적한다.
- 모임은 매월 정해진 날짜에 맞춰 개최한다.
- 모임은 조용한 음식점에서 함께 저녁 식사를 하는 형식으로 개최한다.
- 매회 모임에는 5명을 초대하며, 그중의 한 명을 모임의 책임자로 정한다.
- 모임에 한 번 참석한 사람은 최소 1년이 지나야만 다시 초대할 수 있다.
- 모임이 끝난 뒤에는 참석한 고객들에게 선물을 증정한다.

하라이치 헤이는 이렇게 '하라이치 헤이 비판 모임'을 꼼꼼하게 준비하면서 자신에게 도전장을 던졌다. 첫 번째 모임에서 그는 풍성한 수확을 얻었다. 고객들은 그의 단점을 허심탄회하게 지적해주었다. 예컨대 다음과 같았다.

▼

'자네는 성격이 어찌나 급한지 화를 잘 내, 성질을 죽일 필요가 있어.'

'자네는 성격이 고약하고 친화력도 부족해. 게다가 덤벙대고 조심성도 없어.'

'자네는 고집이 세고 항상 자신이 옳다고 여기지. 그러다가는 남의 말을 잘 듣지 않아서 실패하기가 쉬워. 그러니 반드시 남의 의견을 경청하는 법을 배워야 해.'

'자네는 거절할 줄 몰라서 항상 남의 부탁을 들어주는 편이지. 그러다가는 신용이 바닥에 떨어지니 지키지 못할 약속은 하지 말게. 약속을 남발하면 신용 없는 사람이라고 낙인 찍힐 걸세.'

'자네는 지식이 부족해. 다양한 사람과 교류하려면 풍부한 지식을 갖춰야 하네. 그래야만 각기 다른 부류의 사람을 만나더라도 공통된 화제를 끌어낼 수 있어.'

'절대로 목적을 위해 수단과 방법을 가리지 않는 사람이 되어서는 안 되네. 인간관계에는 진정성이 있어야만 오래 유지될 수 있어. 그러니 무조건 이익만 추구해서도 안 되고 인간미를 잃어서도 안 되네.'

이러한 '비판 모임'을 통해 하라이치 헤이는 자기 자신을 좀 더 자세히 이해하게 되었다. 그는 고객들의 진실한 건의와 비판을 통해 꾸준히 자신의 단점을 없애기 위해 노력하면서 하나하나 고쳐나갔다. 하라이치 헤이는 그때의 일을 회상하

▼

며 이렇게 털어놓았다.

"인생살이에서 가장 중요한 것은 자신의 나쁜 점을 즉시 발견하고 이를 극복하는 것이다. …… 영업사원이 성공을 거두지 못하는 원인은 자신의 단점을 극복하지 못하고 또 자신에게 도전할 줄 모르기 때문이다. 사실 자신을 고치며 수양하는 과정은 인격이 성장하는 과정이다. 내 생각에는 사람들이 성공을 거두지 못하는 이유는 그러한 인격 성장의 시련을 통과하지 못했기 때문이다!"

아들러는 이렇게 말했다.

"자신을 이해하기를 바란다면 이는 이미 자신에게 도전을 시작한 것이다. 이러한 도전은 매우 힘들고 또 많은 시간이 필요하지만, 당신이 자기 발전을 위해 고군분투하고 또 자신을 통찰하도록 도와준다. 이처럼 현재의 자신에게 도전해야만 과거 삶의 울타리에서 벗어날 수 있다. 또한 현재의 자신에게 도전해야만 새로운 자신을 발견할 수 있고, 또 새로운 삶을 창조할 수 있다."

'평생 이렇게 살 것인가?'

당신 내면 깊은 곳에서 이러한 의문을 가질 때 당신은 이미 자기 자신에게 도전하는 원동력을 가진 것이나 진배없다. 이 때는 망설이지 말고 곧바로 행동으로 옮겨라. 자기를 이해하고 현재의 자신에게 도전하라!

▼

의존은
성공의 가장 큰 적이다

Adler

우리 대다수 사람의 마음속에는 잘못된 관념이 존재한다. 즉, 타인에게 의존해야만 계속 그의 도움을 받을 수 있고, 또 그렇게 하면 성공을 거둘 수 있다고 말이다.

아들러는 이렇게 말했다.

"정상적인 사람은 독립적이고 자주적인 생활을 한다. 그러나 이 방면의 능력을 기르는 사람은 극히 드물다. 사실상 우리가 보는 대다수 사람은 특정 사물 혹은 능력을 가진 사람에게 의존한다. 그중에는 재물에 의존하는 이도 있고, 친구에게 의지하는 이도 있고, 자신의 외모에 의존하는 이도 있고, 자신의 출신 배경에 의지하는 이도 있다."

그렇다. 누군가에게 의존하고, 남들이 지나간 길을 따라가

▼

45

고, 누군가를 모방하거나 혹은 누군가의 도움으로 계획을 짜고 업무를 수행한다면 그야말로 편안하고 수월하기 짝이 없다. 굳이 힘들여 노력하고 고생할 필요가 없을 테니 말이다.

그러나 진정한 실력은 스스로의 노력을 통해 쌓인다. 남들이 열심히 체력단련을 하는 모습을 구경하는 것만으로는 당신 몸의 근육을 키우지 못하는 것처럼 말이다. 사실 남에게 의존하는 습관만큼 우리의 독립성과 자주성을 크게 약화시키는 것은 없다. 일단 타인에게 의존하기 시작하면 당신은 영원히 강해질 수 없다.

어느 마부가 건초를 가득 실은 마차를 끌고 시골길을 가다 그만 진흙구덩이에 빠지고 말았다. 들판 한가운데서 이 불쌍한 사람을 도와줄 사람이 있을까? 이것은 운명의 신이 일부러 마부를 곯리려고 벌인 일이 분명했다.

진흙구덩이에 빠진 마부는 화가 머리끝까지 치밀어 욕을 퍼부어댔다. 진흙구덩이, 말, 마차, 심지어 자기 자신에게까지 욕을 퍼붓고 원망했다. 방법이 없었던 그가 기댈 데라곤 하늘의 신밖에 없었다. 그래서 마부는 하늘에 대고 기도했다.

"신이시여, 저 좀 도와주세요. 지금 마차가 진흙탕에 빠졌는데, 아무리 해도 꺼낼 수가 없습니다. 부디 힘센 헤라클레스를 보내 마차를 진흙탕에서 꺼낼 수 있도록 도와주세요!"

마부의 기도는 곧 하늘의 신에게 전해졌다. 잠시 후 어디선

▼

가 큰 목소리가 들려왔다.

"듣거라! 사람은 스스로 노력해야 한다. 네가 최선을 다한 다음에 내가 도와주겠노라."

"여태 이런저런 노력을 했지만 도무지 마차를 꺼낼 수 없습니다. 제발 저를 도와주세요."

"먼저 마차의 바퀴가 왜 빠졌는지를 살피고 바퀴 가장자리에 붙어 있는 진흙들을 모두 떼어내거라. 곡괭이로 돌들을 치우고 바퀴 아래 움푹 파인 곳은 흙으로 메워보거라"

마부는 시키는 대로 열심히 하고 나서는 다시 하늘에 대고 소리쳤다.

"시키는 대로 다 했습니다. 이제 무엇을 하면 됩니까?"

"네가 할 수 있는 노력을 다 기울였다면 이제 내가 도와주겠노라. 너는 채찍을 들고 마차를 앞으로 끌도록 해라."

마부는 말들이 서 있는 곳으로 가서 한 손으로는 고삐를 쥐고 또 한 손으로는 채찍을 휘두르며 소리쳤다.

"이랴!"

말들이 움직이자 진흙탕에 빠진 바퀴가 손쉽게 빠져나왔다. 마부는 크게 기뻐하며 소리쳤다.

"신이시여, 감사합니다. 마차가 수월하게 움직여서 진흙탕을 잘 빠져나왔습니다."

그러자 신이 말했다.

"그렇구나, 잘되었구나! 언제나 난관에 부딪히면 먼저 너 스스로 문제를 해결하도록 노력하여라. 그렇게 하면 반드시 하늘이 도울 것이다!"

자신의 문제는 스스로 해결해야 한다. 아직 최선을 다하지 않은 상태에서 본래는 스스로 해결할 수 있는 문제를 포기해버린다면 그것은 자신이 문제를 해결할 모든 가능성을 스스로 버리는 것과 다르지 않다. 또한 자신이 직접 문제를 해결한 후 얻게 될 희열과 자부심도 포기하는 것이다! 그러므로 난관에 부딪혔을 때 진정으로 당신을 도와줄 사람은 자기 자신이라는 사실을 잊지 말아야 한다.

부모들 가운데는 젊은 시절 고군분투했던 자신들처럼 아이가 고생하기를 원하지 않는 이들이 있다. 그래서 어떤 희생을 치르더라도 자신의 아이에게는 최고의 성장 환경을 만들어주려고 애쓴다. 그러한 생각이 오히려 아이에게 나쁜 영향을 미친다는 사실을 잘 알지 못한 채 말이다. 부모가 자녀를 위해 만들어주는 우월한 조건은 종종 그들의 발전을 막는 걸림돌이 된다. 인간은 태생적으로 타인에게 의존하며 모방하는 존재이다. 생존을 위해서라면 우리는 누구나 타인에게 의지하고 타인의 습관을 모방한다. 그러나 젊은이들에게 필요한 것은 적극성과 도전정신이다. 그들에게 지팡이를 준다면 그들은 영원히 혼자 힘으로 걸을 수 없다. 다시 말해서 당신이 그들에게 도움을 베풀수록 그들은 당신에게 의존하게 된다.

▼

그래서 아들러는 이렇게 말했다.

"인내력을 기르고 의지력을 단련하고 싶다면 스스로의 힘으로 해내야 한다. 타인이 도와주기를 기대한다면 당신의 마음속에는 의존성이 생길 것이다."

그렇다. 손쉽게 남의 도움을 받고 나면 스스로 노력하고 고군분투할 필요가 없다고 여기게 된다. 가만히 있어도 누군가가 나서서 모든 것을 해결해줄 테니 말이다. 이런 생각을 버리지 않는다면 당신은 언젠가는 그 위험한 생각에 잡아먹히고 말 것이다.

우리는 살아가면서 이러한 사람들을 자주 마주치곤 한다. 예컨대 행운의 여신이 찾아오기만을 기다리는 사람들 말이다. 이들은 그 행운의 실체도 제대로 확신하지 못하면서 무조건 기다린다. 인생의 귀인이 언젠가는 찾아와주기를 바라는 것이다. 그 생각 때문에 그들은 갖가지 기술 습득을 위한 교육을 적극적으로 받지도 않고 또 성공을 이루는 데 필요한 자원을 축적하려고 노력조차 하지 않는다. 그들은 보이지 않는 누군가의 도움 아래 인생의 출발선에서부터 남들보다 훨씬 좋은 이점을 갖게 될 것이며, 또 타인보다 월등한 사람이 될 것이라고 당연스레 여긴다.

한번 상상해보라. 떡 벌어진 어깨와 튼튼한 체력을 가진 젊은이가 일은 하지 않고 그저 거저먹을 생각에 두 손은 호주머니에 집어넣은 채 도와줄 사람을 찾고 있는 모습을 말이다. 아마 모두들 꼴불견이라거나 혹은 재수 없다고 여길 것이다.

무릇 하늘은 스스로 돕는 자를 돕는다. 그저 남들이 도와주기를 기다리거나 혹은 행운의 여신이 보살펴주기를 바라거나 혹은 타인이 자발적으로 자신에게 돈을 가져다주기를 기다리거나 혹은 그 밖의 다양한 방식의 도움을 바라기만 하는 사람은 진정한 성취를 거둘 수 없다.

사실이 그렇다. 동서고금을 통틀어 보더라도 남의 도움을 바라지 않고 스스로의 힘으로 고군분투하는 사람이 성공을 거두는 경우가 많다.

매사 타인에게 의존하기만 하면 자신감은 큰 타격을 입는다. 자신감이야말로 모든 성취를 이루는 디딤돌이 된다는 사실을 잊지 말아야 한다.

어느 대기업의 CEO는 자신의 아들이 자기 회사에 입사하는 것을 극구 반대했다고 말했다. 아버지 그늘이 아닌 다른 곳에서 사회생활을 겪어야만 스스로를 단련할 수 있다고 생각했기 때문이다. 그는 아들이 직장생활을 시작하면서부터 사장 아들이라는 특혜를 받는 것을 원하지 않았다. 그러한 특혜는 아버지에 대한 의존성을 키우고 더 나아가서는 미래 발전을 가로막는 걸림돌이 될 것이 뻔했기 때문이다.

부모 혹은 친척의 도움을 받을 때는 별다른 성과를 거두지 못하지만 오롯이 자신의 힘으로 부딪치며 살아야 할 때는 시행착오를 통해 단기간에 능력을 향상시키는 것도 어쩌면 이런 이

유일 것이다.

　그러므로 항상 명심하라. 일단 당신이 외부의 도움을 거절하고 나면 단시간 내에 자신의 능력을 향상시킬 수 있다. 또 의존하려는 습성을 극복하면 성공의 길에 들어설 수 있다.

신비감으로 충만한 '자기 자신'을 이해하라

Adler

우리는 '자기 인식'에서 더할 나위 없이 명확한 일도 종종 타인의 지적 없이는 스스로 알아채지 못한다.

어느 사회학자의 설문조사에 따르면 100명 중 7~8명 정도만이 자신을 잘 알거나 제대로 인식하고 있었는데, 그마저도 대부분 추상적인 인식에 머물렀다.

이 결과가 믿기 힘들다면 당신 자신에게 물어보라. 자기 자신에 대해 도대체 얼마만큼 알고 있는지 말이다. 당신의 시각 반응 속도 혹은 주의력 범위는 어느 정도인지, 기억력은 얼마나 좋은지, 반응 속도는 민감한지, 연상력은 또 어떤지 구체적으로 대답할 수 있는가? 이러한 것들을 모르거나 혹은 자세히 알지 못한다면 어떻게 자기 자신을 잘 이해하고 있다고 말할 수 있겠는가?

아들러는 이렇게 말했다.

"자기 자신을 아는 것은 매우 어려운 일일 뿐만 아니라 가장 잔혹한 일이기도 하다. 인간이라는 이상한 동물은 항상 현실로부터 도피하려고만 한다!"

누군가가 말했다.

"나는 모든 것을 잘 알지만 정작 나 자신에 관해서는 잘 모른다."

또 '자신을 아는 것'을 인생의 가장 큰 난제라고 말한 이도 있다.

'자기를 안다는 것'은 가장 중요한 과제이다. 이 과제 때문에 인류 문명사의 수많은 사상가가 곤혹스러워하고, 철학가들은 탄식을 내뱉었으며, 심리학자들은 초조해하며 애를 태웠다!

사실 자신이 어떤 사람인지를 아는 것은 대단히 어려운 일이며 이는 지극히 보편적인 현상이기도 하다. 사실 수많은 위인조차 이 문제를 제대로 해결하지 못했다. 예컨대 괴테(Johann Wolfgang von Goethe)는 어린 시절부터 그림 그리기를 좋아했는데, 시에 천부적 재능을 발견하기까지 반평생을 바쳐야 했다. 또 프랑스 작가 발자크(Honore de Balzac)는 한때 인쇄소와 출판사를 경영하고 코르크나무를 판매하기도 했으며, 심지어 폐광을 사들여 광산 사업에 뛰어들었다가 평생을 빚에 허덕였다. 이것 역시 자신을 정확하게 파악하지 못한 데서 비롯된 시련이다.

아들러는 인간의 정신에는 심오하고 복잡한 요소가 감춰져 있다고 여겼다. 그렇다. 인간은 신비로운 '자아세계'를 지니고 있다. 그는 이렇게 소개했다.

'학교에서 어문학과 수학 등 자연과학과 사회과학을 배울 때는 민첩한 사고체계를 유지할 수 있고, 또 회사에서는 탁월한 문제 해석과 처리 능력을 발휘하면서도 일단 '자신'의 문제와 연관되면 대뇌 활동이 뜻밖에도 둔해지는 경우가 있다. 그 이유가 무엇일까?'

아들러는 이 문제에 대한 해답을 찾기 위해 '자기를 이해하고 있는가?'라는 문제를 제기했다. 일말의 망설임도 없이 '예' 혹은 '아니오'라고 대답할 수 있어야 한다고 주장했다. 그는 이어서 자아의 심층적인 의미를 이해하지 못하면 이런저런 느낌에 지배당해 명쾌한 대답을 할 수 없다고 지적했다.

'자아'는 의심할 여지 없이 우리 자신이 창조한 것이지만 정작 모두가 자기를 제대로 인식하는 것은 아니다. 그 이유는 인식 대상의 부류에 자기 자신을 대상으로 하는 상황을 포함하지 않기 때문이다. 그래서 '대상(對象) 인식' 외에도 마땅히 '자기 인식'이 있어야 한다. 다시 말해서 인간의 인식은 크게 '대상 인식'과 '자아 인식'으로 나눌 수 있다. 하지만 종종 역할이 뒤바뀌는 탓에 이러한 인식 능력도 대상 인식으로 치우칠 때가 많다. 이때 자기 인식으로 전환하기란 대단히 어렵다. 예컨대 누군가가 당신에게 이렇게 질문했다고 가정해보자.

"이 세상에서 가장 친밀한 사람이 누구입니까?"

일반적으로 대다수 사람은 부모, 형제자매, 선생님, 단짝친구, 연인을 제일 먼저 꼽는다. 특히 한시도 떨어질 수 없는 연인과 단짝 친구를 꼽는 사람이 많다. 정작 이 세상에서 정말로 가장 친밀한 존재는 바로 자기 자신이라는 사실을 망각한 채 말이다.

이러한 현상의 원인은 무엇일까? 어린아이들의 게임을 예로 들어 설명해보자. 어린아이 다섯 명이 함께 놀고 있다고 가정해보자. 누군가가 그중 한 아이에게 "여기 지금 몇 사람이 놀고 있지?"라고 질문했을 때 열의 아홉은 "네 명"이라고 대답한다. 신기하게도 이러한 반응은 어린아이뿐만 아니라 청소년과 성인들에게서도 나타난다. 한마디로 인류에게 나타나는 보편적인 현상이라고 할 수 있다.

자신을
적극적으로 인정하라

Adler

자기 인정의 변환 과정을 이해하고 나면 당신은 자기 인정을 확장할 수 있고,

나아가 인생까지 변화시키게 된다.

아들러는 이렇게 말했다.

"당신의 관념은 종종 인생에 결정적인 역할을 한다. 그중에 자신에 대한 객관적인 인정과 평가는 매우 중요한 의미를 지 닌다. 즉, 당신이 스스로를 어떻게 인정하느냐에 따라 그에 상 응하는 인생을 갖게 된다. 왜냐하면 자신을 명확하게 인식하 면 자신의 장점을 한층 보완하고 확충하기 때문이다. 이러한 관념과 의식은 필연적으로 그 사람의 인격과 능력을 한층 완 벽하게 만들고 또 사회적 기반을 잘 닦게 해준다."

우리는 무조건 자신은 어떤 사람이라고 인정하면서도 정작

그러한 자기 인정의 옳고 그름은 무시하곤 한다. 그 때문에 우리의 인생이 큰 영향을 받는데도 말이다.

어떤 사람이 동문회에 참석했는데 갑자기 최근 유행하는 외국여행을 소재로 간단한 강연을 요청받았다. 여러 사람 앞에서 강연하는 것은 처음이었던 탓에 그는 중간중간 말이 끊기거나 긴장해서 당황하는 모습을 보이고 말았다. 그런데 동문회가 끝난 뒤 옛 친구가 그에게 달려와 이렇게 말했다.

"오늘 자네 강연 참 재미있었네. 기회가 된다면 다음에도 자네 강연을 듣고 싶네."

사실 그는 지금껏 대중 앞에서 강연한다는 것을 엄두조차 내본 적이 없었다. 하지만 친구로부터 칭찬을 들은 이후 그는 자신의 강연이 생각만큼 나쁘지 않다는 생각에 조금씩 자신감이 생겨났다. 그리고 시간이 흐른 뒤 그는 어엿한 기업경영 분야의 전문 강사로 거듭났다.

인생은 정말이지 기묘하기 짝이 없다. 우리가 자신을 어떻게 인정하든 설사 그러한 자기 인정이 나쁘거나 혹은 해가 되거나 간에 결국 우리 인생은 그 인정이 이끄는 길로 가게 된다.

예컨대 당신은 스스로 영리하지 못하다고 굳게 믿고 있다고 가정해보자. 그러면 그 생각이 당신의 뇌를 통제하여 정말로 더 이상 두뇌력이 좋아질 수 없다. 자기 인식을 바꾸는 것역시 불가능하다. 흔히 사람들이 "그건 타고난 내 성격이야, 고칠 수 없어!"라고 말하는 것처럼. 인생을 그런 태도로 일관

한다면 당신은 처음부터 모든 가능성의 싹을 자르고 스스로에게 자신은 영원히 바뀔 수 없다는 난제를 안겨주는 셈이다.

대다수 사람에게 어떤 행동이나 버릇을 고치는 것은 특별히 힘든 일이 아니다. 그러나 자기 인정을 바꾸는 것은 절대 간단하지 않을뿐더러 반감마저 불러일으킬 수 있다. 한 사람에게 가장 근본적인 신념은 자기 인정이다. 그러한 근본적인 신념이 흔들리면 견딜 수 없는 고통을 느끼게 된다. 심지어 그 신념을 지키기 위해 자신의 목숨마저 내놓는 사람도 있다.

아들러는 우리가 살아가면서 꾸준히 어떤 특별한 변화를 시도해보지만 계속 실패하더라도 절대 포기해서는 안 된다고 여겼다. 자기 인정은 반복되는 시도 속에서 시작되므로 변함없이 꾸준히 시도해나간다면 결국에는 성공할 것이기 때문이다. 또 우리가 원하기만 하면 자기 인정을 한층 확장시켜 단기간에 삶의 질을 개선할 수 있다. 아들러는 말했다.

"자기 인정의 변환 과정을 이해하고 나면 당신은 자기 인정을 확장할 수 있고, 나아가 인생까지 변화시키게 된다."

데보라는 활력 넘치고 모험을 좋아하는 여성이지만 처음부터 그랬던 것은 아니다. 그녀는 자기 인정의 변환을 통해 지금의 모습이 되었다. 그녀는 지난 시간을 되돌아보며 이렇게 토로했다.

"나는 어릴 때부터 겁쟁이였어요. 운동도 싫어했고 또 조금이라도 부상을 입을 가능성이 있는 활동은 무조건 피했어요."

그러던 그녀가 앤서니 라빈스(Anthony Robbins)의 강연회에 몇 차례 참석한 이후 새로운 레포츠 활동에 도전하기로 했다. 가령 스쿠버다이빙, 맨발로 숯불 밟기, 스카이다이빙 등에 말이다. 그때부터 그녀는 스스로를 조금만 압박하면 그동안 두려워하고 기피하던 일에 도전할 수 있음을 깨달았다. 물론 생각도 바뀌고 레포츠도 즐기기 시작했지만, 그것만으로는 기존의 자기 인정을 바꾸기에는 부족했다. 그녀 스스로 인정하듯이 여전히 '스카이다이빙을 할 줄 아는 겁쟁이'였던 것이다. 그녀의 말대로 당시에는 자기 인정의 변화가 생기지 않았지만 사실 그 변화가 이미 시작되었음을 그녀는 미처 깨닫지 못했다. 주변 사람들은 그녀를 보면 부러운 듯 말하곤 했다.

"나도 당신처럼 용감하기만 하다면 다양한 모험적인 레포츠를 즐기고 싶어요."

데보라는 처음에는 남들의 칭찬이 그저 기쁘기만 했다. 하지만 자주 듣다 보니 그동안 스스로를 과소평가했던 것은 아닐까 하는 의구심이 들었다. 그녀가 말했다.

"마침내 저는 제 자신을 겁쟁이라고 생각하지 않기로 결심했어요."

하지만 그것은 말처럼 쉽지 않았다. 그녀의 내면에서는 심각한 갈등이 벌어졌다. 주변 사람들이 그녀에게 갖는 견해와 그녀 자신의 자기 인정이 서로 맞부딪친 것이다. 그 후 다

▼

시 스카이다이빙에 도전할 기회가 생기자, 그녀는 이를 자기 인정을 전환하는 계기로 삼았다. '아마 할 수 있을 거야'에서 '나는 충분히 할 수 있어'라고 마음가짐을 바꾸면서 기존의 모험에 대한 시도를 모험을 즐기는 신념으로 확장한 것이다.

비행기가 2,500피트 상공에 오르자 데보라는 스카이다이빙 경험이 없는 친구들의 두려움에 가득 찬 모습을 바라보았다. 그녀는 일부러 흥분에 가득 찬 표정을 지으며 자신에게 다짐했다.

'저들의 모습은 과거 나의 모습이다. 이제 나는 그들과는 다른 사람이 될 거야. 오늘 나의 매력을 마음껏 과시하자.'

데보라는 친구들의 공포감을 보며 새로운 모습으로 변신하려는 자신의 희망을 한층 다졌다. '저 모습은 과거 나의 모습이야'라고 끊임없이 자신에게 되뇌는 순간 그녀는 놀라운 사실을 발견했다. 이미 자신에게 엄청난 변화가 일어났음을 깨달은 것이다. 그녀는 더 이상 과거의 겁쟁이가 아니었다. 모험을 두려워하지 않고 인생을 즐길 줄 아는 여성으로 거듭난 것이다.

그날 데보라는 가장 앞장서서 비행기에서 뛰어내렸다. 드넓은 창공을 활강하면서 그녀는 목청껏 소리를 질렀다. 어쩌면 지금껏 살아오면서 오늘처럼 생기 넘치고 활력에 가득 찬 모습은 처음이었으리라. 그녀가 이처럼 자기 한계를 넘을 수 있었던 이유는 자신을 새롭게 인정했기 때문이다. 그리고 더 나아가 멋진 모습으로 친구들에게 좋은 모범이 되고자 했기 때문이다.

데보라는 완벽하게 변신했다. 새로운 도전을 토대로 그녀는 과거의 자기 인정에서 벗어나 자신의 능력 범위를 한층 더 확대하기로 마음먹었다. 그러한 새로운 자기 인정으로 그녀는 모험을 즐기는 지도자가 되었다.

자기 인정의 전환은 인생에서 가장 흥미진진하고 가장 신기하며 가장 자유로운 체험이 될 것이다. 이는 대다수 사람이 새해 명절과 자기 생일을 축제일처럼 여기며 기다리는 것과 같은 맥락이다. 위의 두 축제일에는 새로운 자기로 변신할 수 있다. 비록 단 하루일지라도 평소 엄두도 내지 못한 일을 과감히 시도하는 것이다. 그러한 새로운 도전을 꿈꾸기만 하는 것은 평소 자기 인정이 적극적이지 못한 것과도 관련이 있다.

우리가 적극적으로 자기 인정을 할 수 있다면 언제든지 자신이 꿈꾸던 일에 도전할 수 있다. 인간의 잠재력은 무궁무진하다. 혹은 순수하게 '진실한 자아'를 드러내 보이기 위해 과거 그리고 현재의 자신에게 붙인 꼬리표를 과감히 떼어낸다면, 당신은 멋진 사람으로 변신할 것이다!

자신의 잠재력을
무시하지 말라

Adler

설령 그가 위대한 성취를 이룬 위인일지라도 한 사람이 평생 발휘하는 잠재력
은 극히 일부에 불과하다.

우리의 잠재력은 어느 정도일까? 한번 스스로를 되돌아보라. 당신 자신조차 놀랄 만한 일을 해본 적이 있는지 말이다. 아마 곰곰이 되새겨보면 분명 하나쯤은 찾아낼 것이다.

어느 날 나폴레옹이 시종과 함께 말을 달리다 커다란 숲에 이르렀다. 그때 멀리서 "사람 살려! 사람 살려! 물에 사람이 빠졌어요!"라는 다급한 외침이 들려왔다.

"이랴! 이랴!"

나폴레옹은 채찍을 휘두르며 비명 소리가 나는 곳을 향해

번개처럼 달려갔다.

한 병사가 호수에 빠져 허우적거리고 있었다. 그런데 허우적댈수록 몸은 점점 호수 한가운데로 떠내려가고 있었다. 호숫가에는 여러 병사가 있었지만, 모두 어쩔 줄을 몰라 하며 그저 소리만 지르고 있었다.

이때 나폴레옹이 병사에게 큰 소리로 물었다.

"저 병사가 수영할 줄 아느냐?"

한 병사가 불안해하며 말했다.

"처음엔 팔 돌리기를 몇 번 하더니 지금은 그것도 못 합니다. 폐하, 어떻게 해야 저 친구를 구할 수 있을까요?"

"침착하라!"

나폴레옹은 시종의 손에서 총을 빼앗더니 대뜸 물에 빠진 병사를 겨냥하며 이렇게 고함쳤다.

"내가 온 것을 보고도 인사는 하지 못할망정 호수에서 한가롭게 수영이나 하다니! 냉큼 이리로 나오지 않겠느냐?"

그러고는 물에 빠진 병사를 향해 총 두 발을 쏘았다.

나폴레옹의 명령 소리와 함께 "팡! 팡!" 하고 총알이 날아오자 물에 빠진 병사는 사력을 다해 팔다리를 움직여 물 밖으로 스스로 나왔다.

물에 빠진 생쥐 꼴로 겨우 살아난 병사는 자신에게 총을 쏜 사람이 나폴레옹인 것을 알고는 소스라치게 놀랐다.

"폐하, 살려주십시오. 제가 실수로 호수에 빠졌습니다. 그런데 소인은 이해를 못 하겠습니다. 그렇잖아도 물에 빠져 죽기 직전인 저에게 왜 또 총을 쏘신 겁니까?"

나폴레옹이 껄껄 웃으며 말했다.

"어리석은 녀석 같으니라고. 내가 너에게 총을 쏴 죽이겠다고 하지 않았다면 네가 스스로의 힘으로 헤엄쳐 나왔겠느냐? 아마 그대로 물에 빠져 죽었을 게다."

병사는 그제야 크게 깨달은 듯 존경스러운 눈빛으로 나폴레옹을 우러러 봤다. 그렇다. 나폴레옹은 죽음을 이용해 병사의 생존 본능을 자극하여 호수 밖으로 헤엄쳐 나오도록 만들었던 것이다.

아들러는 이렇게 말했다.

"우리는 자기 자신에 대해 잘 알지 못한다. 누구나 자신을 이해하는 것은 대단히 어려운 일이다. 겉으로 드러나는 자신의 능력도 제대로 파악하지 못하는데 하물며 보이지 않는 잠재력은 오죽하겠는가?"

베스트셀러 작가이자 변화심리학의 권위자인 앤서니 라빈스는 이런 이야기를 들려준 적이 있다. 멀튼이라는 미국인이 있었다. 그는 19세 때 베트남전에 참전했다가 등에 총을 맞았다. 다행히 목숨은 건졌지만 그는 의사로부터 장애인 판정을 받았다. 그 후 그는 무려 12년 동안 휠체어 생활을 했다. 휠체어에 의지하며 살아가는 생활은 매우 힘들었기에 그는 걸핏하면 술로 시름을 잠재웠다. 그러던 어느 날, 그날도 술을 마신 뒤 휠체어를 타고 집으로 돌아가는 길이었다. 갑자기 총을 든 강도 세 명이 나타나 그의 지갑을 빼앗으려고 했다. 그가 죽을힘을 다해 저항하자 급기야 강도들은 그의 휠체어에 불을 질렀다. 뜨거운 불이 치솟자 그는 자신도 모르게 자리에서 벌떡 일어나 냉큼 도망쳤다. 자신이 지체장애인이라는 사실도 새까맣게 잊은 채 말이다. 그 후 그는 이렇게 말했다.

"당시 내가 도망치지 않았다면 아마 난 불에 타 죽었을 것이다. 그 순간 나는 모든 것을 잊은 채 그저 살기 위해 자리에서 벌떡 일어나 기를 쓰고 도망쳤다. 한참을 달린 뒤에야 멈춰선 나는 그제야 내가 걸을 수 있음을 깨달았다. 그날 이후 나는 휠체어와 작별하고 취직도 하면서 정상적인 생활을 하게 되었다."

여행 작가 피코 아이어(Pico Iyer)는 말했다.

"인간의 뇌는 원자폭탄보다 더 큰 위력을 가진 심리 폭탄이다. 우리가 봉인한 잠재력이 내부에서 일단 핵분열을 일으키면 그에 상응하는 거대한 에너지를 방출한다."

높이뛰기 세계 신기록을 경신했던 발레리 브루멜(Valeriy Brumel)은 오토바이 사고로 크게 다쳐 걸을 수 없게 되었다. 의사들은 앞으로 그가 평생 지팡이 신세를 져야 한다고 말했다. 그러나 발레리 브루멜은 여러 차례의 수술을 받은 뒤 다시

2미터 이상의 기록을 세우며 선수로 복귀했다. 주위 사람들을 모두 놀라게 한 기록의 뒤편에는 그의 피나는 훈련이 있었다. 그는 160킬로그램의 무거운 모래주머니를 어깨에 짊어지고 무려 2,500여 차례에 걸쳐 높이뛰기 연습을 했던 것이다. 인간의 잠재력이 얼마나 거대한지를 엿볼 수 있는 대목이다.

우리는 누구나 거대한 잠재력을 지니고 있다. 우리가 평소에 극히 일부의 잠재력만을 발휘해도 사회 각계각층에서 선두 자리를 차지할 수 있다. 그 잠재력의 절반을 발휘한다면 40개의 외국어를 구사하고 백과사전 전집 전체를 외울 수 있으며 박사학위도 여러 개 딸 수 있다.

압박감은 잠재력을 일깨우는 가장 강력한 자극제이다. 압박감은 우리가 잠재력을 최대치로 발휘하여 역경을 이겨내고 좀 더 좋은 처세 방법을 찾을 수 있도록 도와준다.

두 아이의 엄마인 몰리는 이혼 후 설상가상 실직까지 당했다. 고정수입도 없고, 정식 교육을 받은 적도 없고, 직장생활을 한 경험도 없었지만 그녀는 과감히 창업에 도전했다가 실패하고 말았다. 그러던 어느 날 시장에서 옷을 사던 그녀는 옷가게마다 옷들의 사이즈가 다양하지 않고 스타일도 구식이며 박음질 상태도 조잡하기 짝이 없다는 사실을 발견했다. 막다른 골목에 처해 있던 그녀에게 이것은 새로운 희망이 되었다.

몰리는 전 재산 100달러를 투자하여 집에 수선가게를 차리고
는 고객의 옷을 새롭게 디자인하여 수선하는 일을 시작했다.
그녀의 독특한 디자인은 고객들의 마음을 사로잡았다. 훗날
몰리의 사업은 점차 번창하여 그녀가 디자인한 의류는 전국
각지에 판매되었고 회사도 나날이 커갔다.

무릇 성공한 사람들은 한때 저마다의 압박감에 시달렸다.
그 압박감을 이겨내는 과정이 바로 잠재력을 개발하는 과정
이다. 단 주의할 점은, 포지션을 정할 때 자신의 잠재력을 충
분히 통찰하고 평가해야 한다는 점이다. 그렇지 않으면 그 포
지션은 당신이 좀 더 발전할 가능성을 차단하는 족쇄가 될 수
있다.

Adler,
Alfred

Chapter 2

아들러의 영혼; 정신이 육체를 지배하도록 하라

아들러는 개인심리학 분야에서 뛰어난 연구 성과를 거두었다. 그가 제창한 개성 발전과 사회 관심은 현대 심리학에 많은 영향을 미쳤다. 아들러는 육체에 고결한 영혼을 부여해야만 위대한 행위를 구현할 수 있다고 여겼다. 이는 영혼의 티끌을 꾸준히 털어내야 함을 의미한다.

몸과 마음은
완벽한 협력체이다

Adler

이 문제에 대해 인류는 지금껏 논쟁을 거듭하고 있다. 과연 마음이 몸을 지배하는가 아니면 몸이 마음을 지배하는가?

마음이 몸을 지배하는가 아니면 몸이 마음을 지배하는가? 수세기 동안 철학가들은 양쪽 진영으로 나뉘어 이 문제에 대해 수없이 논쟁을 거듭해왔다. 하지만 지금까지 어느 한쪽 진영도 상대방을 설득시키지 못하고 있다.

사실 마음과 몸은 둘 다 삶의 표현이다. 인간은 생명의 탄생부터 종말까지 몸과 마음이 지속적으로 협력한다. 몸과 마음은 하나의 완전체처럼 서로 떼려야 뗄 수가 없다. 정신은 엔진처럼 우리 몸속에 내재된 잠재력을 모두 발산시키며 몸을 강하게 만들어준다. 우리의 사상은 신체의 동작, 표정, 행위를 통해 표현된다. 마음의 기능은 몸을 위해 행동 목표를 정하는 데 있기 때문에 우리 삶에서 지배적 위치에 있다. 동시에 몸도 마음에 영향을 미친다. 왜냐하면 제아무리 의미 있는 정신 활동일지라도 몸이라는 집행자가 없으면 아무런 의미가 없기 때문이다. 이 점을 이해한다면 몸과 마음의 관계를 좀 더 명확하게 파악할 수 있을 것이다.

한 개체의 운동 방향을 예견하는 것은 마음의 가장 중요한 기능 중 하나이다. 마음은 몸을 위해 전진하는 목표를 정한다. 바로 이 때문에 인류는 기타 종족보다 우수할 수 있었으며, 또 이 세상에서 좀 더 자유롭게 살아갈 수 있었다.

몸과 마음의 완벽한 협력을 명확하게 이해하면 전진 목표를 정확하게 세울 수 있다. 이로써 무논리성에 휘둘리거나 혹은 무의미한 활동에 빠지지 않을 수 있다.

《아들러의 지혜》에 이런 내용이 있다.

'생명의 시작에서부터 끝에 이르기까지 성장과 발전의 협력은 계속 이뤄진다. 여기서 특히 몸과 마음은 불가분의 완전체를 이루는 두 축으로서 상호 협력한다. 마음은 마치 운행 중인 자동차처럼 몸에서 발견할 수 있는 모든 잠재력을 이용하여 우리 몸이 그 어떤 난관에도 안정적이고 우월한 위치에 놓이도록 도와준다.'

아들러는 마음은 몸에 깃들어 있으며, 마음과 몸을 동시에 소유하는 개체만이 온전한 한 인간이 될 수 있다고 여겼다. 한 개체가 출생한 날로부터 몸과 마음은 협력하며 한 인간이라는 완전체를 이루기 위해 노력한다. 마음은 몸에게 전진 목표와 가르침을 알려주고, 몸의 수행 능력은 마음이 정한 계획의 성공 여부에 직접적인 영향을 미친다. 대개 사람들은 마음이 인류 발전을 위해 정한 목표를 생명의 목표라고 부른다. 이는 바로 몸과 마음의 양자 관계에서 마음이 필연적으로 지배적인 위치에 있는 이유이기도 하다. 우리는 그저 육체만 있는 사람을 식물인간이라고 말한다. 그렇다면 그저 영혼만 존재하는 사람은? 그러한 존재는 지금까지 증명된 적이 없다. 그래서 육체는 영혼을 완전히 장악한다고 할 수 있다. 인간이 환경 속에서 만들어내는 갖가지 변화를 우리는 문화라고 부른다. 우리의 문화는 인간의 마음이 그 몸을 자극하여 만들어낸 모든 행위의 결과이다. 몸의 모든 활동, 표정, 심지어 여러 병증 속에는 마음의 목적이 새겨져 있다. 모든 활동은 몸과 마음의 완벽한 결합을 통해 완성된다. 그래서 마음과 몸은 태생적인 협력 공동체이다. 생명의 목표는 신체의 수행 능력을 고려해야 한다. 몸의 행위는 완전히 마음이 인지하는 것과 부합한다.

인간은 자신의 내면을 명확하게 이해해야만 몸의 잠재력의 한계치를 초월하는 착오를 범하지 않을 수 있다. 동시에 적극적으로 신체를 훈련해야만 마음이 정한 생명 목표가 물거품이 되지 않게 할 수 있다.

생존인가, 생활인가?

Adler

몸은 마음에 영향을 미치는데, 우리의 행위를 만들어내는 것도 몸이다. 마음은 그저 몸으로 할 수 있는 범위, 또 훈련을 통해 발전시킬 능력치 내에서만 지시를 내릴 수 있다.

마음은 우리가 업무를 수행하는 데 영감을 주고, 몸을 위해 행위의 목표를 정한다. 또한 마음은 인간의 각종 표현 속에서 지배적 위치에 있다. 그러나 마음은 오직 몸으로 할 수 있거나 혹은 훈련을 통해 발전시킬 능력치 내에서만 몸을 지배할 수 있다. 그래서 내 몸의 적합도를 명확히 아는 것은 곧 수많은 어려움을 해결하는 필요조건이다.

사회가 눈부신 속도로 발전하면서 우리의 생활 리듬도 한결 빨라졌다. 마음은 굴뚝같지만 몸이 따라주지 않는다고 탄식을 늘어놓는 사람도 점점 늘고 있다. 몸의 잠재력이 마음의 지배를 감당하지 못하기 때문이다. 이런 탄식을 늘어놓는 사람은 일반적으로 두 부류로 나눌 수 있다. 하나는 나이가 지긋한 노인들이다. 이들의 경우는 자연의 법칙의 영향을 받은 결과이기 때문에 우리는 그들을 도와줄 수가 없다. 또 하나는 중장년층으로 서서히 건강에 적신호가 켜진 사람들이다. 오늘날 이 부류에 속한 사람들의 숫자가 점점 늘고 있는 반면에 나이대는 점점 젊어지는 추세이다. 그들은 심지어 이런 말도 한다.

"인생의 전반부 삼십 년 동안 목숨 바쳐 돈을 벌었고, 인생 후반부에는 그 돈으로 간신히 건강을 부지하며 산다."

돈으로 정말 목숨을 부지할 수 있는지는 둘째로 치고, 과연 목숨을 바쳐가면서까지 돈을 벌 필요가 있느냐, 하는 의문이 생긴다. 흔히 건강한 신체는 혁명의 밑천이라고 한다. 하지만 건강을 담보로 잡으면서까지 돈을 벌 필요는 없다. 건강을 잃고 나서야 자신이 얼마나 많은 삶의 의미를 외면하고 살았는지 깨달아봤자 뒤늦은 후회일 뿐이다.

우리는 매일 쳇바퀴를 도는 다람쥐처럼 쉼 없이 살아가고 있다.

"우리가 삶을 위해 숨 돌릴 새 없이 바삐 움직이는 동안 정작 삶은 우리에게서 멀어진다."

영국 가수 존 레논(John Lennon)의 이 말은 현대인의 모습을 그대로 대변한다. 우리는 시간에 쫓겨 다급하게 거리를 뛰어

다니고, 또 시간에 쫓겨 허겁지겁 밥을 먹으며, 또 일에 쫓겨 회사에서도 철야 근무를 한다……. 마치 시간과 100미터 달리기 시합을 하는 것처럼. 우리의 머릿속에는 오로지 한 가지 생각만 들어 있다.

'빨리, 빨리, 좀 더 빨리.'

언제부터인가 "스트레스가 산처럼 쌓인다"는 말이 직장인의 입버릇이 되었고, '과로사'는 현대인의 건강은 물론 심지어 생명마저 위협하는 대명사가 되었다. 바쁜 생활 속에서 몸은 혹사당하고 또 즐거움은 점점 요원해진다. 바쁘다는 이유로 휴식을 취하며 자신을 재정비할 시간이 없고, 삶의 즐거움을 제대로 만끽하지 못하며, 가족 간의 사랑을 돈독히 할 여유가 없고, 심지어 타인에게 미소 한 번 짓는 것도 사치스럽다. 바쁜 생활 속에서 젊음은 소진되고, 아름다운 용모는 퇴색하고, 따뜻한 인정은 각박해진다. 그러다 문득 발걸음을 멈추고 뒤를 돌아봤을 때 어느새 자신이 인생의 종점에 도착했다는 사실에 망연해진다. 설령 많은 자식을 낳고 다복한 가정을 꾸리며, 또 말년에 부귀를 누리더라도 한평생 바쁜 삶에서 벗어나지 못한다. 그리고 마지막에는 삶이란 참으로 따분하고 인생도 별것이 없으니 한평생이 헛되기만 하다는 푸념을 늘어놓는다. 이처럼 바쁘게 살아간 대가로 얻는 것은 노쇠한 얼굴과 지칠 대로 지친 마음, 그리고 놓쳐버린 또 다른 삶에 대한 회한이다. '느린 삶'의 리듬을 잃어버리면 '바쁜 삶'이 당신의 생활을 지배한다. 그러면 초조함, 불안, 고통, 피로가 꼬리에 꼬리를 물고 나타나 진정한 삶을 누리지도 못할 뿐만 아니라 자아마저 잃고 만다.

아들러는 《아들러의 지혜》에서 이렇게 말했다.

'세계는 너무 큰 데 비해 우리는 참으로 미미하기 짝이 없다. 이처럼 유한하면서도 짧은 생명 속에는 우리가 감당해야 할 일이 너무 많다. 그러한 일들이 우리의 나약한 마음을 억압할 때 마음은 어떻게 견뎌야 할까?'

일상생활에서 우리는 주변의 사물을 보고 느끼면서 자신의 관점을 형성하고 그에 상응하는 평가를 한다. 이런 모든 것은 우리의 마음에서 완성된다. 우리는 날마다 바쁘게 살아간다. 때로는 자신이 바쁜 이유를 모르기도 한다. 우리가 반드시 해야 할 일은 무엇이고, 또 무의미한 일은 무엇일까? 우리는 날마다 온전히 자신을 위한 시간을 가져야 한다. 마음을 편히 하고 자신을 정확히 되돌아보며 내가 가장 하고 싶은 일을 하는 것이다.

세계적으로 유명한 인간관계 심리학의 대가 데일 카네기(Dale Carnegie)는 인간의 심리 특징에 관해 깊이 있는 탐색과 분석을 한 뒤 강연과 저술 활동, 자기계발, 인간관계 등을 접목하여 그만의 독특한 성인 대상 교육방식을 창안했다. 현재 전 세계에 퍼져 있는 카네기재단과 부속 교육기관이 1,700여 개를 넘어섰을 정도이다. 그의 교육기관을 거쳐 간 사람 중에는 글로벌기업의 CEO, 사회 각계각층의 명사, 정치가, 군인 심지어 대통령 등 무려 수천만 명이 있다. 카네기는 의미심장한 말을 했다.

"사실 나의 성공은 매우 단순하다. 나는 항상 시간을 쪼개나 자신과 마음의 대화를 나누었고, 그런 대화의 시간이 남들보다 더 길었을 뿐이다. 당신의 마음은 당신 인생의 보고(寶庫)이니 끊임없이 그 속에서 보물을 캐라. 자신의 마음을 소홀히 하고 무시한다면 이 세상에 당신이 소중히 여기며 중시해야 할 것이 무엇이 있겠는가?"

카네기 성인교육의 중요한 핵심은 자신의 마음을 소중히 여겨야 한다는 점이다. 그의 저서 《자기관리론》, 《카네기 인생과 직업》, 《인간관계론》에서도 각기 다른 관점에서 이 점을 반복적으로 강조하고 있다.

마음과의 대화는 그저 단순히 자신과 대화를 나누는 것만을 의미하지 않는다. 이러한 대화의 기술을 잘 익히면 마음의 생존 공간을 확대할 수 있다. 당신 마음의 생존 공간이 확대되면 놀라운 발견을 하게 될 것이다. 바로 진정한 자아, 전혀 새로운 자아를 찾는 것이다. 명심하라. 마음이 넓어지면 활동 무대도 한층 넓어진다. 새로운 자아는 새로운 미래와 인생을 가져다줄 것이다.

결함은 종종
위대한 영혼을 탄생시킨다

Adler

마음이 모든 역경을 극복하기 위한 올바른 수단을 발견한다면 불완전한 신체
기관은 귀중한 이점의 원천이 될 수 있다.

신체적 결함이 있다고 해서 성공하기 힘든 것은 아니다. 신체적 결함은 비록 일상생활에 많은 걸림돌이 되지만 극복할 수 없는 것은 아니다. 의지만 굳세면 다른 능력을 활용하여 약점을 극복하고 여타의 사람들처럼 성공을 거머쥘 수 있다.

우리는 살아가느라 바쁜 일상생활에 쫓기고, 마음이 우울해도 해소하지 못할 때가 많다. 하지만 그러한 무의미한 번뇌를 내려놓을 줄 안다면 사소한 일로 속상해할 필요가 없어진다. 게다가 우리를 힘들게 하는 일들은 어차피 내 힘으로는 통제할 수 없지 않나?

▼

할리우드 코미디 배우 스콧(Scott)은 어린 시절부터 큰 코 때문에 학교 친구들에게 '왕코 스콧'이라고 불리며 놀림감이 되었다. 이 때문에 열등감에 빠져 온종일 의기소침해하며 친구와 놀지도 않고 단체 활동에도 참여하지 않았다. 그가 하는 일이라곤 그저 창밖의 풍경을 바라보는 것이었다.

수학 선생님 마리아는 온종일 침울해 있는 스콧이 신경 쓰였다. 그러던 어느 날 수업이 끝난 뒤 마리아는 창가 앞에 엎드려 있는 스콧을 발견하고 가까이 다가가 물었다.

"뭘 그리 골똘히 보고 있는 거야?"

"어떤 사람이 강아지를 땅에 묻고 있어요. 정말 귀여운 강아지인데 너무 불쌍해요."

슬픔에 휩싸인 스콧에게 마리아가 말했다.

"너무 슬픈 광경이구나. 우리 저기 건너편 창가에 가서 구경하는 게 어떨까?"

마리아는 손으로 반대편 창가를 가리켰다. 그리고 스콧을 그 창가로 끌고 가서 말했다.

"얘야, 뭐가 보이니?"

반대편 창가 앞은 꽃밭이었다. 화단에는 아름다운 꽃들이 눈부신 햇살 아래 화려한 자태를 뽐내고 있었다. 그것을 보고 있자니 스콧은 방금 전까지 느꼈던 슬픔은 온데간데없이 사라지고 절로 기분이 좋아졌다.

"어떠니? 네가 활짝 열어야 할 창문을 잘못 선택했다는 생각이 들지 않니?"

마리아는 창밖의 아름다운 풍경을 가리키며 어린 소년의 머리를 쓰다듬었다.

"넌 어려서 잘 모르겠지만 사실 너의 코는 굉장히 귀엽단다. 적어도 선생님은 그렇게 생각해."

"하지만 친구들이 모두 저를 비웃는걸요."

소년이 괴로운 듯 속마음을 털어놓았다.

"그럼 너도 창문을 바꾸면 되지. 친구들에게 너의 코가 얼마나 귀여운지 알려주면 되잖아."

얼마 뒤 학교에서는 작은 학예회가 열렸다. 마리아는 스콧에게 적합한 역할을 골라서 적극적으로 추천해주었다. 마리아의 격려 아래 스콧은 뛰어난 연기 실력을 한껏 뽐냈다. 학예회 공연에서 스콧의 코는 관중의 큰 박수를 끌어냈다. 그 덕분에 그는 학교에서 유명 인사가 되었다.

훗날 스콧은 할리우드에서 가장 환영받는 코미디 스타가 되었다.

신체적 결함은 종종 강인한 영혼을 만들어낸다. 스콧은 바로 그러한 신체적 결함을 극복했기에 성공을 거머쥘 수 있었다. 예술가들 중에도 신체적 결함으로 고통을 겪은 이가 많다. 예컨대 인큐베이터의 산소 과다 공급으로 망막이 손상되어 실명한 스티비 원더, 그리고 춘제(春節) 전야제 때마다 〈천수

관음(千手觀音)〉 공연을 펼치는 장애인 예술단 등이 있다. 그들은 모두 신체적 결함을 갖고 있지만 갑절의 노력으로 위대한 성취를 이루었다. 그들은 우리가 상상할 수 없는 방법으로 몸과 마음을 단련해 건강한 영혼을 가질 수 있었다.

건강한 신체를 타고난 사람들은 신으로부터 많은 은혜를 받았기에 마땅히 자신이 가진 모든 것을 더욱 소중히 여겨야 한다. 또한 강한 정신력으로 신체적 결함을 극복하고 성공을 거둔 사람들을 본받아야 한다. 그들과 비교했을 때 적어도 정신력 방면에서는 우리는 그들보다 더 취약하고 결함이 많다고 할 수 있다.

아들러는 이렇게 말했다.

"신체적 결함이 있는 아이는 숱한 어려움 속에서도 정상적인 사람들보다 더 큰 업적을 이루기도 한다. 신체적 결함이 미래를 위해 매진하는 자극제가 되기 때문이다."

그 원인을 살펴보면, 그들은 신체적 결함으로 남들보다 훨씬 강인한 정신력을 갖게 되고 또 더 많은 노력을 기울인다. 그래야만 신체적 결함을 딛고 일반 사람들과 똑같은 목표를 달성할 수 있기 때문이다. 그렇게 해서 성공을 거둔 이들은 자신의 경험으로 똑같은 처지에 있는 신체장애자들에게 힘을 북돋워준다. 신체적 결함은 비록 일상에 많은 걸림돌이 되지만 그렇다고 결코 벗어날 수 없는 운명의 굴레는 아니라고 말이다.

▼

'마음이 모든 역경을 극복하기 위한 올바른 수단을 발견한다면 불완전한 신체 기관은 귀중한 이점의 원천일 수 있다.'

이는 아들러 인생철학의 중요한 일부분이다. 물론 신체적 결함이 그들에게 성공을 가져다주었다고는 말할 수 없다. 하지만 어떤 의미에서 보자면, 결함은 그들이 정신력을 굳건히 다지고 삶의 목표를 명확히 세우도록 도와주었다. 그것이 곧 성공으로 가는 필수 요소가 되었다는 점은 두말할 필요가 없을 것이다.

영혼과 육체를
한층 긴밀하게 결합하는 법을 배우라

Adler

인간은 초원 위를 어슬렁거리는 동물들처럼 평생 한가로이 살아갈 수 없다.

그 때문에 신체적 발달 하나만으로는 당연히 부족하다.

　마음과 몸의 관계에 대한 흥미로운 비유가 있다. 마우스와 키보드는 눈, 귀, 피부와 같은 신체기관이고, 전원은 신체 생존 활동을 유지시켜주는 동력이며, 메인보드는 인간의 신체, 하드디스크와 메모리는 인간의 기억장치(좀 더 세밀하게 구분하면 하드디스크에 저장된 자료는 인체의 선천적 유전자 정보이고, 메모리는 후천적으로 외부로부터 수집되는 정보와 같다)이며, USB 메모리(외장하드)는 인체의 기억저장소(가령 정보나 책 등)이며, CPU는 인체의 대뇌이며, 데이터케이블은 인체의 신경회로와 같다. 그밖에 그래픽카드는 컴퓨터가 기억장

▼

치나 연산프로그램에서 얻어낸 결과를 형상적으로 표현(데이터케이블과 모니터의 힘을 빌려)하는 것이며, 사운드카드는 컴퓨터 작동 과정에서 나오는 소리의 전달(데이터케이블과 스피커를 통해서)이다. 이는 인간 대뇌의 일부 기능의 작동 원리와도 같다. 이처럼 컴퓨터와 인간의 신체기관을 비유해보면 컴퓨터에는 아주 중요한 한 가지가 빠져 있음을 발견할 수 있다. 바로 주관적 능동성(영혼)의 존재이다. 물론 컴퓨터에도 대뇌, 즉 CPU가 있어서 인간의 대뇌 활동처럼 연산 작용을 한다고 주장할 수도 있다. 하지만 그 CPU에는 영혼이 없다. 주관적인 능동성이 결여되어 있기 때문에 그저 인간의 도구에 지나지 않는다.

아들러는 육체에 영혼이 결여되어서는 안 된다고 줄곧 주장해왔다. 그렇다면 어떻게 해야 몸과 마음이 긴밀하게 결합할 수 있을까? 아들러는 이렇게 말했다.

"인류가 여느 동물들과 달리 만물의 영장이 될 수 있었던 궁극적인 원인은 독립적인 사고와 판단 능력 때문이다. 인간 외에는 이러한 기능을 동시에 갖춘 동물은 없다. 물론 현재 진행되고 있는 각종 실험에서 원숭이나 오랑우탄 등도 사물에 대해 희로애락의 표정을 짓고 또 간단한 표현을 한다는 사실을 발견했다. 하지만 설령 그렇더라도 독립적인 사고 능력은 갖추지 못했다."

여기서 아들러는 사고 능력이 몸과 마음에 미치는 중요성

▼

을 재차 강조했다. 아들러는 인간의 정신과 육체의 관계를 우리가 살고 있는 집에 비유했다. 정신은 우리 육체의 주인이고, 정신이 없는 집은 곧 사람이 살지 않는 빈집이나 다름없다. 그래서 우리가 세상을 떠난 친족의 시신 앞에서 절을 하고 눈물을 흘리는 것은 반성해볼 필요가 있다고 주장했다. 우리가 정작 기억하고 추모해야 할 것은 그 사람 생전의 인품, 사상 등 정신적인 방면의 '면모'이지, 그가 살다간 '집'이 아니라는 의미이다.

관점을 달리하면, 우리는 누구나 천성적으로 타고난 외모가 있다. 즉, 정신(생명)의 '집'의 모양새가 저마다 각각 다르다. '호화주택'에서 사는 이도 있고, '초가집'에서 사는 이도 있다. 하지만 당신의 외모가 어떻든 그 본질은 같다. 호화주택과 같은 외모든 초가집 같은 외모든 그저 정신의 '의탁처'라는 점이다. 다시 말해서 고급이네 저급이네 하는 등급 차이가 없고 그저 인테리어가 다를 뿐이다.

정작 사람과 사람의 수준 차이를 만들어주는 것은 저마다 '거주'하는 자기 육체 속에 깃든 정신적 경지이다. 가령 평소 청렴한 생활을 하며 어려운 사람을 불쌍히 여기고 모든 생명을 관대함과 자비심으로 대하는 사람이 있다. 이들의 정신세계는 고상하고 순결하다. 자연스레 천성적으로 순박한 사람들이 그의 곁으로 몰려와 정신적 교류를 나눈다. 이들은 평생 공포, 외로움, 고독 등을 느끼지 않는다. 반면에 비열하고 옹

졸하며 교활한 사람은 누구나 멀리 피한다. 설령 그의 주변에 사람이 있더라도 그들의 정신은 각자의 '집'에 기거하며 이렇다 할 교류를 하지 않는다. 그들은 날마다 공포, 외로움, 고독을 느끼며 산다. 그리고 시간이 지나면서 인간성은 파멸하고 그들이 기거하는 '집'도 결국 허물어지고 만다.

여기서 보듯이 이 세상을 살아가는 데서 우리에게 가장 중요한 것은 마음을 닦는 일이다! 무릇 강인한 정신력이 있었기에 인류는 지금까지 끊임없이 번성해왔다. 우리의 육체, 즉 우리 정신의 집에는 항상 비바람이 몰아친다. 평소 꼼꼼하게 살피면서 유지보수를 해야 하는데 걸핏하면 오랜 시간 자리를 비운다면 집은 곧 낡아서 허물어지게 마련이다. 우리가 평소 사는 집을 생각해보라. 제아무리 튼튼하게 지은 집이라도 장기간 자리를 비우면 몇 년 지나지 않아 무너지고 만다. 우리의 신체 역시 주기적인 자기 반성(청소)과 세심한 유지보수가 필요하다. 물질적 수요를 충족시키는 데만 열중하며 정신(인품) 방면의 자기 수양과 반성에 소홀한다면 우리는 정신의 집을 잃기 쉽다.

그러므로 자신의 신체 능력을 항상 최적의 상태로 유지해야만 큰 지혜를 쌓을 수 있고 또 역량을 최대한 발휘하여 높은 경지에 이를 수 있다. 아들러는 이렇게 말했다.

"우리는 지혜를 꾸준히 단련하고 응용해야만 우리의 몸과 마음을 한층 긴밀하게 결합하고 이 세상을 위해 좋은 역량을 발휘할 수 있다. 이는 우리에게 생명을 준 신의 은총에 보답하는 것일 뿐만 아니라 인류가 좀 더 높은 단계로 거듭날 수 있는 길이다."

인간은 신체적 발전에만 만족해서는 안 된다. 그러한 불만족이 있었기에 우리는 원인(猿人)에서 인간으로 진화할 수 있었다. 또한 그러한 불만족이 있었기에 우리는 신체적 한계를 극복하고 하늘을 날아오르고 또 드넓은 우주에 발을 디딜 수 있었다. 우리는 그동안 인류가 이룬 성과를 소중히 여기며 그 가치를 충분히 실현해야 한다.

육체가 무의식에
지배당하지 않도록 하라

Adler

인간 대뇌의 잠재의식 속에는 끊임없이 서로 공격하고 부딪치며 마찰을 일으키는 무궁무진한 보물이 숨어 있다. 그것이 바로 인류 창의성의 원천이다.

과학 기술의 발전과 진보에 따라 우리는 의식의 작용에 대해 점점 주목하게 되었다. 그러나 자신도 모르는 사이 발휘되는 잠재의식의 역량을 이해하는 사람은 그리 많지 않다. 사실상 잠재의식은 인간에게 대단히 큰 영향을 미친다. 때로는 잠재의식의 역량을 충분히 인식하고 발휘하느냐의 여부에 따라 인생의 성패가 갈리기도 한다.

아들러는 이렇게 말했다.

"마음과 몸은 동일한 개체에서 필연적으로 신비하면서도

영구적인 하나의 모식으로 공존한다."

학자들도 이러한 모식의 존재에 동감하지만 그 양자 간의 필연적인 연관성을 밝혀낸 이는 없다. 설령 어떠한 결론을 도출해도 학계에서 보편적으로 인정을 받기는 힘들다. 예컨대 독일 정신의학자 에른스트 크레치머(Ernst Kretschmer)는 저서 《체형과 성격(Körperbau und Charakter)》에서 정상인의 체형과 심리 유형의 대응관계를 구축했다. 그는 대다수 사람을 몇 가지 유형으로 나누고 심리적 특징과 체격에는 관련이 있다고 주장했다. 그러나 러시아의 생리학자 파블로프(Ivan Petrovich Pavlov)는 이에 반대하며 다음과 같이 지적했다.

"크레치머는 지구상에 생존하는 모든 인류를 자신이 제시한 두 가지 임상 병형으로 나누고 있다. 하지만 절대다수의 사람은 정신병과는 아무런 관계가 없다는 것을 알아야 한다."

아들러는 인간의 육체는 의식에 의존하며, 잠재의식을 통해 인간의 외적 표상과 내면의 심적 활동을 연계시킬 수 있다고 여겼다. 심리학의 관점에서 보면 아들러의 관점이 절대적으로 정확하다고 할 수 있다.

고대 헤르메스 트리스메기스투스(Hermes Trismegistus)는 위대한 점성술사였다. 그가 죽은 뒤 수 세기가 지났음에도 수많은 사람이 그의 영험한 예지력의 원인을 찾아내기 위해 애썼다. 심지어 기대감과 호기심을 억누르지 못하고 그의 묘지를 파헤친 이도 있었다. 전해오는 이야기에 따르면 그 시대 최대 비밀의 답안은 바로 그의 무덤 속에 있었다고 한다. 그의 비석에는 이런 말이 새겨져 있었다.

'가장 위대한 총명함으로 땅에서 하늘로 올라가라. 그리고 다시 땅으로 내려와 우등한 것과 열등한 것의 힘을 하나로 모으라. 그러면 너는 전 세계의 영광을 얻고 불명료함은 너에게서 멀리 날아가버리리라.'

바꿔 말하면 당신 내면의 잠재의식이 무엇이든 그것은 외부의 공간 속에서 현실로 변할 수 있다는 뜻이다. 석가모니, 노자와 같은 고대의 성현들도 그와 똑같은 진리를 설파했다. 가령 당신의 '머리'에 비견할 수 있는 '하늘'에 따라 당신의 '신체와 환경'에 비유할 수 있는 '땅'이 변화한다는 주장들이다. 이것이 바로 위대한 생명의 법칙이다.

당신도 쉽게 발견할 수 있을 것이다. 가령 작용과 반작용, 운동과 정지 등 자연계의 수많은 법칙은 두 가지의 역량이 균형을 이뤄야만 조화와 안정을 이룬다. 이 세상에 태어난 당신 역시 생명의 법칙과 규율에 따라 정신과 신체가 반드시 조화를 이루어야만 생존할 수 있다. 노력과 성과도 반드시 대등하다. 우리 대뇌 속의 생각과 그것이 현실에 구현되는 표현 역시 대등하다.

당신의 좌절감은 충족되지 못한 욕망에서 비롯된다. 당신의 생각이 부정적이거나 사악하다면 그 생각들은 나쁜 정서를 만들어내고, 그 나쁜 정서는 반드시 밖으로 발산되게 마련이다. 일단 부정적인 정서가 발산되면 위궤양, 긴장, 초조 등의 증세가 나타난다. 사실 당신의 몸에 나타나는 현상은 당신이 말을 하지 않더라도 이미 그 생각을 표출하고 있다. 당신의 활동, 신체, 친구, 경제적 상황, 사회적 지위는 당신의 사상을 반영한 것이다. 이것이 바로 잠재의식을 전부 표현해낼 수 있다는 말의 진정한 의미이다.

사실상 잠재의식의 역량은 가히 가늠할 수가 없다. 잠재의식은 당신을 격려하고 이끌며 당신에게 기억 속에 저장된 장면이나 이름, 사건 등을 보여준다. 잠재의식은 당신의 혈액순환을 통제하고 소화, 흡수, 배설 기능까지 조절한다. 당신이 빵 하나를 먹었을 때 잠재의식은 그 빵을 근육, 뼈, 혈액으로 전환시켜준다. 이러한 과정을 명확히 아는 사람은 아무도 없다. 오직 잠재의식만이 이를 손금 보듯 훤히 꿰뚫으며 전체 과정을 통제하고, 또 모든 문제를 해결할 수 있다. 당신의 잠재의식은 단 1분 1초도 쉬지 않고 영원히 작동한다. 당신은 그저 잠자기 전에 잠재의식에 당신이 하고자 하는 일을 알려주면 그 잠재의식의 신비한 힘을 발견할 수 있다. 다음 날 잠이 깨었을 때 당신의 내재된 역량이 방출되어 당신을 목적지로 인도할 것이다.

자신의 목표에 충실하라

Adler

인간이 발전할 수 있는 가장 현실적인 근본 원인은 목표를 향한 활기찬 추구 때문이다.

아들러는 이렇게 말했다.

"인간은 태어난 순간부터 끊임없이 발전을 추구한다. 위대함과 완벽함을 추구하고, 또 자신이 꿈꾸는 우월한 희망의 청사진을 추구한다. 이러한 청사진은 무의식중에 형성되며 평생을 한시도 떨어지지 않고 그림자처럼 따라다닌다. 이러한 목적적 추구는 우리의 생각은 물론 일생의 모든 구체적 행위를 주관한다. 우리의 생각은 근거 없이 생겨나지 않는다. 그것은 우리가 무의식중으로 형성해낸 생활 목표와 생활방식과 필연적으로 일치한다."

그야말로 "모든 병사는 자신의 배낭 속에 장군의 지휘봉을 갖고 있다"는 나폴레옹의 말과 그 궤를 같이한다. 인생의 목표는 인류 발전의 원동력이며, 목표가 없는 인생은 존재하지 않는다. 설사 스스로 알아채지 못하더라도 그 목표는 우리 생명 속에 존재하며 뜨거운 핏속에 흐르고 있다. 요컨대 인생이라는 것은 우리의 생명 속에서 그 목표를 찾아내는 과정의 연속이라고 할 수 있다.

목표는 우리가 마음속으로 절실하게 갈구하는 것이다. 그리고 성공은 우리가 지치지 않는 활력으로 목표를 끝까지 추구하느냐의 여부에 달려 있다. 평생을 바쳐 목표를 추구하는 것은 절대 순탄치 않다. 도중에 수많은 좌절과 난관에 부딪힐 수밖에 없다. 강인한 정신력 아래 용감하게 앞을 향해 나아가며 노력을 기울이는 사람만이 마음속의 소망을 이룰 수 있다.

목표는 마치 바닷가의 등대와도 같다. 우리 인생 항로를 인도해주어 광활한 바다로 나아가 마음속의 꿈을 추구하게 도와준다. 목표가 클수록 등대는 한층 밝아져 더 먼 바다까지 비추어준다. 그래서 우리는 더 먼 곳도 훨씬 수월하게 항해할 수 있다.

마이클은 음악 애호가로서 훌륭한 가수가 되는 것이 일생의 최대 목표였다. 하지만 작사에 소질이 없었던 그는 발레리라는 청년과 협업하기로 뜻을 모았다. 그러나 유명 가수가 된다는 것은 너무나 요원하게만 보였다. 두 사람은 도무지 뾰족한 방법을 찾을 수가 없었다.

1976년 겨울, 발레리가 말했다.

"앞으로 오 년 후 네 모습을 상상해봐. 네가 무엇을 하며 살고 있을지 신중하게 생각해보고 내게 말해줘."

마이클은 한참 동안 곰곰이 생각한 뒤 말했다.

"오 년 후에 나는 음반을 발매할 수 있기를 바라. 단번에 히트곡이 돼서 유명해졌으면 좋겠어. 그리고 날마다 세계 최고의 음악가들과 함께 일하고 싶어."

그러자 발레리는 목록을 만들어서 보여줬다.

"오 년 후의 목표를 시작점으로 삼아서 거꾸로 되짚어보기로 하자. 오 년 안에 음반을 내고 싶다면 적어도 사 년째에는 반드시 음반 회사랑 계약을 맺어야 해. 삼 년째에는 음반에 실을 노래들을 완성해서 여러 레코드 회사에 샘플을 보내야겠지. 이 년째에는 완성한 곡들 중 마음에 드는 것을 골라서 녹음 작업을 해야 해. 그러기 위해서는 일 년째에는 편곡 작업을 진행해야 하고. 육 개월째는 아직 완성하지 못한 곡을 수정해서 하나하나 점검한 뒤 음반에 실을 곡을 선정해야 할 테고. 물론 그러기 위해서는 일 개월 안에 노래들을 완성해야 하고. 그러면 지금 당장 일주일 안에 수정해야 할 곡과 완성해야 할 곡들을 정리해서 목록을 만들어야 해."

발레리는 다시 말을 이었다.

▼

"봐, 벌써 완벽한 계획이 세워졌잖아. 지금 너에게 필요한 것은 이 계획에 따라 네가 해야 할 일을 하나씩 하나씩 착실하게 실천하는 거야. 그렇게 하면 오 년 후에는 너의 목표를 실현할 수 있어."

과연 그의 말대로 1982년 마이클은 음반을 출시했다. 그의 음반은 미국 전역에서 크게 히트하면서 성공을 거두었고, 그는 소망했던 대로 날마다 유명 음악가들과 함께 작업을 하게 되었다.

'인생은 계획할 수 있다'라는 누군가의 말처럼 성공도 계획을 세워서 이룰 수 있다. 계획에 따라 행동하면 방황하거나 혹은 맹목적으로 행동하지 않게 되고, 또 번민이나 초조감에 빠지지 않을 수 있다. 그렇게 요원하기만 하던 성공은 실현할 날을 손꼽을 수 있는 구체적인 미래로 바뀐다. 아들러는 이렇게 말했다.

"위대한 목표는 위대한 마음을 만든다."

한 인간이 위대한 성취를 이룰 수 있는 것은 그가 위대한 목표를 세우고 위대한 마음을 갈고닦았기 때문이다. 위대한 목표는 우리의 잠재적 동력을 자극한다. 이러한 동력의 자극 아래 우리는 다양한 경로를 적극적으로 찾아내어 자신의 위대한 목표를 실현한다.

위대한 목표를 가진 사람은 결코 사소한 이익 때문에 자신의 궤도에서 이탈하지 않으며, 예기치 못한 시련에도 결심이 흔들리지 않는다. 그러한 이익이나 시련을 처음부터 각오하고 있었기 때문이다. 그들은 위대한 목표에는 반드시 위대한 도전이 따른다는 사실을 잘 알고 있다. 그렇지 않다면 목표는 그 도전을 극복하여 본연의 위대한 가치를 내보일 수 없기 때문이다. 위대한 정신을 가진 사람은 풍요로운 물질적 이익에 연연하지 않고 개인의 가치 실현에 더 큰 관심을 기울인다.

위대한 목표는 우리가 무엇을 얻을 수 있고, 또 얼마만큼의 발전을 이룰 수 있는지를 알려준다. 흔히 죽지 못해 산다는 푸념을 늘어놓는 이들도 실은 위대한 목표가 없기 때문이다. 그래서 무미건조하고 평범한 삶을 살아가는 것이다. 이는 고대 로마 철학가 세네카(Lucius Annaeus Seneca)의 말과도 일맥상통한다.

"아무런 목표도 없이 마치 부평초처럼 살아가는 사람들이 있다. 사실 이들은 사는 것이 아니라 그저 조류에 밀려 떠다니는 것뿐이다."

육체 속에 깃든 의식이야말로
인생의 보물이다

Adler

마음의 가장 신기한 특징은 바로 사실 자체가 아니라 사실에 대한 인식이 우리의 행동 방향을 결정하게 한다는 점이다.

아들러는 이렇게 말했다.

"인간은 똑같은 사실의 세계에서 생활한다. 그러나 그 사실에 대한 인식이 저마다 다르기에 각자 다른 방식으로 자신을 형상화한다. 알다시피 정신의 가장 중요한 기능은 개체의 미지(未知)의 행동을 지도하는 것이다. 그 지도는 사회생활 속의 각종 사물에 대한 저마다의 독특한 인식에 기반을 둔다. 사람은 제각기 다른 심리 발전의 과정을 거친다. 그리고 같은 사물에 대한 심리적 인식은 각각 심리 발전 과정에서 형성된 개체별 인격 특징의 영향을 받는다. 즉, 개체의 최종적인 행동 방향을 결정하는 하나의 사실(事實)은 실상 일련의 심리적 인식의 해석을 거친 것이다. 그래서 사람들의 행동은 자신의 성격 특징을 드러내게 된다."

이러한 설명은 의식이 육체에 미치는 중요성을 강조하고 있다.

우리의 내면 깊숙한 곳에는 엄청난 보물이 숨어 있다. 이 보물을 발굴하면 우리는 자신의 모든 소망을 충족시킬 수 있다. 그러나 대다수 사람은 외부세계만을 바라보며 타인과의 경쟁에서 제 몫을 챙기기를 바란다. 그 결과 더욱 부유해지기는커녕 정력을 낭비하고 정서적으로 피폐해진다. 맹목적인 인간은 자신의 영혼 깊숙한 곳에 감춰져 있는 보물, 즉 잠재의식을 끝내 발견하지 못한다.

자신의 잠재의식을 깨닫고 활용하는 사람은 여느 사람들과는 완전히 다른 태도와 행위를 보인다. 남들보다 한층 강한 자신감과 미래에 대한 확신으로 좀 더 빨리 성공의 지름길을 찾아낼 수 있다. 반대로 잠재의식을 전혀 깨닫지 못하는 사람은 외부의 부정적인 정서에 영향을 받기 일쑤다. 그들의 내면은 두려움과 초조감으로 가득 차 있어서 막상 기회가 왔을 때도 이해득실을 따지며 노심초사하다 결국은 놓치고 만다. 이런 사람들은 자신의 내면으로부터 강력한 심리적 지지를 받지 못하기 때문에 인생이 순탄하지 않다.

아들러는 이렇게 말했다.

"잠재의식은 우리가 태어나기 전에, 또 이 세상의 모든 교회와 심지어 이 세계가 존재하기 전부터 이미 존재하였다. 이는 진실하고 위대한 영원불멸의 역량으로서 우리 생명의 순환을 주재한다. 나의 모든 경험을 내걸어 진심으로 하는 말이지만, 당신이 마음의 상처와 신체의 고통을 치유하고 또 마음속 공포를 극복하여 빈곤과 실패와 우울감에서 벗어나고 싶다면, 모든 것을 이길 마술 같은 힘을 가진 잠재의식을 움켜쥐어야 한다. 당신이 자신의 정신, 감정, 소망을 함께 결합하기만 하면 나머지는 풍부한 창조적 역량인 잠재의식이 모두 해결해줄 것이다."

그렇다. 잠재의식은 모든 것을 변화시킬 수 있는 마력(魔力)이다. 그것은 소리 없이 우리가 하는 모든 일에 관여하며 그 속에서 거대한 영향력을 발휘한다.

사실 우리는 자신도 모르는 사이 잠재의식의 힘을 빌리기를 원한다. 가령 마음속으로 간절히 기도하는 식으로 말이다. 사실 우리는 자신의 이익과 직결되는 중요한 일을 앞뒀을 때 자신도 모르는 사이 간절한 기도를 한다. 그러나 그러한 기도가 대부분 실현되지 않아 이내 실망하기 일쑤다. 심리학의 관점에서 보면, 우리가 어떤 일에 기대를 품었을 때 기도를 하는 것은 개인 소망의 표현일 뿐 그 실현 여부는 오롯이 그 사람의 구체적인 노력에 달려 있다. 그러나 또 다른 관점에서 보면, 당신의 기도가 효과를 발휘하기를 원한다면 그 소망은 반드시 당신의 잠재의식과 의기투합해야 한다. 그래야만 잠재의식이 거대한 역량을 발휘하여 당신의 기도가 실현되도록 도와준다.

아마 당신은 잠재의식의 힘을 발휘하려면 큰 노력이 필요하다고 느낄지도 모른다. 사실 잠재의식의 힘을 빌리는 데는 특별한 노력이 필요하지 않다. 그것은 항상 우리 몸에 내재되어 있다. 다만 우리에게 필요한 것은 그 힘을 사용하는 방법을 터득하는 것이다.

스코틀랜드 출신의 의사 제임스는 1843년부터 1846년까지 벵골에서 의사생활을 했다. 그는 3년 동안 신체 절단 수술, 종양 제거 수술, 기타 이비인후과적 수술을 포함하여 무려 400여 차례에 달하는 외과수술을 진행했다. 수술을 진행하는 과정에서 그는 마취약을 사용하지 않고 정신마취법을 채택했다. 수술대 위의 환자에게 이 수술은 아무런 통증도 없으며 패혈증을 일으키거나 세균 감염 등의 증상도 일어나지 않을 것이라고 암시했다. 그의 암시 요법을 받은 환자들은 수술 과정에서 그 어떤 불편한 느낌도 느끼지 못했고, 수술 후의 사망률도 현저히 낮았다. 이러한 비현실적인 사례에서 우리는 잠재의식이 얼마나 엄청난 힘을 발휘하는지를 확인할 수 있다. 미국 심리학의 아버지 윌리엄 제임스(William James)의 말처럼, 당신의 잠재의식은 지혜를 얻는 힘의 원천으로서 당신에게 세계를 바꾸는 힘을 준다. 잠재의식은 일단 당신이 결정하면 모든 힘을 다해 당신의 목표를 완성시켜준다. 그러므로 당신의 잠재의식에 정확하고 건설적인 생각을 주입해야 한다.

우리의 인생은 저마다 아름다운 한 폭의 그림과 같으며, 그 작품의 작가는 바로 우리 자신이다. 사회현실에 대한 인식은 우리의 인생 태도와 미래의 인생 방향에 직접적인 영향을 미친다. 우리가 사는 사회가 비록 불완전하고 불공정한 부분이 많더라도 우리 영혼의 가장 신기한 특징은 우리가 자신의 해석에 따라 현실을 대면하고 인생길을 선택하게 한다는 것이다. 그러므로 우리는 이처럼 자유로운 선택의 기회를 소중하게 여기며 긍정적인 태도로 사회를 해석하고 삶을 대해야 한다. 우리가 생활하는 세계가 지금은 불완전할지라도 우리가 긍정적인 면을 보며 행동한다면 미래에는 좀 더 완벽해진 세상을 볼 수 있다.

질투를 극복하면
한층 강해질 수 있다

Adler

우리는 권력과 통치에 대한 추구가 어디에 있고 또 질투가 어디에 있는지 확

신할 수 있다.

아들러는 이렇게 말했다.

"인성이라는 관점에서 보자면 권력에 대한 갈망은 인류의
본성이라는 사실을 알 수 있다. 이러한 본성은 타인을 통제하
고 싶은 욕망에서 비롯된다. 그러나 권력과 의무는 대등하다.
권력을 얻은 사람은 그에 따르는 필연적인 의무를 이행해야
하며, 개인의 능력은 권력을 획득하고 활용하는 기반이 된다.
그러나 타인이 가진 권력에 대해서는 쟁취하려고 노력하기는
커녕 부당한 태도를 보이는 사람들이 있다. 그것은 바로 질투
때문이다."

▼

아들러는 육체 속의 질투심을 악성종양으로 간주했다. 그도 그럴 것이 현실 생활에서 질투심은 대단히 파괴적이다. 가령 여러 사람이 동시에 한 가지 목표를 위해 고군분투하는데 누군가가 자신보다 앞서 나가면 당신은 이내 이런 생각을 한다.

'나는 열심히 하지도 않았어. 내가 열심히 노력한다면 저 사람보다 훨씬 훌륭하게 해낼 거야.'

그러다 목표를 완성하지만 이미 자신보다 한 발짝 앞서 나아갔던 이가 상을 받으면 당신은 또 이런 생각을 한다.

'상을 받으려고 그렇게 기를 쓰고 노력한 거야? 그래, 능력이 있다 이거지? 그럼 앞으로 모든 일은 네가 도맡아서 해. 난 손 놓고 구경만 할 테니까!'

정말로 손 놓고 구경만 할 것인가? 정말 그렇게 한다면 당신은 나태함 속으로 빠지고 만다.

1860년 대선이 끝나고 몇 주가 지난 어느 날, 반이라는 은행가가 링컨 대통령의 집무실에서 상원의원 새먼 체이스가 나오는 것을 보고 그를 붙잡고 물었다.

"입각하시게 되었습니까?"

"네, 지금 재무장관으로 임명받았습니다."

"능력으로 보나 학식으로 보나 당신이 링컨보다 한참 위인데 어째서 그 밑에서 일하려는 겁니까?"

"그래서 이 내각에서 일하려는 겁니다. 그래야 제가 더 돋

보이지요."

며칠 뒤 반은 링컨을 만난 자리에서 말했다.

"체이스 같은 사람을 쓴 건 잘못입니다."

링컨이 의외라며 물었다.

"왜죠?"

"그는 자기가 대통령보다 훨씬 뛰어나다고 생각합니다."

"그래요? 그럼 그렇게 생각하는 사람이 또 있습니까?"

"아뇨, 모릅니다. 그건 왜 묻는 거죠?"

"전부 데려다 입각시키려고 그럽니다."

훗날 역사적 사실이 증명해주듯이 체이스는 오만하기 이를 데 없었지만 대단한 능력가였다. 링컨은 과감하게 체이스를 재무장관에 임명하고 그와의 마찰을 최대한 피했다. 본래 체이스는 대통령이 되겠다는 야망을 불태우고 있었으며 질투심도 강한 인물이었다. 백악관에 입성하려고 했던 그는 대선에서 링컨에게 밀린 뒤 제2인자의 자리를 넘봤지만 그 역시 실패로 돌아갔다. 링컨이 윌리엄 수어드를 국무장관으로 임명하는 바람에 체이스는 재무장관으로 밀려난 것이다. 이에 앙심을 품은 체이스는 사사건건 링컨에게 딴지를 걸고 그가 추진하는 일마다 반대를 하고 나섰다.

그러던 어느 날 〈뉴욕타임스〉의 창업자 헨리 레이몬드가 링컨을 접견한 자리에서 왜 체이스를 해임하지 않느냐고 물었다. 이에 링컨은 한 가지 일화를 들려주었다.

▼

"레이몬드, 자네도 농촌 출신 아닌가? 그렇다면 말파리에 대해 잘 알고 있겠군. 오래전에 켄터키 고향 농장에서 동생과 옥수수밭에서 쟁기질을 할 때였네. 나는 앞에서 말을 끌고 동생은 뒤에서 쟁기를 밀고 따라오는데 말이 워낙 게을러서 말을 들어야 말이지. 그런데 이 말이 느닷없이 쟁기를 끌고 미친 듯이 달리기 시작하지 뭔가? 그 덕분에 수월하게 밭을 다 갈고 나서 말을 살펴보니 엉덩이에 파리들이 덕지덕지 붙어 있더군. 그래서 채찍으로 파리를 떼어내주려고 하니까 동생이 왜 파리를 떼어내냐고 묻는 거야. 파리에게 시달리는 말이 너무 불쌍해서 그렇다니까 동생이 이렇게 말하더군. '그만두시구려, 그 파리들 때문에 이 늙은 말이 그나마 움직이고 있으니까!'"

링컨은 의미심장하게 한마디를 덧붙였다.

"지금 대통령이 되고 싶다는 권력욕의 파리가 체이스의 엉덩이에 붙어서 그가 나랏일에 최선을 다하도록 독려해주고 있네. 그래서 나는 그 파리를 털어내지 않는 걸세."

위의 일화에는 두 가지 이치가 담겨 있다. 하나는, 링컨은 자신보다 더 능력이 뛰어난 라이벌을 질투하지 않았다. 그 대신 라이벌의 장점을 취해 자기 단점을 보완했다. 또 하나는, 대권욕으로 가득한 체이스는 링컨을 질투하는 대신 좀 더 높은 목표를 달성하기 위해 끊임없이 자신을 채찍질했다. 이 둘 중 한 사람이라도 질투에 사로잡혔다면 어땠을까? 가령 "그래, 넌 능력자니까 네가 모두 맡아서 해라!"라는 식으로 말이다. 그랬다면 아마도 의기소침해진 나머지 타성에 젖어 결국은 평범한 사람으로 전락했을 것이다.

아들러는 이렇게 말했다.

"인생의 동력은 생존, 분투, 발전, 향상이다. 혹자는, 인간은 고차원적인 동물이라고 말했다. 물론 나도 그 말에 찬성한다. 하지만 제아무리 고차원적인 존재라고 해도 동물이라는 사실에는 변함이 없다. 동물은 수많은 동일한 본능을 지니고 있다. 인간이 여느 동물과 유일하게 다른 점은 건전한 사유 능력, 자제력, 창조력을 지니고 있다는 것이다. 이는 고차원과 저차원을 구분하는 경계선이기도 하다. 하지만 대개 우리는 지나친 과신으로 수많은 잘못된 이론을 만들어내어 정확한 사유를 그르치고 급기야 자제력과 창조력이 저하되는 결말을 초래할 때가 많다."

그러므로 일상생활, 업무, 학업 과정에서 우리는 수시로 자신의 능력을 통해 스스로를 자극해야 한다. 나쁜 습관과 심리를 없애고 개성과 자신감이 넘치는 건강한 사유 활동을 유지한다면 게으름이나 평범함은 당신을 무너뜨리지 못할 것이다.

아름다운 영혼에서
아름다운 육체가 나온다

Adler

'아름다움'에 대해 논하자면, 외모와 형체는 자신을 표현하는 하나의 방식에 지나지 않는다. 아름다움의 진정한 원천은 인간의 내면이다. 내면에서 우러나오는 아름다움이야말로 자신을 드러내는 최고의 표현 형식이라고 할 수 있다.

셰익스피어의 《햄릿》에 이런 내용이 나온다.

'하느님이 주신 얼굴을 당신들은 전혀 딴판으로 만들거든.'

우리는 내면의 힘으로 아름답거나 혹은 추악한 또 다른 얼굴을 만들어낼 수 있다.

아들러는 "아름다움은 마음에서 나온다"고 했다. 이는 육체의 아름다움은 영혼에서 비롯된다는 뜻이다. 아들러는 또한 이렇게 말했다.

"고상한 정서를 유지한다면 말투나 태도가 품위 있고 점잖아질 뿐만 아니라 신체도 훤칠하고 건강해진다. 다시 말해서 아름다운 영혼을 가진 사람은 비범한 매력과 우아한 기질을 온몸으로 내뿜는다. 이는 외재적인 그 어떤 아름다움보다 훨씬 매혹적이다."

실생활에서 이런 여성을 많이 볼 수 있다. 비록 외모는 평범하지만 매력적인 인격과 우아한 기질로 이목을 끄는 여성들. 그녀들은 신체와 언어를 통해 영혼의 고귀함과 아름다움을 널리 보여준다. 이처럼 우아하고 숭고한 영혼은 항상 신비한 마력으로 평범한 외모를 눈부신 자태로 바꾼다.

누군가가 패니 켐블(Fanny Kemble, 영국 배우·극작가·시인)을 이렇게 평가한 적이 있다.

"비록 몸매는 땅딸막하고 얼굴은 빨갛게 달아오르기 일쑤지만 그녀의 온몸에서 뿜어나오는 고귀한 기질은 평생 잊을 수가 없다. 나는 평생토록 이처럼 위엄과 품위를 가진 여성을 본 적이 없다. 당신이 제아무리 아름다운들 그녀 앞에서는 빛을 잃을 것이다."

그렇다. 이 세상에 못생긴 여자는 없다. 다만 자신을 아름다운 여인으로 보여줄 방법을 모를 뿐이다. 그 누구라도 비록 외모는 평범해도 올바른 미(美)에 대한 이념을 수립하고 기개 있고 긍정적이며 정직한 마음을 길러낸다면 훨씬 아름다운 여성으로 변할 수 있다. 여기서 설명하고 싶은 점은, 올바른 미에 대한 이념이란 외모의 아름다움을 중시하는 것이 아니라 영혼의 아름다움을 실현하려고 노력하는 것을 의미한다는 점이다.

진정한 아름다움을 탄생시키는 원천은 딱 하나다. 바로 남에게 사심 없이 베푸는 선행과 진심을 다해 따뜻한 정과 위안을 건네는 마음이다. 그것은 우리를 훨씬 훤칠하고 젊게 만들어준다. 또한 그로 말미암아 우리의 인생은 좀 더 아름다워질 수 있다. 외재적인 미는 영혼의 아름다움을 내보이는 하나의 표현에 불과한 것으로서 일종의 신체를 통해 영혼을 구체화시킨 것이다. 그러므로 아름다운 영혼의 이념에 맞는 표정, 행동거지, 태도를 가지고 자신을 좀 더 우아하고 고상하게 만들도록 노력해야 한다. 아름다움을 사랑하는 마음이 있고 또 아름다운 이념을 실천한다면, 당신은 어떤 환경에서도 남들에게 품위 있고 고상한 신사 혹은 숙녀라는 인상을 줄 수 있다. 그러므로 외모의 결함 특히 신체적 장애는 당신의 풍격과 태도로 충분히 보완할 수 있음을 잊지 말라.

그러나 현실에서는 수많은 여성이 평범한 외모 때문에 늘 우울해하고 의기소침하기 일쑤다. 아름다움을 추구할수록 자신의 외모의 결함이 한층 확대되기 때문이다. 사실 그들은 자신이 생각하는 것만큼 못생기지 않았다. 그들이 지나치게 예민하지만 않다면 주변 사람들은 그 결함조차 눈치채지 못할 것이다. 사실 그들이 함부로 자신을 비하하는 나쁜 습관을 극복하고 담담하게 삶에 임한다면 후천적 노력을 통해 활발하고 귀엽고 이해심 많고 너그럽고 아름다운 성품을 길러낼 수 있다. 그렇게 하면 좋은 성격과 지혜로 자신의 결함을 충분히 덮을 수 있다.

우리 주변의 친구들을 생각해보라. 그들 중에 아름다운 외모를 가진 이가 과연 몇이나 될까? 평범한 외모 혹은 못생긴 사람들이 많다면 자신이 왜 그들과 친하게 지내는지 한번 생각해보라. 아마도 함께 어울리며 친하게 지내는 이유는 그들의 외모가 아니라 우수한 성품에 사랑과 존경심이 생기면서 마음이 끌렸기 때문일 것이다.

최상의 아름다움은 그 어떤 물질적인 형태를 갖추고 있지 않다. 최상의 아름다움은 우리의 영혼을 찬란하고 아름답게 가꾸어주며, 그저 일부 구체적인 사물을 빌려 그 아름다움을 구현할 뿐이다.

우아하고 순수하며 고상한 사람이 되기 위해 노력하자. 최상의 아름다움을 추구한다면 당신은 아무런 여한 없이 인생을 충실하게 가꿀 수 있을 것이다.

내면의 소리에
진지하게 귀 기울여라

Adler

자신의 내면의 소리에 귀를 기울이며 이를 착실하게 따르는 사람은 자신이 원하는 것을 모두 가질 수 있다.

이 세상은 현란할 만큼 다채롭고 인간의 욕망도 끝이 없지만 우리는 이처럼 번잡한 세계에서도 자신이 진정으로 원하는 것을 발견할 수 있다. 왜일까? 아들러는 이렇게 말했다.

"사람의 내면은 그의 육체를 속일 수 없다. 설령 때로는 신비하고 예측할 수 없는 가림막으로 감추더라도 자신도 모르는 사이 본모습을 드러내게 마련이다. 내면은 끊임없이 자신의 갈망을 반복한다. 이러한 갈망은 강렬하면서도 또 집착적이다. 그 갈망은 당신의 의식 속에서 당신의 사고를 방해하며 수시로 그 존재를 느끼게 한다. 그 때문에 내면의 소리에 진지하게 귀를 기울인다면 자신이 진정으로 원하는 것을 발견할 수 있다."

에드윈 번즈는 내면의 외침에 충실히 따른 덕분에 마침내 발명가 에디슨과 동업자가 될 수 있었다. 그는 위대한 발명가 에디슨과 동업자가 되고 싶다는 내면의 강렬한 염원을 발견했을 때 그 비현실성에 결코 놀라지 않았다. 그는 그저 내면의 목소리에 따라 에디슨을 찾아가 자신의 소망을 밝히기로 결심했다.

그러기 위해 먼저 그가 직면한 첫 번째 난관을 극복해야 했다. 사실 에드윈 번즈는 에디슨이 있는 뉴저지까지 가는 기차표를 살 돈조차 없었다. 하지만 그는 포기하지 않고 화물차 짐칸에 숨어 뉴저지 주의 에디슨 연구소까지 갔다. 그는 마침내 에디슨을 만나 동업을 하고 싶다고 자신의 소망을 밝혔다.

그러나 첫 번째 만남에서 에드윈 번즈는 에디슨을 설득하지 못했다. 그럼에도 그는 실망하지 않고 자신을 다독였다.

'어찌 됐든 시작은 좋았어. 그전까지만 해도 우리는 생판 모르는 사이였잖아. 내가 이곳에 온 목적은 에디슨의 동업자가 되는 거야. 비록 지금은 그의 밑에서 잡다한 일이나 돕는 처지지만 내 목표를 위해서라면 결코 포기하면 안 돼.'

그로부터 수개월이 지난 뒤에도 에드윈 번즈는 자신의 목적을 실현할 기회를 얻지 못했다. 그럼에도 그는 결코 포기하지 않고 자신의 염원을 되새김질하며 스스로를 위로했다.

마침내 그토록 바라던 기회가 찾아왔다. 에디슨은 '에디슨 축음기'라는 당시로서는 획기적인 발명품을 발명했지만 별다른 성과를 얻지 못했다. 에디슨 연구소의 영업사원 모두가 이 이상한 기계는 시장 전망이 없다며 영업 활동을 포기했던 것이다. 에드윈 번즈는 그 기회를 놓치지 않았다. 그는 곧장 에디슨을 찾아가 축음기의 판매 업무를 맡겨달라고 부탁했다. 에디슨의 승낙 아래 에드윈 번즈는 축음기를 들고 곳곳을 다니며 열심히 영업 활동을 폈고 좋은 판매 성과를 거두었다. 그는 노력과 재능을 인정받아 에디슨과 새로운 계약을 맺고 축음기의 전국 판매권을 거머쥐었다. 에드윈 번즈는 에디슨과 동업자가 되겠다는 자신의 소망을 마침내 실현한 것이다.

이처럼 에드윈 번즈는 내면의 소리에 귀를 기울이며 자신이 원하는 것을 정확히 깨달았기에 인내력을 가지고 그 소망을 이루는 데 전력을 다해 마침내 꿈을 이루었다. 수년 뒤 에디슨은 에드윈 번즈를 처음 만났을 때를 회상하며 이렇게 말했다.

"당시 내 연구소를 찾아온 에드윈 번즈는 마치 거리를 떠도는 부랑아 같았습니다. 하지만 추레한 행색에도 강인한 의지가 번득이는 것을 보며 저 사람은 나와 동업하기로 작정한 사람이라고 느꼈습니다. 난 이미 그때 알아차릴 수 있었어요. 그는 자신이 원하는 것을 반드시 이룰 것이라는 사실을 말입니다. 결국 그 뒤에 일어난 일들이 애초에 내가 에드윈 번즈를 정확하게 판단했다는 것을 증명해주었지요."

에드윈 번즈는 처음 에디슨 연구소에서 일할 기회가 생겼을 때 그것에 만족하지 않았다. 그가 진짜로 원하는 것은 에디슨의 잡일이나 거드는 직원이 아니라 어엿한 동업자가 되는 것이었기 때문이다. 그는 내면의 염원을 되새김질하면서 자신의 목표를 지켜냈다. 많은 이가 자신이 원하는 바를 얻지 못하는 이유는 자기 내면의 목소리를 외면하거나 혹은 목표를 추구하는 과정에서 점차 초심을 잃기 때문이다.

내면의 소리에 귀를 기울여라. 자신이 진정으로 원하는 것을 정확하게 알아야만 수많은 장애물을 헤치며 모든 힘과 노력을 쏟아부어 내면의 충만감과 평온을 이룰 수 있다. 이것이 바로 아들러의 인생철학이다.

인간의 고귀함은
영적 생활을 하느냐에 달려 있다

Adler

인류의 영혼이 바로 인간의 본질적인 구현이다.

우리는 일반적으로 살아서 움직이는 유기체만이 영혼을 가졌다고 여긴다. 인간의 영혼과 행위, 심리는 밀접하게 연계되어 있다. 이러한 연관 관계가 있기에 인류는 여느 동물이나 식물과 다르다. 시간에 따른 변천, 위치의 전환으로 말미암아 생기는 변화는 모두 영혼의 지시에 따르며, 그럼으로써 우리의 몸은 좀 더 쉽게 생활에 적응할 수 있다. 그런 의미에서 인간의 본질은 심리와 행위 결합의 구현이다.

'인간은 생각하는 갈대이다.'

이는 프랑스 사상가 파스칼(Blaise Pascal)의 명언이다. 그의 말인즉슨 인간의 생명은 갈대처럼 유약해서 우주의 그 어떤

▼

존재도 인간을 사지에 내몰 수 있다는 것이다. 그럼에도 인간이 우주의 만물 중에서 가장 고귀한 이유는 생각할 줄 아는 영혼이 있기 때문이다. 물론 육체 활동의 필요성을 부정할 수는 없다. 그러나 인간이 고귀한 것은 바로 그가 정신생활을 누리기 때문이다. 단순히 육체 활동만 따진다면 인간은 누구나 똑같은 존재이다. 하지만 서로 다른 영혼을 가지고 있으며 저마다의 내면세계가 크게 차이 나기에 인간은 비로소 우수한 사람과 평범한 사람, 고귀한 사람과 비천한 사람으로 나뉜다. 내면의 정신적 자산을 외부의 물질적 재산보다 훨씬 소중하게 여긴 것은 동서고금 성현들의 공통된 특성이기도 하다.

그러나 오늘날 사회에서 우리는 생존투쟁의 압력과 물질적 이익의 유혹에 휩쓸려 모두가 외부의 물질적 세계만을 바라보며 살고 있다. 마음을 가라앉히고 자신의 내면세계에 관심을 집중시키는 이는 극히 드물다. 그 결과 영혼은 나날이 위축되고 공허해진 채 그저 이 세상에는 아등바등하며 쉴 새 없이 움직이는 육체만이 남는다. 이는 한 개인에게는 참으로 슬픈 일이며 전체 사회에는 참으로 두려운 일이다.

영혼은 인간 생명 속의 심리 현상을 결정한다. 상상해보라. 갖가지 삶의 목표가 정신 활동을 통한 결정, 지속, 수정, 가르침을 거치지 않는다면 생각은 물론 그 어떤 기대나 꿈도 생기지 않는다. 물론 이러한 결과의 발생은 생명 개체의 환경 적응과 환경 반응의 필요성에 기인한다. 다시 말해서 우리가 한 사람을 이해하려고 한다면 그의 생활 행동이나 그 행위가 표현하는 의미를 이해하는 것이 매우 중요하다.

생활 속에서 우리는 주변 상황을 제대로 이해하지 못해 억울한 일을 겪고 또 오해로 인해 가족이나 친구와의 관계가 엇갈리고 서먹해진다. 이러한 상황을 우리는 누구도 원하지 않는다. 우리는 그저 서로 이해하고 조화롭게 살아가는 사회를 원한다. 하지만 문제는 우리에게 타인의 심리를 투시할 능력이 없다는 사실이다. 이에 개인심리학은 한 가지 방향을 제시해준다. 영혼의 모든 현상은 미래에 발생할 활동을 준비하는 것이다. 한 사람의 목표를 이해하면 그의 내면세계를 조금이나마 이해할 수 있다. 그러면 상호 이해를 막는 장벽을 허물 수 있다. 지금부터라도 영혼의 지시에 순응하며 우리가 사랑하는 주변 사람들에게 좀 더 많은 관심을 가지고 그들의 미래 목표에 주의를 기울여보자. 그러면 마음의 소리에 귀를 기울임으로써 주변의 가족과 친구들을 좀 더 깊이 이해하여 불필요한 오해를 피하고 행복하게 살아갈 수 있다.

Adler,
Alfred

Chapter 3

아들러의 용기;
열등감을 내뱉고 용기를 불어넣어라

아들러의 학설은 '열등감'과 '창조적 자아'를 근간으로 삼으며 '사회의식'을 강조하고 있다. 주요 개념은 창조적 자아, 생활풍격, 가상적인 목적론, 우월 추구, 열등감, 보상과 사회적 관심 등이 있다. 즉, 우리는 '열등감'을 없애야만 '창조적 자아'를 가질 수 있다.

인간은
열등감이 있기에 발전한다

Adler

우리는 누구나 열등감을 가지고 있다. 왜냐하면 우리는 항상 자신이 처한 환경을 개선해야 한다는 사실을 깨닫기 때문이다.

아들러가 보기에 인간의 진보는 자신이 처한 현재 상황에 대한 불만족으로 좀 더 노력해야 한다는 동기가 생기면서 이뤄진다. 물론 이러한 불만족은 각자 정도의 차이는 있지만, 우리에게 열등감을 가져다준다. 그러나 용기를 잃지 않는다면 우리는 현재 상황을 개선할 직접적이고 현실적이며 또 가장 효과적인 방법으로 열등감에서 벗어날 수 있다. 그래서 아들러는 이렇게 말했다.

"줄곧 열등감 속에 갇혀 지낼 사람은 없기에 스스로를 모종의 발전을 요구하는 긴장 상태로 밀어 넣는다. 이를 통해 우리는 계속 완벽에 가까워지고 동시에 조용히 사회 발전에 공헌하는 역량을 갖춘다."

아들러는 또 이렇게 말했다.

"열등감과 우월 추구는 밀접한 관련을 맺고 있으며, 우리의 생각과 행위를 통해 표현된다. 우월 추구는 바로 우리가 열등감을 느끼기 때문에 많은 성취를 일굼으로써 열등감을 극복하려고 노력하는 것이다."

자신의 처지가 만족스럽지 못할 때 용기를 잃고 실의에 빠진다면 그 결과는 당연히 참담할 것이다. 어쩌면 착실하게 노력하며 현재 상태를 개선하려 들지 않고 스스로도 감당 못하는 열등감 속에 빠지게 될 것이다. 비록 열등감에서 벗어나려고 노력하겠지만 별다른 도움이 되지도 않을뿐더러, 그 노력의 효과도 미미해서 자신의 삶이 제자리걸음만 한다고 느낄 것이다. 이때 열등감은 일종의 위험한 정서가 되어 그를 소극적이고 피동적인 상태로 빠뜨린다. 그래서 자기 최면이나 자아도취에 빠져 현재에 만족하며 아무런 발전을 이루지 못한다. 반면에 주변 동료들의 향상과 사회의 발전은 그에게 점점 더 많은 열등감을 안겨준다. 그가 처한 상황은 아무런 변화도 없고 또 기존의 열등감을 자아내는 문제점은 여전히 그의 앞길을 가로막고 있기 때문이다. 게다가 나날이 늘어만 가는 이러저러한 새로운 문제들은 그를 더욱 압박하여 급기야 위험한 경지로 몰아낼 것이다. 이러한 비극적 상황을 맞이하고 싶은 사람이 과연 누가 있을까?

아들러는 이렇게 말했다.

"열등감 자체는 전혀 이상하지 않다. 그것은 인류가 처한 상황을 한층 개선하는 요인이기도 하다. 인류의 모든 문화적 성과는 열등감을 토대로 한다."

그는 심지어 "열등감 자체가 오히려 인류 발전의 요인이다"라고 말했다. 우리 역시 일정한 정도의 열등감을 가지는 것은 결코 나쁜 일이 아니며, 그러한 열등감이 있기에 좀 더 우월한 지위나 한층 완벽한 인생을 추구하게 된다는 것을 잘 알고 있다. 누구나 완벽을 추구한다. 물론 완벽에 도달할 사람은 아무도 없다는 사실을 잘 알고 있다. 하지만 완벽을 추구하는 것은 결코 무의미한 일이 아니다. 끊임없는 노력만이 우리를 완벽에 가깝게 만들어주기 때문이다.

이처럼 완벽을 갈망하기 때문에 우리는 우리 자신에게 가혹한 요구를 할 수 있다. 이미 상당한 성취를 이루었다고 해도 그 자리에 안주하지 않는다. 심지어 때로는 자신을 위기에 빠뜨리고는 "난 왜 이렇게 나 자신에게 가혹한 걸까?"라고 자책할 때도 있다. 하지만 일단 그 위기를 벗어난 뒤에는 언제 그랬냐는 듯 다시 새로운 도전에 나선다. 사실 이것이야말로 우리 인류가 연약한 육체를 가지고서도 만물의 영장이 된 원인이기도 하다. 우리는 끊임없이 불만족을 느끼기 때문에 다시 계속 전진하며 한 단계씩 자신의 한계를 극복해나간다. 이러한 끊임없는 자기 초월과 더욱 완성도 높은 인생에 대한 추구는 인간이 원시 시대를 벗어나 압박의 구시대를 지날 수 있도록 해주었다. 앞으로도 인류는 완전한 자유의 새로운 시대를 맞이할 것이다!

열등감은 인간이 자신의 무지를 깨닫고, 미래를 위해 준비해야 한다는 것을 알고 과학적 진보를 이룰 수 있게 해주었다. 그리고 과학적 진보는 인류가 자신의 운명을 개선하고 우주를 한층 자세히 이해하며 조화롭게 살아갈 수 있도록 해주었다. 동물의 날카로운 발톱에서 느낀 열등감으로 우리는 그에 대항하기 위해 돌로 무기를 만들었고 군집 생활의 중요성을 깨달았다. 폭풍우와 번개 같은 대자연의 위력 앞에서 느낀 열등감으로 우리는 집을 지어 스스로를 보호하는 방법을 터득했다. 또한 하늘을 자유로이 날아다니는 새들에게서 느낀 열등감으로 우리는 비행기를 발명할 수 있었다. 무수히 많은 열등감이 존재했기에 우리는 셀 수 없이 많은 성공을 거두었다. 열등감을 느낄 때 우리에게 필요한 것은 용감하게 맞부딪치는 것이다. 인류의 모든 문화적 성과는 열등감을 토대로 하기 때문이다.

신체적 결함은
자포자기의 이유가 못 된다

Adler

신체적 결함은 우리가 잘못된 생활방식을 선택하도록 강요할 수 없다.

우리는 이 세상을 선택해서 태어날 수 없지만, 이 세상을 살아가는 방식은 선택할 수 있다. 신체적 결함을 안고서도 위대한 성취를 이룬 위인은 셀 수 없이 많다. 그들의 인생 경험담은 우리에게 매우 단순하면서도 의미 깊은 이치 하나를 알려준다. 바로 삶의 시련에 부딪혔을 때 설령 당신이 신체적 결함이 있더라도 잘못된 방식의 삶을 선택할 핑계는 될 수 없다는 사실이다.

스티븐 호킹(Stephen William Hawking)은 저명한 물리학자로서 오늘날 가장 위대한 과학자 중의 한 명으로 꼽히고 있다.

스티븐 호킹은 청년 시절부터 사물에 관한 연구에 갈망을 드러냈다. 이러한 갈망으로 그는 박사학위를 취득했고, 블랙홀과 우주론 연구에서 중요한 성과를 거두었다. 그러나 스티븐 호킹은 케임브리지대학교에서 박사 과정을 밟으며 우주학을 연구하기 시작한 지 얼마 지나지 않아 루게릭병 진단을 받았다. 의사들이 루게릭병에 속수무책이었기 때문에 스티븐 호킹은 과학자의 꿈을 포기할 생각이었다. 그러나 예상과 달리 병세가 천천히 진행되자 그는 마음을 다잡고 실의와 좌절을 떨치고 일어나 자신의 불행에 정면으로 맞섰다. 그는 심혈을 기울여 연구 활동에 매달린 끝에 큰 성공을 거두었고 그 유명한《시간의 역사》,《호두 껍데기 속의 우주》등의 저서를 집필했다.

대다수 사람은 스티븐 호킹과 똑같은 상황에 직면했을 때 망연자실하고 의기소침해져 평생 소극적인 삶을 살아간다. 그러나 스티븐 호킹은 자신이 사랑하는 과학에 대한 집착과 강인한 의지력으로 기적을 만들어냈다. 그와 동시에 신체적 장애는 성공의 걸림돌이 될 수 없을뿐더러 잘못된 삶의 방식을 선택하도록 강요하지 않는다는 사실을 우리에게 증명해 보였다. 아들러는《아들러의 지혜》에서 이렇게 설명했다.

'심리구조는 인간의 신체적 결함을 보완하며 구급책을 신속하게 제공해준다. 무력감을 끊임없이 자극하는 것은 인간의 예지 능력과 경계심을 발전시키고, 그의 영혼이 오늘날 사고와 감각을 책임지고, 행동을 지도하는 상태로 발전시켜주었다.'

심리구조는 인류 잠재의식 속의 자기 방어 시스템으로, 인간의 생리적 면역 시스템과 유사하다. 한 개인이 자아가 공격을 당했다고 느끼며 초조감을 느꼈을 때 그 뒤에 자연적으로 발생하는 심리 활동과 행위의 동작은 공격당할 때의 초조감에 대항할 수 있도록 도와준다.

대자연의 관점에서 봤을 때, 인간은 최소한 육체적인 면에서는 차등적인 유기체이다. 인간 육체의 취약성은 우리에게 잠재적인 위험을 가져다주었으며, 인류의 의식 속에는 열등감과 불안감이 필연적으로 내재되었다. 이는 일종의 항시적인 자극이기 때문에 심리구조를 통해 육체의 태생적인 결함을 보완할 필요가 있다.

일반적인 상황에서 심리적 구조가 인간을 보호하는 것은 무의식중에 진행된다. 단, 우리가 의식적으로 그러한 보호 기능을 단련하거나 응용한다면 좀 더 효과적으로 우리 영혼의 발전을 도모할 수 있다. 그래서 인류가 대자연에 좀 더 쉽게 적응하고 그 속에서 더 나은 생존방식과 기술을 발견할 수 있게 해준다. 이를 통해 생활 속에서 맞닥뜨리는 불리한 상황을 없애거나 혹은 최대한 감소시키는 방법을 찾을 수 있다. 여기서 주목할 점은 인간이 심리구조를 단련하는 과정에서 가장

▼

중요한 작용을 하는 것은 바로 사회라는 점이다. 왜냐하면 한 개인의 사회 경험은 그 사람의 정신적 시야를 제한하며, 또 그 사람의 성장 과정에서 형성된 생활방식 역시 심리구조를 구축하는 데 영향을 미치기 때문이다.

흔히 말하기를 건강한 영혼은 건강한 신체에 깃들어 있다고 한다. 그러나 이는 양쪽 모두에게 유일한 답안은 아니다. 신체적으로 결함이 있더라도 영혼을 강인하게 단련시킨다면 신체적 결함이 야기할 만한 모든 문제점을 극복할 수 있고, 영혼 역시 건강해질 수 있다. 달리 말하자면, 건강한 신체도 건강하지 못한 영혼을 가질 수 있으며 사실상 그러한 일은 비일비재하다. 예컨대 유년 시절 일련의 좌절을 겪었음에도 적극적인 심리적 교정을 받지 못했다고 가정해보자. 그는 유년 시절의 경험 때문에 자기 능력을 잘못 판단할 가능성이 크다. 그리하여 성장한 뒤에 사소한 시련이나 좌절에 맞부딪쳐도 금세 자포자기하며 자신에 대한 부정적 인식을 더욱 가중시킨다. 이러한 인식은 건강하지 못하다. 아들러는 이렇게 말했다.

"건강한 영혼은 결함이 있는 신체에도 깃들 수 있다. 그 아이가 신체적 결함을 극복하고 용감하게 삶을 대면할 수 있다면 말이다."

열등감은 더 높은 목표 추구에 대한 소망을 불러일으킨다

Adler

무시당하거나 멸시당하는 느낌, 불안감, 열등감은 인간에게 좀 더 높은 목표에 도달하고 싶은 소망을 불러일으킨다.

아들러는 "우리는 누구나 제각각의 열등감을 가지고 있다"고 말했다. 왜냐하면 우리는 모두가 자신의 현 상태를 좀 더 개선할 수 있기를 바라기 때문이다. 사실 열등감 자체는 결코 병적인 상태가 아니다. 그 반대로 인류가 지속적인 발전을 이룩한 원동력이었다. 가령 인간이 무한한 대자연의 위력 앞에서 느낀 열등감은 우리가 자연과학을 탐구하며 대자연에 지배당하지 않으려는 소망을 불러일으켰다. 또한 이러한 초월의지는 지금도 계속 발전하고 있다. 그래서 우리는 밤하늘의 달을 쳐다보는 것에 만족하지 않고 더욱 가까이 다가가 달을 관찰하고 싶은 꿈을 가졌다. 그리하여 인류는 달 탐사 위성과 우주선을 개발했다. 이러한 것들은 우리가 현재 상태의 열등감을 개선하고 싶은 갈망이 이룩한 성과이다. 그러므로 우리는 인류의 발전은 열등감을 토대로 한다고 말할 수 있는 것이다.

아들러의 개인심리학 연구와 역사적 경험은 우리에게 다음과 같은 말을 해주고 있다.

'우리는 저마다 각기 다른 열등감을 갖고 있지만 이를 두려워하거나 혹은 창피하게 여길 필요가 없다. 반대로 자신의 열등감의 원인을 용감하게 직시해야 한다. 그러한 태도는 앞으로 자신의 상태를 개선하는 데 원동력이 되기 때문이다. 남들보다 뒤떨어진 성적이 주는 열등감은 우리가 더욱 열심히 공부하도록 독려해준다. 또한 불우한 생활환경이 주는 열등감은 좀 더 나은 삶을 추구하는 원동력이 된다. 그 때문에 열등감을 직시해야만 자신이 추구하는 것이 무엇인지를 명확하게 깨달을 수 있고, 나아가 더욱 높은 목표를 향해 전진하는 추진력을 얻을 수 있다. 그것이야말로 열등감에서 자신감으로, 실패에서 성공으로, 미미한 존재에서 위대한 존재로 나아가는 길이다. 그 길은 누구나 걸어갈 수 있다.'

사람들은 농구 기술 측면에서 코비 브라이언트를 제2의 마이클 조던이라고 말한다. 코비는 2006~2007년 시즌에서

NBA 최고 득점 기록을 경신했다. 누군가가 그에게 그처럼 철통같은 수비에도 손쉽게 득점을 기록할 수 있었던 비결을 묻자 그는 자신의 이야기를 들려줬다.

처음 NBA에 들어왔을 때 나는 농구 골대 앞에만 서면 가슴이 두근거리며 불안감에 휩싸였고, 또 그런 나 자신을 줄곧 원망했습니다. "반드시 기술을 익혀라!"라는 코치의 목소리는 평온하면서도 힘이 있었습니다. 코치는 그 어떤 설명이나 변명도 용납하지 않았습니다. 그는 마치 웨스트포인트사관학교의 교관처럼 우리를 대했습니다. 그는 항상 입버릇처럼 말했어요.

"내가 원하는 것은 '그 문제'이지, 그 문제에 대한 '너의 이유'가 아니다."

때로는 나도 볼멘소리로 변명을 늘어놓았습니다.

"저도 열심히 했습니다. 다섯 시간이나 연습했다고요."

그러면 코치는 이렇게 말했습니다.

"그런 말은 내겐 아무런 의미가 없다. 내가 원하는 것은 네가 그 전술을 이해하는 것이다. 네가 그 전술을 익히지 않든 열 시간 이상 연습하든 그건 네 마음이다. 단 내가 원하는 것은 네가 그 전술을 정확히 이해하고 응용하는 것이다."

코치의 교육방식은 실로 난해하기만 했습니다. 하지만 그 속에서 난 한 가지를 터득했습니다. 한 달도 채 안 되는 짧은 시간에 독립적인 사유를 할 용기를 얻었지요. 이젠 더 이상 연습경기가 두렵

▼

지 않게 되었어요.

어느 날 차가우면서도 낮은 톤의 코치 목소리가 우리에게 날아왔습니다.

"틀렸어!"

마침 우리는 농구 코트에서 연습경기를 벌이던 중이었습니다. 그 순간 나는 멈칫했습니다. 경기 중에 날아오는 코치의 외침 소리에 나는 종종 움찔하며 어찌할 바를 모르기도 했거든요. 그런데 또다시 절호의 득점 기회라고 생각하던 찰나에 코치의 단호한 외침 소리가 들려왔습니다.

"그렇게 하면 안 돼!"

코치의 고함에 나는 공격을 멈추고 말았습니다.

"그만 내려와!"

나는 어리벙벙한 채 선수 대기석으로 돌아왔습니다.

잠시 후 코치의 "안 돼!" 하는 고함이 또 다른 선수에게 날아갔습니다. 그러나 그 선수는 코치의 고함에 아랑곳하지 않은 채 계속해서 공격을 감행하고 나서야 선수 대기석으로 들어왔습니다. 그런데 이상하게도 코치가 그 선수에게 "대단히 잘했어!" 하고 칭찬하는 것입니다. 나는 억울한 마음에 코치에게 따졌습니다.

"왜죠? 나도 저 친구와 똑같이 경기했는데 왜 나에게만 틀렸다고 하는 겁니까?"

코치가 말했습니다.

"그럼 너는 왜 너 자신의 판단이 맞았다고 말하지 못한 거지? 왜

네가 옳다고 생각한 방식으로 계속 공격하지 않았지? 농구 기술을 익히는 것만으로는 부족하다. 너 자신을 굳게 믿어야만 효과적으로 득점할 수 있어. NBA에서 살아남으려면 네 마음속에 전반적인 계획이 서 있어야 해. 그렇지 않으면 아무것도 배울 수 없어. 설령 이 세상 사람들이 모두 틀렸다고 해도 너는 자신이 옳다는 것을 증명해 보여야 한다!"

코비는 그 코치에게 배운 가장 큰 가르침은 그 누가 아닌 자신에게 의지하며 자기 능력을 신뢰하는 법의 터득이라고 말했다. 그 덕분에 코비는 훗날 NBA에서 뛸 때 제아무리 철통같은 방어에 가로막혀도 자신이 득점할 수 있다고 굳게 믿었다. 자신을 신뢰하는 법을 배우지 못했다면 그는 지금까지도 약자로 남아 농구 경기장의 그림자 같은 선수가 됐을 것이다. 아니, 최소한 오늘날처럼 뛰어난 성적의 우수선수가 되지는 못했을 것이다. 그래서 나폴레온 힐(Napoleon Hill)은 이런 말을 했다.

"방향감 있는 신념은 우리의 모든 생각에 힘을 불어넣어준다. 자신감을 갖고 성공의 수레바퀴를 밀고 나아갈 때 우리는 성공을 향해 손쉽게 나아갈 수 있다."

자신감은 인생을 밝혀주는 불빛이다. 우리는 모든 방면에서 우수한 만능 재주꾼이 될 수 없다. 어느 한 분야에서는 크고 작은 결함을 갖게 마련이다. 동서고금의 위인들도 예외는 아니었다. 나폴레옹의 왜소한 키, 링컨의 못생긴 외모, 루스벨트의 소아마비 병, 처칠의 비대한 체구 등은 그들이 벗어날 수 없는 결함이었다. 그럼에도 그들이 성공을 이루는 데 아무런 방해가 되지 못했다. 그것이 바로 자신감의 역량이다.

과거 열등감에 휩싸인 자신을 버리고 새로운 자아를 찾아 열등감을 딛고 암흑 같은 인생을 성공의 길로 이끌어야 한다. 열등감을 인정하는 것은 그 느낌이 자신을 통제하지 못하도록 하기 위한 각오이다. 열등감에 사로잡혀 의기소침해진 채 인생을 허비하기보다는 그 열등감을 철저히 짓밟아 자신의 약점과 고군분투할 원동력으로 삼는 것이 낫다. 그러면 이 세상과 맞서 싸우며 성공을 거머쥘 것이다.

자기를 인정할 때
타인에게 인정받을 수 있다

Adler

타인의 인정을 갈망하는 것은 인간의 기본 심리 중 하나이다. 이는 태어날 때부터 갖는 천성으로서 미성년자일 때 특히나 도드라진다.

아들러는 《아동의 인격교육》에서 이렇게 말했다.

'자기 인정이 결핍된 사람은 종종 자신에 대한 타인의 견해를 지나치게 중시한다. 또한 인간관계에서도 배척되는 것이 두려워 집단의 동질감 형성에 연연해한다. 이 때문에 그는 객관적이거나 공정하지 못한 관점을 갖게 되고, 자신을 감정적으로 대하기 일쑤다. 자신이 어떤 목표를 달성하지 못했다고 여길 때는 주위 사람들에게 외면당한다는 듯한 상실감과 낙담에 빠지기 쉽다.'

사실 집단의 동질감에 좌지우지되는 것은 매우 위험한 상황이다. 그것은 자아를 객관적으로 인식하지 못하게 하고 심지어 자신감을 잃고 그 어떤 일도 제대로 할 수 없게 한다. 이른바 권위주의를 따르고 맹목적으로 추종하는 심리는 집단적 동질감에 좌지우지되는 가장 직접적인 방증이다.

자신감이 있고 이성적인 사람은 자신을 객관적이고 전면적으로 인식한다. 또한 성숙한 가치관과 시시비비를 가릴 줄 아는 판단 기준을 가지고 있다. 그들은 타인의 의견에 조종되지도 않을뿐더러 집단 동질감에 자신의 선택을 맡기지도 않는다. 남들이 타인의 말만 듣거나 혹은 타인이 이룩한 성과를 자신의 본보기로 삼을 때 그들은 인간중심의 오류에서 벗어나 문제 자체와 그 해결 방법을 중심으로 행동을 전개한다.

일상에서 우리는 이런 말을 자주 듣는다.

"전문가가 그렇게 말했으니까 우리는 그대로 따르면 돼."

그와 동시에 그 말을 한 사람들이 그다지 큰 성과를 거두지 못하는 것도 곧잘 발견한다. 오로지 자신감 있는 사람만이 자신의 재능을 증명할 기회를 얻는다.

1874년 12월 러시아 음악가 차이콥스키(Pyotr Ilyich Chaikovsky)가 〈피아노협주곡 제1번〉을 완성했을 때다. 그는 새로 작곡한 곡을 당시 러시아 피아노의 대가 안톤 루빈시테인(Anton Grigorievich Rubinshtein)에게 들려주기를 학수고대했다. 그런데 뜻밖에도 루빈시테인은 차이콥스키가 심혈을 기울여 만든

작품이 형편없다며, 공개적으로 연주하고 싶다면 처음부터 다시 고쳐야 한다고 혹평을 쏟아냈다.

안톤 루빈시테인은 당시 러시아 음악계의 거장이었다. 그가 일단 형편없는 작품이라고 평가를 내리면 그 피아노곡은 성공하기가 힘들었다. 그러나 젊은 혈기로 가득했던 차이콥스키는 자신의 작품이 성공할 것이라고 굳게 믿었다. 그는 루빈시테인에게 반박했다.

"나는 이 곡의 음표 하나도 바꾸지 않을 겁니다. 나는 지금 이 상태 그대로 출시할 겁니다."

그 결과 차이콥스키의 〈피아노협주곡 제1번〉은 미국 보스턴에서 큰 성공을 거두었다. 차이콥스키가 자신감과 판단력이 부족했다면 그는 어쩌면 루빈시테인의 '가르침'에 그대로 순종했을 것이다. 물론 후세 사람들이 그의 피아노곡을 감상할 기회도 영영 사라졌을 것이다. 그렇다. 전문가 앞에서 침묵하거나 혹은 무조건 따른다면 이 세상은 진보할 수가 없다. 자신감과 명철한 판단력은 인류문명을 발전시키는 원동력 중 하나이다.

아들러는 다음과 같은 결론을 내렸다.

'모든 위대한 이론의 제시나 혹은 위대한 성과는 자신감을 가진 사람들이 진리를 끝까지 지키고 집단의식에 반대한 결과이다. 권위를 맹신하는 사람들은 그저 시류에 휩쓸리며 결

국에는 도도한 인류 역사의 강에 침몰될 뿐이다.'

'주식의 신'이라 불리는 워런 버핏(Warren Buffett)은 남다른 자신감을 갖고 있었기에 수많은 이가 동경하는 성공을 거둘 수 있었다. 누군가가 그에게 투자의 비결을 물었을 때 그는 이렇게 대답했다.

"자신의 판단을 믿어야 합니다. 나는 오롯이 나의 판단에 따라 투자를 합니다. 돈벌이가 된다고 생각되는 주식은 과감하게 매입했지요."

사실상 워런 버핏은 내로라하는 주식 전문가들의 의견을 한 귀로 듣고 한 귀로 흘리며 무시했다. 그는 자신을 가리켜 이렇게 말하기도 했다.

"주식시장의 동향을 예측할 수 있는 사람은 아무도 없다고 여기는 투자자입니다."

사회생활을 하는 데서 자신감이 부족한 사람은 사회의 주류의식에 구속되게 마련이다. 그러한 주류의식이야말로 집단적 동질감인데, 이에 사로잡히면 자신도 모르는 사이 맹목적으로 다수의견에 따르는 사고방식을 갖게 된다. 이는 그 어떤 국가나 민족에게든 참으로 두려운 일이 아닐 수 없다.

우리는 누구나 자기 생각의 산물을 가져야 한다. 예컨대 누군가가 타인의 말을 '불변의 진리'처럼 신봉하고 따른다면 그의 생각은 타인에게 좌지우지된다. 당연히 그는 본연의 개성과 자아를 잃고 심지어 타인의 '꼭두각시'가 되고 만다. 그러므로 타인의 의견에 자기 생각이나 사상이 속박되어서는 안 된다. 또한 집단의 의견이 나의 의지를 좌지우지하게 해서도 안 된다. 우리는 내면의 소리에 귀를 기울이며 냉정한 사고력으로 자신의 인격적 독립을 지켜야 한다.

자신감은 성공을 거머쥐는 중요한 요소로서 다양한 형식으로 표현된다. 그중에서도 자기 인정은 가장 중요한 표현 형식 중의 하나이다. 자신감, 독립심, 끈기를 갖춘다면 당신은 강력한 성공의 원동력을 얻는 동시에 성공을 위한 막강한 무기를 거머쥘 것이다.

자신의 약점에
선전포고하라

Adler

이 세계를 정복하고 싶다면 먼저 자기 자신을 정복해야 한다.

자신을 향상시키려면 장점은 한층 발전시키고 단점은 제때 고치는 법을 익혀야 한다. 왜냐하면 꾸준히 자신을 향상시키기 위해서는 과감히 자신의 단점을 찾아내어 스스로 비판하고 반성할 수 있어야 하기 때문이다. 아들러는 이렇게 말했다.

"자신의 단점에 과감히 도전장을 내밀고 자신의 부족한 점을 깊이 있게 분석해야 한다. 그러한 자기 비판과 반성 속에서 자신을 한층 완벽하게 가꾸고 능력과 사회 적응력을 크게 향상시킬 수 있다."

성공한 사람들의 비결을 살펴보면 한결같이 '시련을 도전으로 삼고', '자신의 단점을 맞수로 삼은' 자기 단련에서부터 시작했음을 알 수 있다. 그러나 일상생활이나 직장생활에서 자신의 약점이나 결함을 외면하거나 혹은 위축되어 꿈쩍도 못 하는 실패자가 많다. 그들이 발전을 이루지 못하고 제자리 걸음만 하는 이유는 바로 자신의 약점이나 결함을 외면하고 도피하는 성격 때문이다.

젊은 시절 패티는 보험 영업을 위해 파리 부근의 교회당을 찾아갔다. 그는 청산유수 같은 말솜씨로 목사에게 보험 가입의 장점을 읊어댔다. 목사는 한마디도 없이 그저 패티의 말이 끝나기만을 기다렸다가 나지막한 어조로 말했다.

"자네의 설명을 듣고 있자니 보험 가입을 하고 싶은 마음이 하나도 들지 않는구먼. 여보게 젊은이, 먼저 자네 자신을 개선해보게!"

"나를 개선하라고요?"

패티는 어리둥절해하며 되물었다.

"그래! 자네 고객들을 찾아가서 자네가 새사람으로 바뀔 수 있도록 도와달라고 정중하게 부탁해보게. 내가 보기에 자네는 총명한 젊은이 같은데, 내 말대로 따른다면 앞으로 큰 성취를 이룰 걸세."

패티는 늙은 목사의 충고를 받아들였다. 그리하여 '패티 비평회'를 열기로 계획을 세웠다. 모임의 목적은 타인들이 솔직하게 그를 비평하도록 하는 것이었다. 그 목적을 위해 패티는

▼

다음 세 가지 원칙을 세웠다. 첫째, 모임 참석자는 하고 싶은 말을 마음대로 할 수 있다. 단 참석자 인원수는 5명으로 제한한다. 둘째, 좀 더 많은 사람에게 참석 기회를 주기 위해 매번 모임의 초청 대상을 바꾼다. 셋째, 자신의 초대로 참석하는 귀빈들이니 정성을 다해 접대한다.

패티는 모든 준비를 마친 뒤 평소 친하게 지내던 고객들을 찾아가 정중하게 말했다.

"저는 배운 것도 부족하고 대학도 나오지 못했습니다. 자신을 되돌아보고 반성하는 법도 몰라서 비평회를 열기로 했습니다. 시간을 쪼개 참석하셔서 저의 단점을 지적해주시기 바랍니다."

고객들은 비평회에 흥미를 가지며 흔쾌히 수락했다.

마침내 패티가 계획했던 모임이 열렸다. 패티는 자신이 마치 도마 위에 올라간 생선 신세 같다고 생각했다. 그의 예상대로 첫 번째 비평회에서 패티는 그야말로 난도질을 당하고 말았다.

"자네는 너무 고집이 세서 항상 자신이 옳다고 여겨. 제발 다른 사람의 의견에도 귀를 기울이게."

"자네는 성미가 너무 급해서 걸핏하면 화를 내기 일쑤야."

"자네는 주변 사람들의 부탁을 거절할 줄을 몰라."

"자네는 지식이 부족하니 자기계발에 힘써서 고객들의 고충을 들어주는 인생 상담자 역할도 해야 돼."

"처세에서는 너무 이익만 따져서도 안 되고 이기적으로 행동해서도 안 돼. 물론 꼼수를 부려서도 안 되지. 아무쪼록 진심으로 고객을 대해야 해."

패티는 고객들의 소중한 조언을 하나도 빼놓지 않고 기록했다. 그리고 수시로 그 내용을 되짚어보며 자신을 반성했다. 그 후로도 패티의 비평회는 매월 정기적으로 열렸다. 그 모임을 통해 패티는 자신이 마치 누에고치를 뚫고 하늘로 날아오르는 나비와 같다는 느낌이 들었다. 비평회가 열릴 때마다 자신의 허물을 한 겹씩 벗겨낼 수 있었으니 말이다. 그 단점을 없애고 나서는 한 걸음 한 걸음 자기 발전을 이루면서 성장해가기 시작했다.

비평회를 통해 단점을 고치면서 좀 더 나은 인간으로 거듭난 패티는 업무 실적이 크게 향상되어 뛰어난 영업사원이 되었다.

패티의 성공 사례는 우리가 자신의 단점에 끊임없이 도전해야 한다는 사실을 증명해주고 있다. 자신에게 도전하며 단점을 고쳐나가야만 성공을 이룰 수 있다. 하지만 남들에게 도전하는 것은 쉽지만 자기 자신에게 도전하는 것은 어려운 법이다. 그래서 아들러는 자기 도전을 숭상하며 자신의 약점이나 단점과 싸워나가야 한다고 강조했다.

"진정으로 성공하고 싶다면 자기를 굴복시켜 자신과의 싸움에서 승자가 되어야만 운명의 주인이 될 수 있다."

　대부분의 사람은 자존심이 강하고 심지어 자기 연민도 강하다. 그들은 자신의 단점이나 약점을 자발적으로 찾으려 하지 않으며, 타인의 지적을 긍정적으로 받아들이지도 못한다. 그 때문에 성장할 수 있고 좀 더 완벽해질 기회를 놓치곤 한다. 그러므로 우리는 자기 반성과 타인의 비평의 중요성을 깨달아야 한다.

　사람은 누구나 단점을 지니고 있다. 그러나 용감하게 자신의 단점을 인정하고 적극적으로 극복하는 사람만이 최후의 승자가 될 수 있다.

자신감이 강한 사람은
그 어떤 도전에도 맞설 수 있다

Adler

나약함은 자신의 능력, 품성을 과소평가하는 일종의 소극적인 의식이다.

아들러는 아동의 열등감을 연구하면서 걸출한 위인들도 한 때는 나약한 시기가 있었지만, 그보다는 강인하고 자신감에 찬 시간이 더 많았다는 사실을 발견했다. 그들이 위인이 될 수 있었던 이유는 자신의 나약함을 발견한 즉시 강인한 의지력과 자신감으로 극복했기 때문이다.

아들러는 《아동의 인격교육》에서 이렇게 말했다.

'자신감은 나약함의 강력한 적수이다. 그렇다고 자신감이 어떤 신비로운 것은 아니다. 그것은 우리 누구나 가지고 있는 것으로 자신감을 발휘하거나 혹은 억제하는 것은 당신의 사유의식에 달렸다.'

아들러는 우리가 어떤 일에 맞닥뜨렸을 때 가장 먼저 해야 할 일은 '나는 반드시 해낼 수 있다!'라고 의식적으로 생각하는 것이라고 여겼다. 그러한 자신감 아래 우리의 의식 속에서는 자연스레 '어떻게 그 일을 처리해야 하는지'의 동력이 생긴다. 간단히 말하자면 우리의 사고방식 속에 강한 자신감이 자리잡고 있다면 이 세상에서 이루지 못할 일은 없는 것이다. 로널드 레이건(Ronald Reagan)은 바로 그러한 요령을 터득하고 있었기에 제14대 미국 대통령으로 당선되었다.

로널드 레이건은 22세부터 54세까지 라디오방송국 아나운서, 할리우드 스타로 지냈다. 중년의 나이에 이를 때까지 연예계에 몸담았던 그에게 정치는 완전히 딴 세상의 일처럼 낯설었으며 또 정치적 경험조차 전무했다. 그의 경력은 정계에 발을 딛는 데 큰 걸림돌이 되었다. 그런데 마침내 기회가 찾아왔다. 공화당 내의 보수파와 일부 재벌이 레이건에게 캘리포니아 주지사 경선에 출마하라고 적극적으로 밀어붙인 것이다. 이때 레이건은 반평생 몸담았던 연예계를 떠나 새로운 인생을 개척하기로 과감히 결단했다.

물론 자신감은 자기 격려의 정신적 역량에 불과하다. 자신이 갖추고 있는 우월한 조건을 내려놓으면 자연스레 자신감마저 꺾여서 꿈을 현실로 만들기가 힘들다. 무릇 큰일을 도모하고자 한다면 현재 자신이 밟고 있는 땅에서 좀 더 멀리 뻗어

▼

나갈 새로운 길을 향해 한 발 한 발 걸어 나아가야 한다. 레이건이 새로운 인생길을 찾아간 것이 결코 돌발적인 생각의 변화 때문이 아니라 그의 지식, 능력, 경력, 식견을 토대로 한 것처럼 말이다.

당시 레이건의 경선 상대는 팻 브라운(Pat Brown)이었다. 수년 동안 캘리포니아 주지사를 연임하고 있던 그에게는 레이건의 경선 도전이 그저 '삼류 배우'의 코믹한 공연으로밖에는 보이지 않았다. 팻 브라운은 레이건이 제아무리 참신하고 멋있다 한들 그의 정치적 이미지는 그저 하룻강아지에 불과하다고 여겼다. 그래서 레이건이 정치 경험이 없는 완전 초짜라는 약점을 물고 늘어졌다. 하지만 누가 알았을까? 레이건은 팻 브라운이 부각시킨 자신의 약점을 오히려 강점으로 삼았다. 아예 재능은 없지만 소박하고 성실한 '시민 정치가'의 이미지를 내세운 것이다. 반면에 오랫동안 정계에서 활동한 팻 브라운은 그동안 저지른 실책과 구설수가 단점으로 부각되었다. 그리하여 레이건의 정계 진출이 한층 빛나 보이는 결과를 빚어냈다.

아들러의 인생철학에서 나약한 심리는 환경적인 요소, 생리적 현황, 가치관에 의해 형성된다. 때로는 특정 생활환경이 사유의식에 영향을 미치기도 한다.

어느 과학자가 집을 떠나 타지에서 생활하는 대학생과 오랜 기간 부모와 함께 거주하며 대학생활을 하는 학생을 두 그룹으로 나눠 연구를 진행했다. 그 결과 전자 그룹보다 후자 그룹에게 압도적으로 심리적 나약함이 나타났다. 이로 미루어 나약함은 아동기부터 생겨남을 알 수 있다. 어린 시절에는 자신보다 훨씬 우람한 체구의 어른에게 의존할 수밖에 없고 자신도 모르는 사이 '나는 나약하다'는 느낌을 갖게 된다. 사고 활동이나 자신감이 상대적으로 결여되게 마련이라는 것이다.

과학자들의 이론에 의구심을 제기하고 싶은 마음은 없다. 하지만 인간의 생리, 심리, 지식, 능력은 저마다 다르며, 그나마도 상당 부분은 후천적인 노력과 자기계발로 강화된다. 비록 뛰어난 사람일지라도 한 가지씩은 단점이 있게 마련이다. 이른바 '옥에도 티가 있고 사람도 완벽한 이가 없다'라는 말처럼 말이다. 사고 활동이 활발하고 나약함을 즉시 극복하는 자신감 강한 사람들은 같은 사물에 대해서도 여느 평범한 사람과는 확연히 다른 반응을 보인다.

어느 날 엠마 선생님이 호랑이를 한 번도 본 적 없는 어린 학생 세 명과 함께 동물원을 방문했다. 쇠창살을 사이에 두고 우리에 갇힌 무시무시한 생김새의 호랑이를 본 학생들의 반응은 저마다 달랐다. 첫 번째 학생은 두려움에 사로잡혀 덜덜 떨면서 선생님 등 뒤로 숨으며 소리쳤다.

"무서워요, 빨리 집에 가고 싶어요!"

▼

두 번째 학생은 그 자리에서 꿈쩍도 하지 못한 채 창백하게 질린 얼굴로 호랑이를 뚫어지게 쳐다보며 되뇌었다.

"난 안 무서워. 하나도 안 무서워."

세 번째 학생도 두려운 표정이 역력했지만 깜찍하게도 선생님에게 이렇게 물었다.

"선생님, 호랑이가 우리한테 달려들까요? 그렇지 않으면 가까이 가서 만져도 돼요?"

세 학생은 모두 나약성을 보였지만 그 표현 정도는 저마다 달랐다. 그러므로 나약함에서 벗어나고 싶다면 용감하게 맞서며 싸우고 극복해야 한다.

도전하는 사람에게 자신감은 무엇보다도 중요하다. 아들러는 걸출한 성공을 거둔 이들에게 욕망은 부의 창출의 원천이 되었다고 여겼다. 사람은 일단 욕망이 생기면 자기 암시와 잠재의식의 격려 속에서 일종의 자신감이 생긴다. 그러한 자신감은 '긍정적인 감정'으로 전환된다. 긍정적인 감정은 잠재의식이 무궁무진한 열정과 활력, 지혜를 내뿜을 수 있도록 해준다. 더 나아가 거대한 부와 사업상의 성취를 이룰 수 있게 도와준다. 그래서 '자신감'을 '심리건축의 엔지니어'라고 비유한 이도 있다. 실생활에서 자신감이 사고력과 결합하면 잠재의식 속 역량을 이끌어내어 우리가 무한한 지혜를 발휘할 수 있게 도와주며, 저마다의 욕망을 물질적, 금전적, 사업 방면의 유형적 가치로 전환시켜준다.

자신감은
성공의 원동력이다

Adler

자신감은 우리를 희망차게 만들어 우리의 잠재력을 한껏 발휘시켜준다. 인간의 잠재력은 광활한 바다나 하늘, 우주처럼 무궁무진하다.

사업에서 큰 성공을 거두고 명성을 얻는 이가 있는가 하면 한평생 이렇다 해놓은 일도 없이 흐지부지 살다 가는 이들이 있다. 왜일까? 이는 대다수 사람은 사회적 조건의 제약을 받았을 때 자기 생각을 하찮게 여기며 자신은 가망이 없다고 여기기 때문이다. 자신은 평범하게 한평생을 살다 죽을 운명이라고 포기하는 것이다. 이러한 자기 비하와 자포자기 심리는 자신감을 상실한 심리의 표현이며 미래로 전진하는 발걸음을 가로막는 장애물이기도 하다.

예로부터 수많은 이가 실패한 이유를 살펴보면 그들이 무능해서가 아니라 자신감이 결여되었기 때문임을 알 수 있다. 자신감이 없으면 현실적 가능성을 쟁취하려는 노력을 포기하여 가능을 불가능으로 만든다. 1퍼센트의 자신감은 1퍼센트의 노력을 기울이게 하고 결과적으로 1퍼센트 성공을 이끌어낸다. 100퍼센트의 자신감은 100퍼센트의 노력을 기울이게 하고 또 100퍼센트의 성공을 이끌어낸다.

이 세상은 자신감이 창조한 것이다. 저마다 정도는 다르지만 세계적으로 영양결핍증에 걸린 인구가 3분의 2에 달한다. 마찬가지로 세계적으로 자신감이 부족한 사람은 3분의 2에 달한다. 영양결핍은 신체의 정상적 발육을 저해하고, 자신감 부족은 재능을 마음껏 발휘하지 못하게 한다. 당신 자신을 믿고 자신의 능력을 신뢰해야 한다!

사람은 누구나 꿈이 있고 또 누구나 성공을 원하며 가장 아름답고 가장 좋은 것을 갖기를 원한다. 그 누구도 아무것도 이루어놓은 것 없이 평범한 삶을 살기를 원하지 않는다. 아들러는《삶의 의미》에서 이렇게 말했다.

'남들과 똑같이 존중받지 못하는 것을 아무런 원한이나 분노 없이 견딜 사람은 없다. 그들이 꾸준히 우월한 지위를 추구하는 것은 그 추구가 끝이 없기 때문이다.'

아들러는 영원토록 남들보다 뒤처지는 것에 만족하는 사람은 없다고 여겼다. 그것은 인간의 천성이기 때문이다.

쌍둥이를 키우는 부모가 항상 이런 탄식을 내뱉었다.

▼

"똑같이 교육을 시키는데 왜 두 아이가 이토록 차이가 나지요?"

결국 그들이 내놓은 해답은 '유전'이었다. 물론 이는 전혀 비과학적인 결론이다. 왜냐하면 그러한 현상이 발생하는 가정을 자세히 살펴보면 두 아이에 대한 부모의 양육방식이 절대 똑같지 않음을 발견할 수 있기 때문이다. 물론 처음에는 동일한 방식으로 아이들을 양육했을 것이다. 하지만 두 아이가 글자를 배우는 과정에서 혹은 그보다 앞서 말을 배우는 단계에서 각기 다른 발전 속도를 보였을 것이고 그로 인해 교육방식에도 차이가 생겼을 것이다. 어쩌면 말이 늦게 터지는 아이에게 좀 더 많은 관심을 쏟았을 수도 있고 혹은 먼저 말을 배우는 아이가 똑똑하다고 느껴 더 많은 관심을 쏟았을 수도 있다. 여하튼 부모의 잠재의식 속에서는 쌍둥이 중 한 아이에게 더 많은 관심을 쏟고 또 다른 아이에게는 소홀해졌을 것이다.

우리가 알다시피 아동의 심리는 일반적으로 4, 5세에 형성된다. 그러므로 수년이 지난 뒤에는 두 아이가 동일한 환경에서 교육을 받더라도 이미 차이가 나기 시작하며 그 차이는 점점 더 도드라졌을 것이다. 이때 '똑같이 교육을 시키는데 왜 두 아이가 이토록 차이가 나지?'라는 부모와 교사의 의문은 상대적으로 열세에 놓인 아이에게 무시당한다는 느낌을 가중시킨다. 이 때문에 아이는 우월감을 맹목적으로 추구하게 되고 심리적으로는 결함이 발생하기 쉽다.

▼

사람은 누구나 장점도 있고 단점도 있기 때문에 우리는 자신감을 가져야 한다. 자신감은 일종의 인격적 특성이자 안정적인 심리 현상이며, 더 나아가 자신의 성취를 이루는 미덕이다. 자신감이 강한 사람은 큰 성공을 거두고, 자신감이 약한 사람은 작은 성공을 거두고, 자신감이 없는 사람은 아무런 성공도 거둘 수 없다.

자신감이 강한 사람은 매우 평온하고 안정적이며 침착하고 지혜롭다. 반면에 자신감이 결여된 사람은 불안해하고 위축되어 있으며 우유부단하다. 자신감은 정신생활의 방향타처럼 우리 삶의 방향을 유지해준다. 또한 자신감은 우리에게 강력한 힘을 준다.

1980년대, 뉴질랜드인 리들은 친구 5명과 피지의 비티레부섬에서 4미터 길이의 모터보트를 타고 해안에서 15킬로미터 떨어진 산호초로 관광을 나섰다. 이들 6명은 남태평양의 망망대해에서 오색찬란한 산호초를 감상했다. 그리고 오후 3시쯤 귀항을 하는데 좀 전까지만 해도 평온했던 바다가 갑자기 거칠어지기 시작했다. 결국 몰아치는 파도에 보트가 뒤집히면서 이들은 모조리 바다에 빠지고 말았다. 참으로 위험한 상황이 아닐 수 없었다.

모두가 당황해서 우왕좌왕하는 중에 산호초까지 헤엄쳐가자는 이도 있고, 또 비티레부섬까지 헤엄쳐가자는 이도 있었다. 저마다 다른 주장을 펼치며 갈팡질팡했다. 이때 피에르가 끼어들었다. 그는 해상 구조 경험이 풍부한 해양구조대원이었다. 그는 저마다 지껄이는 친구들을 다독이며 단호하게 말했다.

"지금 가장 중요한 것은 우리가 이 배에서 떠나서는 안 된다는 사실이야. 우리가 함께 모여 있으면 희망이 있지만, 뿔뿔이 흩어지면 오롯이 혼자 힘으로 살길을 찾아야 해. 상어와 파도가 우리 목숨을 노리고 있어. 그러니 우리가 똘똘 뭉쳐서 힘을 모아야만 살아서 돌아갈 수 있어."

자신감에 가득 찬 피에르의 말에 친구들은 그의 의견에 따르기로 했다. 이들은 함께 힘을 모아 뒤집힌 배를 조정하여 뱃머리가 물 밖으로 나오게 했다. 비록 뒤집혀서 파도에 요동치고 있었지만 배는 그들이 살아서 돌아갈 유일한 희망이었다. 이들은 물속에서 배를 밀고 나가며 번갈아 배 위에 올라가 휴식을 취했다. 뒤집힌 배는 여섯 사람의 힘으로 서서히 움직였고 피에르는 계속해서 친구들을 격려했다. 그렇게 18시간에 걸친 고군분투 끝에 그들은 마침내 해안가에 도착하여 목숨을 구할 수 있었다.

이들 모두가 목숨을 구할 수 있던 것은 바로 자신감 덕분이었다. 자신감이 없었다면 모두가 무사히 살아서 돌아오지 못했을 것이다.

누군가가 말하기를, 자신감은 우리 삶의 성취를 좌우하는 온도 조절기라고 했다. 이 말은 음미하면 할수록 꽤 의미심장하다. 평범하게 제자리걸음만 하며 사는 사람은 자신이 중요하다는 생각을 하지 않기 때문에 큰일을 도모하지 못한다. 왜냐하면 항상 있으나 마나 한 작은 역할만 맡기 때문이다. 그러한 사람은 말투나 태도, 행동 속에도 자신감 결여가 드러나게 마련이다.

누구나 특별한 인생을
만들어낼 수 있다

Adler

누구나 저마다의 삶의 방식이 있다. 의미 있는 남다른 인생을 산다는 것이 꼭 보통사람은 해낼 수 없는 불가능한 일을 이룩하는 것을 의미하지는 않는다. 삶 속에서 자아실현을 하며, 평범함과 특별함 사이에서 자기다운 삶을 살아가는 법을 배우는 것이다.

아들러는 "우리가 한 가지 삶의 모습만을 상상한다면 어떻게 또 다른 모습의 삶을 살 수 있겠는가?"라고 말했다. 일단 당신의 생각을 깨닫게 되면 자연스레 당신이 어떤 사람인가를 알 수 있다. 왜냐하면 사람들 저마다의 특성은 그 사람의 생각이 만들어내기 때문이다. 생각의 작용은 실로 무궁무진하다. 명확하고 긍정적인 생각은 그 사람의 삶과 성공에 대단히 큰 의미를 가진다. 그러므로 우리는 명확하고 긍정적인 사고방식으로 자신이 의미 있고 특별한 인생을 살 수 있다고 믿어야 한다.

아들러는 이렇게 말했다.

"자신감은 영원한 특효약이다. 자신감은 생각에 역량과 생명을 부여해준다."

그에게 자신감이란 대단히 신비로운 것으로, 자신감이 있으면 수많은 기적을 만들어낼 수 있다고 여겼다. 자신감은 대단히 심오하면서도 본능적인 정신의 힘으로서 우리가 끊임없이 더 나은 미래를 향해 전진할 수 있도록 한다. 그러나 자신감을 가지는 데는 한 가지 전제가 필요하다. 자신을 믿어야 하며 무한한 역량이 자신의 든든한 뒷배가 되어준다고 믿어야 한다. 이러한 믿음이 있으면 힘의 밸브를 열고 희망의 하늘을 열어젖힐 수 있다. 그리하여 새로운 가능성과 새로운 자기 극복을 이룰 수 있다.

이 세상에 똑같이 생긴 나뭇잎이 없듯이 당신도 이 세상에 유일무이한 존재이다. 또 다른 나는 존재하지도 않으며 나와 똑같이 생긴 사람도 없다. 우리는 어쩌면 우월적인 존재는 아닐지는 모르지만 한 가지 확실한 것은 이 세상에 단 하나밖에 없는 존재라는 것이다.

어느 고아원에 한 남자아이가 있었다. 자신의 처지에 비관적이었던 소년은 종종 고아원 원장에게 이렇게 말했다.

"저처럼 부모 없는 아이는 이 세상을 살아봤자 별 의미가 없을 것 같아요."

그럴 때면 원장은 아무런 대답 없이 그저 미소만 지어 보였다. 그러던 어느 날 원장이 소년에게 돌멩이 하나를 주며 시장에 내놓으라고 했다. 그 대신 비싼 가격에 사려는 사람이 있어도 팔지는 말고 그저 흥정만 붙이라는 이상한 주문을 했다. 그 돌멩이를 시장에 내놓은 소년은 아주 신기한 광경을 보았다. 많은 사람이 돌멩이에 관심을 보이며 앞다퉈 높은 가격을 제시한 것이다. 돌멩이는 시간이 지날수록 계속해서 가격이 올랐다. 급기야 보석시장으로 가서 돌멩이를 내놓자 가격이 무려 10배 이상이나 껑충 뛰었다. 제아무리 비싼 가격을 불러도 소년이 돌멩이를 팔지 않자 평범하기 짝이 없는 돌멩이는 어느 순간 '진귀한 보물'이라는 소문이 널리 퍼졌다.

원장은 소년에게 이렇게 말했다.

"생명의 가치는 이 돌멩이와도 같단다. 어떤 환경에 있느냐에 따라 그 가치도 달라지지. 보잘것없는 평범한 돌멩이는 네가 소중하게 다루면서 그 가치가 점점 올라가 결국은 보기 힘든 진귀한 보물이라고 소문이 나지 않았느냐? 너도 바로 이 돌멩이와 같단다. 자기 자신을 소중히 여기며 아낀다면 너의 생명은 그만큼의 가치가 생기고 또 특별한 인생을 만들어갈 수 있단다."

가장 특별한 인생은 생활 속에서 자유의지를 발휘하며 용감하게 인생의 책임을 선택하는 것이다. 가장 아름다운 인생은 평범하든 그렇지 않든 삶의 마디마디를 놓치지 않는 것이다. 인생의 아름다움은 순간의 화려함이 아니라 인생을 음미하면서 발산하는 눈부신 빛이다.

자신의 삶을 움켜쥐고 이상과 신념을 지키면서 모든 힘을 쏟아부으며 목표를 향해 노력해야 한다. 수많은 사람이 평범하게 일생을 보내며 소리 없이 사라지는 것은 그들이 평범하기를 원해서도 아니고, 운명이 태어날 때부터 정해져서도 아니다. 인생은 본시 스스로 만들어내는 것이라는 사실을 생각조차 하지 않았기 때문이다.

우리의 장점을
찾아보자

자기 평가의 방향이 올바르고 자기 긍정적이라면 자신의 장점이나 강점을 정확하게 발견할 수 있다. 그로 인해 적극적인 감정체험을 하고 여기서 좋은 행위가 만들어지면서 우수한 결과를 얻을 수 있다.

사람은 저마다 자신만의 가장 우수하고 독특한 강점이 있다. 한 사람의 성공 여부는 그가 자신의 강점을 발견하고 전력을 다해 발휘하는지에 달려 있다. 자신의 강점을 파악해야만 그것을 최대한 발휘하여 인생의 화려한 무대에 오를 수 있다. 우리는 자신을 정확하게 평가하여 장점을 발견하고 자신의 능력을 인정할 수 있다. 자기 평가의 방향과 내용은 그 자신과 밀접한 관계가 있다. 가령 누군가가 쉴 새 없이 "넌 그것이 부족해, 넌 저것이 잘못됐어, 이건 하면 안 돼, 저것도 해서는 안 돼!"라고 가로막는 것처럼 자신의 단점만을 바라보며 스스로 할 수 있는 것과 또 간절히 하고 싶은 일조차 제대로 알지 못한다면 얼마나 절망적인가? 아들러는 이렇게 말했다.

"자기 평가의 방향이 올바르고 자기 긍정적이라면 자신의 장점이나 강점을 정확하게 발견할 수 있다. 그로 말미암아 적극적인 감정체험을 하고 여기서 좋은 행위가 만들어지면서 우수한 결과를 얻을 수 있다."

여기서 아들러가 강조한 점은 '스스로를 명확히 파악해야 한다'는 점이다. '명확'하다는 것은 자신의 단점을 사실 그대로 보고 또 자신의 장점을 사실 그대로 분석하는 것을 뜻한다. 아들러는 "자신의 단점만을 보는 것은 얼핏 보면 겸손한 것 같지만 실제로는 열등감 때문이다"라고 했다.

'1척(尺, 약 33센티미터)이 짧을 때도 있고, 1촌(寸, 약 3센티미터)이 길 때도 있다.'

이는 중국 속담이다. 사람은 누구나 그 사람만이 가지는 강점과 장점이 있다. 이 세상에 모든 면에서 만능 재주꾼이고 하나부터 열까지 우수한 사람은 없다. 그렇기 위해서는 너무 많은 힘과 노력이 필요하다. 그 대신 한 가지 강점에만 집중하여 발전시킨다면 그 분야의 전문가가 될 수 있다. 우리가 자신을 객관적으로 평가하여 단점과 부족한 점을 파악하고 장점과 강점을 찾아내어 최대한 발휘한다면 자연스레 어느 한 분야에서 성공을 거둘 수 있다.

▼

사실상 우리 대부분은 자신의 재능과 강점을 자세히 알지 못한다. 강점을 토대로 어떤 능력을 키워야 할지는 더더구나 알지 못한다. 설상가상 우리는 '단점을 찾아내서 고치면 착한 아이, 좋은 학생이 될 수 있다'는 교육을 받은 탓에 자신의 결점을 찾아내는 전문가가 되었다. 그리고 그 단점을 보완하느라 평생을 허비하곤 한다. 우리가 결점을 보완하는 데 지나치게 많은 노력과 시간을 기울인다면 강점을 키울 여유가 없어진다. 그 때문에 사업상 성공을 거두지 못하기 일쑤다.

인간처럼 총명해지기 위해 숲속의 동물들이 학교를 만들었다. 학교에는 노래, 춤, 달리기, 등산, 수영의 다섯 가지 수업 과정이 만들어졌다. 개학 첫날 수많은 동물이 학교로 모여들었다. 달리기 수업이 시작되자 토끼는 잔뜩 신이 나서 한달음에 운동장 한 바퀴를 돌고는 득의양양하게 말했다.

"나는 달리기에 타고난 재주가 있어서 이 수업이 너무 좋아!"

이에 다른 동물들은 시샘하듯 입을 비죽거리거나 혹은 못마땅한 표정을 지었다. 이튿날은 수영 수업이 있었다. 이번에는 오리가 잔뜩 신이 나서 제일 먼저 물속으로 풍덩 뛰어들었다. 태어날 때부터 물을 무서워하고 또 조상 중 수영할 줄 아는 이가 하나도 없는 토끼는 멍하니 쳐다만 봤다. 나머지 동물들도 손을 내저으며 물에 들어갈 엄두조차 내지 못했다. 사흘째는 노래 수업이 있었고, 나흘째는 등산 수업이 있었다……

그 뒤의 광경은 모두들 상상하고도 남을 것이다. 학교에서는 날마다 새로운 과목의 수업이 열렸지만 매번 수업을 좋아하는 동물과 싫어하는 동물들이 있었다는 것을.

위의 우화에는 한 가지 이치가 담겨 있다. 그것은 돼지에게 노래를 가르칠 수 없고, 토끼에게 수영을 가르칠 수 없다는 점이다. 성공하고 싶다면 토끼는 달리기 수업에만, 오리는 수영 수업에만, 다람쥐는 나무 타기 수업에만 집중해야 한다. 아들러는 이렇게 말했다.

"그 사람이 성공했는지를 판단하려면 그가 자신의 강점을 최대한 발휘했는지의 여부를 봐야 한다."

유도를 좋아하는 한 소년이 있었다. 소년은 유명한 유도 선생님을 찾아가 제자로 삼아달라고 간청했다. 그런데 수업을 정식으로 시작하기도 전에 소년은 교통사고를 당해 왼팔을 잃고 말았다. 유도 선생님은 소년을 찾아가 이렇게 말했다.

"네가 유도를 배우고 싶은 마음만 있다면 난 너를 제자로 삼겠다."

소년은 상처가 다 아물자 유도를 배우기 시작했다. 소년은 자신의 신체적 조건이 다른 사람보다 못하다는 생각에 남들보다 갑절의 노력을 기울였다. 그렇게 3개월이 지났지만 선생님은 단 한 가지 기술만 가르쳐주었다. 소년은 내심 실망했지만 선생님에게 어떤 이유가 있을 거라고 스스로를 다독였다. 또다시 3개월이 지났지만 선생님은 여전히 한 가지 기술만을 반복해서 가르쳤다. 이에 소년이 더 이상 참지 못하고 물었다.

"이젠 다른 기술을 배워야 하지 않을까요?"

그러자 선생님이 대답했다.

"너는 이 기술 하나만 완벽하게 터득하면 된다."

또다시 3개월이 지나자 선생님은 소년을 데리고 전국 유도 대회에 출전했다. 심판관이 이번 대회의 우승자로 소년을 호명했을 때 그는 그저 어리둥절하기만 했다. 오른팔 하나로, 게다가 단 한 가지 기술만으로 모든 상대 선수를 이겨냈으니 말이다. 집으로 돌아가는 길에 소년이 선생님에게 물었다.

"제가 어떻게 한 가지 기술만으로 우승할 수 있었던 거죠?"

그러자 선생님이 대답했다.

"두 가지 이유가 있지. 하나는 네가 배운 기술은 유도 기술 중에서 가장 난도가 높은 것이었다. 그리고 또 하나는 상대 선수가 너의 기술에 대적하려면 너의 왼팔을 이용해야 한다는 것이지."

이 세상에 아무런 쓸모가 없는 사람은 없다. 용감하게 도전할 돌파구만 찾아낸다면 누구나 유용한 인재가 될 수 있다. 사실 우리의 결함은 또 다른 상황에서는 강점이 될 수 있다. 그러한 강점은 이 세상에 유일무이한 것으로서 다른 사람은 흉내 낼 수가 없다.

▼

독일의 대문호 괴테는 젊은 시절 자신의 장점을 발견하지 못한 채 화가의 꿈을 키우느라 수십 년을 허비하고서 크게 후회했다. 미국 영화배우 홀리 헌터(Holly Hunter)는 작고 강한 여전사로 이미지가 굳혀지는 것을 피하려고 애쓰다 오랜 시간을 방황했다. 나중에 매니저의 설득 아래 다시금 체구는 왜소하지만 개성이 강하고 연기력이 풍부한 자신의 매력을 최대한 극대화하여 영화 〈피아노〉로 단번에 아카데미와 칸 국제영화제 여우주연상을 거머쥐었다. 미국의 SF작가 아이작 아시모프(Issac Asimov)는 교양과학 저술가이자 자연 과학자였다. 어느 날 타자를 치던 그는 문득 이런 생각이 들었다.

'어차피 최고의 과학자가 될 수 없다면 최고의 과학 저술가가 되자.'

그는 교양 과학 저술에 심혈을 기울였고, 마침내 20세기 최고의 과학 소설가이자 교양 과학 저술가가 되었다.

성공한 사람들에게서는 한 가지 공통된 특성을 찾아볼 수 있다. 그것은 그들이 재능이 있든 없든 혹은 어떤 직업이나 직책을 가지든 자신이 가장 잘하는 일을 한다는 것이다. 국가가 발전전략을 수립하는 것처럼 우리도 가장 자신 있고 또 자신의 특성에 맞는 일을 해야만 즐겁게 그 일을 잘해낼 수 있다. 그러기 위해서는 몇 가지 원칙이 필요하다.

첫 번째 원칙은 '이익형량의 원칙'이다. 자신과 다른 사람을 비교할 때 그들을 부러워할 필요가 없다. 당신의 특기는 당신에게만 가장 유리한 것이다.

두 번째 원칙은 '기회비용의 원칙'이다. 일단 선택한 뒤에는 다른 선택을 포기해야 한다. 양자 간의 취사선택은 그 업무의 기회비용으로 반영된다. 그러므로 일단 선택했으면 최선을 다해 그 일에 매진하며 업무의 성실도를 높여라.

세 번째, '최대효과 원칙'이다. 업무의 성과는 업무 시간이 많고 적은 것과는 관련이 없다. 얼마나 효율적이며 부가가치가 높은지에 달려 있다. 그러므로 당신의 노력이 헛수고가 되지 않도록 해야만 그에 상응하는 보상과 격려를 받을 수 있다.

수년 동안 남들보다 갑절의 노력을 기울임에도 성공을 거두지도 못하고 여전히 평범하게 살아가는 사람들이 있다. 그들 자신뿐만 아니라 주변 사람들도 그들의 재능과 노력이면 충분히 성공을 거둘 거라고 인정하는데도 말이다. 그들이 성공하지 못하는 이유는 그들의 재능을 가장 효과적인 업무에 집중시키지 않기 때문이다. 다시 말해서 자신이 가장 잘하는 일을 하지 않고 재능을 엉뚱한 곳에 허비하기 때문이다.

자신의 특기를 발휘할 수 있는 일을 포기하는 것은 당신의 가장 중요한 경쟁 무기를 버리는 것과 마찬가지다. 설령 당신의 특기를 발휘하기 힘든 일에 많은 시간과 노력을 쏟아부어 약점을 극복하더라도 기껏해야 숙련가일 뿐 전문가는 될 수 없다.

▼

인생의 성공을 거두고 싶다면 자신이 가장 잘하는 일을 선택하라. 그렇지 않으면 성공으로 향하는 길이 사방으로 막혀버릴 것이다. 자신이 가장 잘하는 일을 하고 싶다면 먼저 자신의 재능과 한계를 명확히 파악해야 한다. 다시 말해서 당신의 재능에 가장 적합한 분야, 그리고 그 분야에서 당신이 어느 정도의 성공을 거둘 수 있는지를 파악해야 한다. 이때 자신을 과소평가하거나 과대평가하지 말고 있는 그대로 성실하게 평가해야 한다. 자기 평가에 자신이 없다면 전문가나 가족 혹은 친구의 힘을 빌려도 된다. 물론 가장 중요한 것은 당신의 내면의 소리에 귀를 기울이는 것이다. 왜냐하면 어떤 업무에 대한 열정, 그 열정으로 계발시킬 수 있는 잠재력은 그 누구도 아닌 당신 자신이 가장 잘 알고 있기 때문이다.

자신의 우월감에 속하는 목표를
확립하자

Adler

우월감의 목표는 사람마다 다르기 때문에 지극히 개인적이다. 그것은 개인이 자신의 삶에 부여한 의미에 의존한다. 우월감 목표는 언어적 표현에만 머무는 것이 아니라 개인의 삶의 방식으로 표현된다. 우월감 목표는 스스로 창작한 기이한 선율처럼 삶 전체를 관통하지만 우리가 일목요연하게 파악할 수 있도록 모습을 드러내지 않는다. 또한 매우 간접적이어서 우리는 그것이 부여한 단서로만 추측할 수 있다.

아들러는 《삶의 의미》에서 이렇게 말했다.

'대개 우월감 목표는 각 개인의 강점에 대한 이해를 토대로 하고 있다. 일생 동안 우리는 지속적인 탐색과 추측 심지어 약간의 도박과 같은 심정으로 자신의 우월감 목표를 최종적으로 결정한다. 하지만 그렇게 해도 자신의 우월감 목표를 완벽하고 명확하게 설명할 수 있는 사람은 없다. 왜냐하면 우월감 목표는 생활방식의 형태로 표현되는데 한 사람의 생활방식을 이해하는 것은 마치 시인의 작품을 분석하는 것과 같기 때문이다. 우리는 눈앞에 보이는 아름답고 우아한 시 구절 속에 감춰진 깊은 뜻을 추측하고 예상할 뿐 그 의미를 전면적이고 완벽하게 알아낼 수는 없다.'

아들러가 보기에 일단 우월감 목표를 확정하면 그의 생활방식은 나아갈 방향을 찾을 수 있고, 모든 행동은 그것과 일치하게 된다. 인생에서 가장 두려운 것은 목표가 없는 것임을 우리는 알고 있다. 목표 없는 삶은 머리가 잘린 파리처럼 우리를 생활의 늪 속에 빠뜨린다. 반면에 일단 목표가 확립되면 그 목표를 실현하기 위해 우리의 모든 행동은 일정한 방향성을 띠게 된다. 우리가 혹시 인생길에서 궤도를 벗어나더라도 목표만 있다면 다시 제자리를 찾을 수 있다. 설령 그 길에서 좌절을 겪더라도 적극적으로 더욱 많은 새로운 길을 찾아낼 수 있다. 일시적인 좌절로 멈춰 서는 일은 결코 생기지 않는다.

아들러는 우월감의 추구는 사회이익에 부합되어야 한다고 여겼다. 그래서 아들러는 이렇게 말했다.

"우월감 추구가 유익한지 유해한지를 구분하는 기준은 무엇인가? 정답은 그것이 사회이익에 부합되는가를 보면 된다. 사회와는 전혀 무관한 훌륭한 성취는 상상할 수도 없다."

우월감 목표가 우리 인생의 발전에 엄청난 역할을 한다는

▼

것을 우리는 잘 알고 있다. 그 때문에 우월감 추구가 유익한지 무익한지는 특히 중요하다. 개인의 삶의 의미는 저마다 다르기에 우월감 추구 역시 변화한다. 그러나 삶의 의미의 구체적 정의가 무엇이든 간에 하나의 기준에서 벗어날 수 없다. 그것은 바로 사회 발전을 방해하지 않고 사회에 유익해야 한다는 것이다. 이로써 우월감 추구가 유익한지 무익한지의 기준은 반드시 사회이익에 부합되어야 함을 알 수 있다.

개인의 우월감 추구는 반드시 현실적인 논리에 적합해야 하며 그 적합도는 그 행동과 사회 수요 및 사회이익의 관련도로 나타나야 한다. 사실 일상생활에서 복잡한 평가 기술로 어떤 행위의 결과를 판단하는 일은 그다지 없다. 또한 과학적인 관점에서도 모든 사람에게 의롭고 유익한 행위를 찾는 것은 불가능하다. 이는 절대적인 진리의 유무 문제와 인생 문제의 정확한 해결과도 관련 있다. 사실 인생 문제는 지구, 우주, 인간 등 그 모든 관계의 논리적 제약을 받는다. 그러므로 아이를 대할 때 반드시 이렇게 말해줘야 한다. 그들의 우월감 추구가 사회이익의 방향에서 빗나간다면 소극적 경험 속에서 긍정적인 교훈을 얻을 수 없다고 말이다. 동시에 삶은 서로 관련이 없는 일들로 이루어진 것이 아니며, 반대로 자신의 생명을 사회와 관련 있는 일로 간주해야 한다고 교육해야 한다. 아이가 그 점을 이해해야만 정확하고 적합한 우월감 추구 방법을 찾을 수 있다.

Adler,
Alfred

Chapter 4

아들러의 성격;
완벽한 성격으로 세계를 대하라

아들러는 개인심리학을 통해 인격을 통합적인 총체로 보고 미분할성을 강조했다. 즉, 한 사람의 인격은 각종 동기, 특성, 흥미, 가치관으로 구성된 총체라고 여겼던 것이다. 우리는 종종 성격이 운명을 결정한다는 말을 한다. 하지만 현실에서는 성격이 인생에 미치는 영향을 등한시하기 일쑤다.

성격이란?

Adler

성격의 후천성은 인간의 성장에 대단히 중요하다. 특히 유아기의 성장환경은 성격형성에 지대한 영향을 미친다.

우리는 일상생활에서 이런 표현을 자주 듣는다.

"저 사람 성격이 참 내성적이야."

"그는 성격이 너무 포악해."

"그녀는 항상 덤벙대."

그렇지만 막상 진지하게 성격에 관해 물어보면 정확한 정의를 내리지 못한다.

성격은 그리스어의 '페르소나(persona)'에서 유래되었다. 본래의 뜻은 그리스인이 연극할 때 얼굴에 쓴 가면을 뜻한다. 이것이 시간이 흐르면서 배우가 연극 공연에 맡은 배역 혹은 배역을 맡은 사람을 가리키게 되었고, 때로는 어떤 특징적인 인물을 가리키기도 했다. 오늘날 성격이라는 단어는 오랜 세월 변화를 거듭하면서 본래의 의미를 상실했다. 일반적으로 성격이라고 하면 개인 행위의 특징을 가리킨다. 그것은 한 개인의 심리적 면모, 본질 속성의 심리적 총체, 그리고 환경으로 말미암아 생겨난 관성적 행동 성향이다. 종합적으로 말하자면, 성격은 개인이 어떤 일을 처리할 때의 태도와 행위로 나타내는 심리적 특성으로 이성적, 침착함, 강인함, 집착, 솔직함 등이다.

아들러는 인간의 활동에서 주체와 객체의 상호작용 과정에 성격이 형성되면서 발전한다고 여겼다. 즉, 객관적인 사물이 주는 각종 영향력은 주체의 인식, 감정, 의지 활동을 통해 개인의 반응 체계에서 보존되고 고정되어 일정한 태도를 구성한다. 그리고 개인의 행동 속에서 일정한 형식으로 표출되는 가운데 그 사람 고유의 행동 양식이 만들어진다는 것이다.

아들러는 성격에는 안정성, 독특성, 복잡성 등 세 가지 특징이 있다고 말했다.

성격은 안정성을 구비하고 있다. 아들러는 성격이 일단 형성되면 비교적 안정적으로 전체 행동을 관통한다고 했다. 그 어떤 우연적인 행동도 성격 특징을 표현하는 것이라고 할 수 없다. 안정성은 주변 사물에 대한 개인의 독특하면서도 습관적인 성향으로 표현된다.

성격은 독특성을 구비하고 있다. 아들러는 실생활에서 사람들 저마다의 성격 차이는 우리의 지문과도 같다고 했다. 유형상으로만 비슷할 뿐 절대적으로 똑같은 성격은 없다는 의미다. 성격은 사람들 간의 차이를 나타내는 중요한 표지이다.

성격은 복잡성을 구비하고 있다. 아들러는 성격의 복잡성은 사회 현실 생활의 복잡성과 모순성에서 기인한다고 여겼다. 이는 간단한 몇 마디로 정리하기는 어렵다. 다만 자신의 내면세계를 깊이 있게 해부하고 자신의 각종 욕망과 사상 동기, 성격 방면의 갖가지 표현을 전반적으로 분석하여 한데 통합해서 살펴봐야만 본질적으로 자신의 성격을 알 수 있다.

성격의 사회화 정도는 성격이 일정한 사회 환경의 영향을 받도록 결정한다. 이는 인간의 성격에 관한 아들러의 유명한 논술이다. 과학적으로 인간의 성격 형성은 절반은 선천적 유전자에 기인하며, 나머지 절반은 후천적 환경 요소에 기인한다. 개인의 선천적 자질과 복잡한 사회가 결합한 모순적 통합이 인간의 일정한 내적 및 외적 행동을 만들어낸다. 개개인의 성격은 저마다 다르고 또 기회를 거머쥐는 능력 또한 다르다.

이후 심리학자들도 성격이 개인의 행동방식에 지배적인 작용을 한다는 관점에 동의하고 있다. 예컨대 성격이 거칠고 경솔한 사람은 매사 덤벙거리기 일쑤고, 성격이 급한 사람은 걸핏하면 흥분하기 쉬우며, 성격이 강인한 사람은 난관에 부딪혀도 흔들림이 없고, 고집이 센 사람은 사사건건 외곬으로 행동하기 쉬운 것처럼 말이다. 우리는 누구나 용감하고 강인한 성격을 원하지만 모든 이의 성격 속에는 나약한 면이 있게 마련이다. 나약한 성격의 사람은 큰 업적을 이루기 힘들지만, 감성이 풍부하고 세심하며 관찰력이 뛰어나서 문학과 예술적 재능에 두각을 보인다.

성격은 적응성을 구비하고 있다. 성격은 안정적이지만 고정불변의 것은 아니다. 성격은 개인이 주체와 객체의 상호작용 과정에서 형성되는 동시에 주체와 객체의 상호작용 과정에서 점진적으로 변화한다. 성격은 계속 진화하는 동태적 시스템으로서 자아의식의 통제와 조정을 받는다. 우리는 자아의식을 통해 성격 속의 장점을 공고히 하고 강화할 수 있다. 또한 자아의식을 통해 성격의 불리한 요소를 의도적으로 절제하거나 제거할 수 있다.

그래서 아들러는 자신의 성격을 명확하게 파악해야만 자기 내면과 주변 환경과의 관계를 조화시킬 수 있으며, 안정적이고 조화로운 성격 방향 속에서 점차 성숙해질 수 있다고 여겼다.

개인의 매력에
집중하라

Adler

개인의 매력은 일종의 신비로운 천부적 자질이라고 할 수 있다. 개인의 매력은 가장 포악한 성격도 고칠 수 있으며, 심지어 한 민족의 운명에도 영향을 미칠 수 있다.

'개인의 매력'이란 도대체 무엇을 가리키는 걸까? 포괄적으로 말하자면 한 사람의 행위가 주변 사람들 내면에 작용하는 일종의 흡인력이자 감화력으로서 실제로는 대단히 모호하고 종합적인 성격을 띤 개념이다. 매력은 외모의 아름다움, 탁월한 기술성, 남보다 뛰어난 재능, 고상한 품성 등 다양한 요소에서 나오는 종합적인 역량이다. 고대 중국에서는 한 사람의 우열을 평가할 때 '현(賢)'을 최고의 경지로 삼았다. 그렇다면 '현'이란 무엇인가? 바로 어질고 슬기로운 덕과 재능을

겸비한 것을 뜻한다. 덕과 재능 중에 우열을 가린다면 고대인
은 덕을 재능보다 더 중시했다. 이런 말이 있다.

'공명(功名)은 반드시 도덕의 토대 위에서 얻을 수 있다. 재
물을 모으는 것을 성공이라 여기고, 관직에 오르면 명성을 얻
었다고 여긴다면 이는 근원을 잃어버린 것이다.'

도덕은 인간관계를 처리하고 자기를 통제하는 준칙이다.
그 때문에 도덕을 중시하는 것은 실질적으로 개인의 매력 문
제와도 연관이 있다. 아들러는 말했다.

"아름다운 외모 혹은 남들보다 뛰어난 재능만으로는 타인
의 진정한 사랑과 존경을 받을 수 없다. 외모, 재능, 성격, 지
혜, 기질, 품성, 교양 등 다방면의 요소가 유기적으로 융합되
어야만 타인들의 진심 어린 사랑과 존중을 받을 수 있다. 특히
품성은 모든 요소 중에서도 가장 관건이 되며 그 사람의 기본
저력이 된다."

사실 우리는 항상 매력 만점의 사람들에게서 영향을 받는
다. 그러한 영향력은 보이지 않는 가운데 다가오지만 대단히
큰 효과를 발휘한다. 매력적인 사람이 자기 앞에 나타났을 때
혹은 자기 마음속에 들어왔을 때 우리는 크게 고무되어 덩달
아 자신도 대단한 사람이 된 것 같은 느낌마저 든다. 이들은
우리의 마음속 희망의 창문을 활짝 열어 시야를 한층 넓게 해
주고, 우리 몸이 무궁무진한 역량으로 가득 차게 해준다. 우리
는 그들에게 감화되어 내면에 오랫동안 쌓여 있던 압박감을

떨치고 냉혹한 삶을 좀 더 편안한 마음으로 마주하게 된다.

우리가 매력적인 사람들과 교류할 때 자신도 모르는 사이 그들의 매력에 끌리게 되는데, 놀라운 점은 그로 말미암아 자기 자신에게도 격렬한 변화가 일어난다는 점이다. 그렇다. 매력이 넘치는 사람들과 함께하면 마음이 편안하고 즐거워지면서 자신의 가장 좋은 면을 내보이게 된다. 그들은 우리가 좀 더 강하고 완벽한 자신을 볼 수 있게 해준다. 또 그들과 함께 있으면 우리 마음은 열정적인 갈망과 무궁무진한 동력이 생겨난다. 마치 순간적으로 우리 인생이 훨씬 즐겁고 품위 있게 변하는 느낌을 준다. 그들의 격려 아래 우리는 예전에는 감히 엄두도 못 내던 일에 용감하게 도전할 수 있게 된다.

어쩌면 그들과 만나기 전까지만 해도 우리 마음속은 근심과 괴로움, 자포자기에 점령당해 있었을 것이다. 그러나 그들의 매력이 우리의 영혼을 비추어주는 순간 오랫동안 억압당한 에너지가 자극을 받아 슬픔과 근심, 절망은 순식간에 사라지고 기쁨과 희망이 자리잡게 해준다. 그래서 그전까지만 해도 우울하고 평범했던 생활, 목표의식이나 새로운 도전이 없었던 삶은 자취 없이 사라지고 만다. 우리 역시 새롭게 태어나는 느낌을 갖고 자신의 잠재력을 계발하여 다시금 뜨거운 열정으로 새로운 인생 목표를 추구하고자 결심하게 된다.

사실 사람은 저마다 손으로 만질 수도 없고 말로도 표현할 수 없는 신비로운 기질을 지니고 있다. 우리는 일반적으로 그러한 기질을 개성 혹은 인격이라고 부른다. 강약을 측정할 수 있는 능력 혹은 좋다, 나쁘다를 품평할 수 있는 성품에 비해 개성이 갖는 위력은 실로 어마어마하다.

과거 프랑스에서 궁정귀족과 계몽사상가, 예술가 들의 만남으로 탄생한 '살롱 엘리트 문화'는 전 유럽에 확산되어 유럽의 문화와 생활양식에 큰 영향을 미쳤다. 그런데 살롱에서 주도적 역할을 한 것은 군주가 아니라 고귀한 기질의 여성이었다. 그들의 기질은 아름다운 외모와는 아무런 관계가 없음에도 사람들을 매료시켰다. 또한 그러한 기질은 종종 평범한 외모의 여성에게서 볼 수 있었다. 이처럼 매력적인 기질은 대단히 고귀한 자원임에도 대다수 사람은 그 진가를 알지 못한다. 이들은 자신의 기질을 어렴풋하게 알고 있을 뿐 그 기질이 어디서 나오는지는 전혀 알지 못한다. 사람의 기질은 태생적인 것이지만, 분명 후천적인 노력을 통해 개선할 수 있다.

우아한 품격은 종종 한 사람의 인격적 매력의 근원이 된다. 그밖에도 지혜롭고 예절바른 행동도 대단히 중요한 요소이다. 이러한 매력적인 기질을 갈망한다면 올바른 판단력과 풍부한 지식이 반드시 필요하다. 자신의 고상하고 품위 있는 품성을 기르도록 노력해야 할 것이다.

개성은
성공으로 올라가는 계단이다

Adler

위대한 개성은 위대한 인물을 만들어낸다. 개성은 성공의 중요한 요소이다.

아들러의 말년 무렵 누군가가 물었다.

"심리학 연구에서 거둔 성과는 당신 인생에서 얻은 가장 큰 성공입니까?"

아들러는 웃으며 이렇게 말했다.

"나의 가장 큰 성공은 심리학 연구 업적이 아니라 나 자신을 위해 완벽한 개성을 만들어낸 겁니다."

그는 계속해서 물었다.

"그럼 당신에게 가장 중요한 것은 무엇입니까?"

아들러는 일말의 망설임도 없이 이렇게 대답했다.

▼

"가장 중요한 것은 개성입니다."

개성은 아들러 성공의 좌우명이 되었다. 사실 그 말은 틀림이 없다. 개성은 개인의 자아의 표현일 뿐만 아니라 능력의 표현이기도 하다. 이 세상 모든 사람은 유일무이한 존재이다. 우리의 개성 중에도 타인을 감화시켜 자신의 성공을 돕는 요소가 되는 것도 있다. 자신의 개성적 매력을 명확하게 인식한다면 이제 해야 할 일은 그 개성을 충분히 발전시키는 것이다.

오늘날은 동질화가 심각하리만큼 범람하는 시대이다. 물질적인 상품이든 정신적인 관념이든 점점 유사해지는 추세이다. 모방은 창조를 대체하고, 경직성은 개척과 도전을 방해한다. 이처럼 겉보기에는 화려하고 아름다우면서도 실제로는 천편일률적인 시대이지만 사람들의 내면에는 아직도 자아와 개성을 추구하려는 충동이 숨어 있다.

개성은 오늘날 가장 희귀한 것이 되었다. 또한 개성은 가장 경쟁이 치열한 상품이 되었다. 명품 제조업자들은 너나없이 자신들의 상품에 각양각색의 개성을 입히고 상품의 특성에 걸맞은 개성적인 브랜드를 만들어 상품의 경쟁력을 높인다. 그래서 우리는 각기 다른 개성을 가진 상품의 광고 홍보물을 볼 수 있다.

개성은 상업 활동의 구세주가 되었다. 개성이 그만한 능력을 갖추었음은 엄연한 사실이다. 사람을 판매대 위의 상품이라고 가정한다면 개성은 그 가격과 판매량을 보장해주는 중요한 도구이다.

퀴리 부인은 노벨 물리학상과 화학상을 받은 과학자이자 현모양처였다. 그녀의 온몸에서 뿜어 나오는 독특한 개성은 수많은 타인을 비추었는데, 그중에는 로잘린 얄로우(Rosalyn Yalow)라는 여자아이가 있었다. 로잘린은 열 살 무렵 퀴리 부인의 전기를 읽고는 그녀의 개성적인 매력에 매료되었다. 자신도 이다음에 크면 퀴리 부인과 같은 사람이 되겠다는 꿈을 품게 되었다. 이에 주변 가족과 친척들은 로잘린의 꿈이 허무맹랑하다며 고개를 가로저었다. 그러나 로잘린은 그 꿈을 포기하지 않고 노력한 끝에 1977년 노벨 생리의학상을 받았다.

사실 개성은 한 개인에게 중요한 영향을 미칠 뿐만 아니라 기업에 대해서도 상당히 중요한 역할을 한다. 개성적인 기업은 우수한 기업문화를 만들어내며 직원들의 창의성을 극대화한다. 이러한 회사 방침은 기업 발전에 매우 중요한 요소가 된다. 타이완의 IT 산업은 바로 그러한 남다른 발전전략을 통해 태생적인 결함을 극복하고 산업 발전을 이룩했다.

IT 제조업체에 미국과 일본이 각각 40퍼센트와 15~20퍼센트의 이윤을 요구할 때 타이완은 5~8퍼센트의 이윤만 요구하며 제품의 품질과 정확한 납기를 보장했다. 이러한 남다른 경영이념 아래 세계 곳곳에서 주문서가 날아왔고, 타이완은 단번에 세계 최대의 IT 산업 기지로 자리매김했다.

아들러는 이렇게 말했다.

"개성은 한 사람의 총체적인 정신적 면모이며, 타인과 구분되는 정신적 특성이다."

그러나 오늘날 우리가 사는 세상은 단순히 개성만을 외치는 세계가 아니다. 이 세계는 질서와 조화를 요구한다. 즉, 세계라는 시스템이 작동하는 데 필요한 안정성과 원활성을 갖추어야 한다. 그 때문에 개성이라는 관점에서 보면 결코 아름다운 세상이 아니라 끊임없이 저항해야 하는 세상이다. 다시 말해서 이 세상은 개성의 성장을 막고 옥죄는 암흑의 감옥이라고 할 수 있다. 그 어둠 속에서 자아를 잃고 점점 어둠과 일체가 되는 사람이 있다. 반면에 강인한 의지력으로 견고한 쇠창살을 빠져나가려고 다짐하는 사람도 있다. 그들은 지치지 않고 발전하며 성장하려고 노력한다. 마치 땅속에 묻힌 씨앗처럼 일단 발아하면 폭발적인 역량을 발산한다. 그리고 마침내 땅 위로 새싹을 내밀면 그 개성이 칠흑 같은 감옥을 눈부신 빛으로 비추어준다. 그 밝은 빛줄기는 따뜻한 봄바람처럼 땅속에서 깊은 잠에 빠진 씨앗에 훈풍을 불어넣어준다. 또한 그 빛줄기는 고요한 호수에 던져진 돌멩이처럼 수면에 찰랑찰랑 물결을 일으킨다.

그렇다. 한 사람이 사회의 족쇄를 풀고 자신을 발전시킬 때 그의 개성은 자신을 눈부시게 빛나게 해줄 뿐만 아니라 거대한 종소리처럼 다른 사람들의 내면에도 커다란 파문을 일으킨다.

▼

당신의 개성을 마음껏 발전시켜라. 개성이 당신을 성공으로 이끌어주는 계단이기 때문만은 아니다. 지금 이 침묵의 세계를 깨뜨릴 사람이 필요하기 때문이다.

▼

자신의 개성을 다듬는 목적을
명확히 알아야 한다

Adler

사람은 누구나 저마다의 개성을 지니고 있다. 다만 얼마만큼 개성을 표출하는가의 차이만 있을 뿐이다.

개성은 좋은 것도 있고 나쁜 것도 있다. 어떤 사람의 개성은 산골짜기를 흐르는 시냇물과도 같다. 때로는 급류를 이루며 급박하게 흐르기도 하고 때로는 천천히 흐르기도 한다. 하지만 언제나 쾌활하고 맑은 소리를 내어 사람들이 자신도 모르는 사이 그 경쾌한 소리에 매료되고 감화된다. 그 경쾌한 곡조에 맞춰 마음속으로 환희의 춤을 추게 한다. 어떤 사람의 개성은 땅속에서 뿜어 나오는 샘물과도 같다. 비록 시냇물처럼 활기차지는 않지만 대신 침착하면서도 너그럽고 듬직하다. 그래서 사람들이 자기도 모르게 생활 속 근심 걱정을 잊고 더 나아가서는 마음을 평온하게 가라앉히고 생명의 율동을 느끼게 해준다. 어떤 사람의 개성은 기계로 물을 퍼내는 펌프처럼 온종일 귀에 거슬리는 소리를 낸다. 그 날카로운 소리는 사람들의 고막을 자극하여 그러잖아도 심란한 마음을 더욱 심란하게 만든다. 그러한 성격의 사람과 함께할 때 우리가 할 수 있는 일은 최대한 거리감을 두는 것이다. 어떤 사람의 개성은 인공분수와도 같다. 비록 분수는 청량한 물을 뿜어내지만 일단 고장이 나면 겉만 번지르르할 뿐 가치가 없는 장식품일 뿐이다. 이런 개성의 사람과 교류하면 비록 일시적인 위안을 얻지만 그러한 위안이 그저 형식적인 예의에 불과하다는 것을 곧 깨닫게 된다. 설령 그들이 아름답고 훌륭한 외모를 갖추고 있더라도 이러한 성격의 사람을 만나느니 차라리 펌프 물과 같은 사람과 함께하는 것이 더 낫다.

아들러는 사람마다 다른 개성이 그들의 인간관계에 영향을 줄 뿐만 아니라 그들의 삶 구석구석에도 영향을 미친다고 여겼다. 이러한 관점은 당시에는 적잖이 파격적이었지만 지금은 널리 통용되고 있다. 오늘날 현대인들은 개성이 그 사람의 성공을 좌우하는 중요한 요소라고 여긴다. 성공을 가져다주는 개성은 두말할 나위 없이 주변 사람들에게 따뜻한 봄바람을 쐬는 듯한 생기와 활력을 가져다주는 긍정적인 성격을 의미한다. 개성 중에도 좋은 성격은 다듬어서 발전시켜야 하고, 나쁜 성격은 억제하고 바로잡아야 한다. 혹자는 개성은 선천적으로 타고난 특성이라서 후천적인 노력으로는 고치기 힘들다고 말한다. 하지만 그렇지 않다. 개성은 앞에서 언급했던 인내력처럼 또 다른 우리 마음의 상태일 뿐이며 그저 좀 더 복잡한 특성을 지니고 있을 뿐이다. 개성은 결코 불변의 것이 아니다. 우리는 후천적인 노력을 통해 우리가 원하는 개성을 다듬어낼 수 있다.

미국 건국의 아버지라고 불리는 벤저민 프랭클린(Benjamin Franklin)이 젊은 시절, 선배의 초청을 받아 그의 집을 방문하게 되었다. 가난한 선배는 비좁은 다락방에 살고 있었는데, 프랭클린은 무심코 다락방으로 들어서다 그만 낮은 문틀에 머리를 부딪히고 말았다. 퍽 하는 소리와 함께 눈앞에 별이 빙빙 돌면서 고통이 밀려오자 프랭클린은 창피하기도 하고 화도 났다. 이때 선배는 머리를 숙이고 두 손으로 이마를 문지르는 프랭클린을 보고 말했다.

"오늘 자넨 중요한 것을 배웠네. '불협화음 없이 세상을 살아가려면 머리를 숙여라.' 이게 바로 자네가 여기서 배운 지침일세."

이는 프랭클린이 성장하는 과정에서 겪은 작은 일이었지만 그 뒤 프랭클린의 인생에 매우 큰 영향을 미쳤다. 그날의 일을 교훈으로 삼아 프랭클린은 오만한 태도를 버리고 머리를 숙이고 공손한 태도로 사람들을 대했다. 이러한 매력적인 개성은 프랭클린을 산골짜기를 흐르는 개울처럼, 맑고 청량한 물을 뿜어내는 샘물처럼 만들어주었다. 프랭클린은 언제 어디서나 주변 사람들에게 기쁨과 평온을 가져다주는 사람이 되었던 것이다. 프랭클린은 겸손한 마음으로 선배의 충고를 받아들이고 좋은 개성을 다듬으려고 노력했기에 미국 역사상 가장 사랑받는 정치인이 될 수 있었다.

프랭클린의 자기 변화는 우리가 후천적인 노력을 통해 개성을 재탄생시킬 수 있음을 알려준다. 비록 이론적으로는 개성이 모호하고 딱히 꼬집어서 말할 수 없는 것이지만, 실생활에서는 우리의 삶과 밀접한 관련을 맺으며 신비한 역량을 발휘한다.

아들러는 이렇게 말했다.

"나만의 개성을 만들어내는 것은 장기적이고 힘든 과정이다. 게다가 개성은 선천적인 특성을 갖추고 있기 때문에 우리가 조금이라도 방심하면 선천적인 특성이 기회를 틈타 비죽이 빠져나오기 일쑤다."

그 때문에 우리는 좋은 개성을 만들어가는 과정에서 시종일관 자신의 방향성을 확고히 지켜나가야 한다. 다시 말해서 개성을 만드는 목적은 남들을 매료시키고 조화로운 삶을 위한 것이지 그들을 배척하기 위해서가 아니라는 점이다.

▼

적극적인 성격이
당신의 인생을 완성시킨다

Adler

적극적인 성격의 지배 아래 그들은 내면 깊숙이 잠들어 있는 잠재의식을 일깨워 자신의 능력을 최대치로 발휘할 수 있다.

열악한 환경에서도 성공을 거두거나 행복한 인생을 살아가는 사람이 있다. 반면에 월등히 좋은 환경에서도 무엇 하나 이룬 것 없이 인생을 마감하는 사람도 있다. 왜일까? 이는 성격차이에서 비롯된다.

아들러는 이렇게 말했다.

"사람들이 서로 간에 크게 차이가 나는 이유는 그들의 성격이 저마다 다르기 때문이다. 적극적이고 진취적인 사람이 있는가 하면 소극적이고 퇴보적인 사람이 있다. 강인하고 부지런한 사람이 있는가 하면 유약하고 게으른 사람이 있다…….

이처럼 다른 성격은 종종 전혀 다른 인생을 만들어낸다."

적극적인 성격의 사람은 긍정적이고 진취적인 태도로 인생을 대한다. 설령 삶에서 커다란 좌절에 부딪혀도 그들은 강인한 인내력과 지치지 않는 도전정신으로 불리한 국면에서 빠져나온다. 이처럼 적극적인 성격의 사람들은 일상생활이나 사업에서도 쉽게 성공을 거둔다.

반면에 소극적인 성격의 사람들의 인생은 완전히 다르다. 그들은 수동적이고 회피하는 태도로 삶의 도전들을 대한다. 그들은 자신의 실패를 환경이나 운수, 타인의 탓으로 돌리곤 한다. 또한 삶에서 곤경에 맞닥뜨려도 적극적으로 해결하려고 노력하는 법이 없다. 그저 자신이 처한 환경이 저절로 변하거나 혹은 귀인이 나타나서 도와주기를 바랄 뿐이다. 이런 사람들은 대부분 의기소침하고 침울하며 자신의 목표를 위해 적극적으로 행동에 나서는 법이 없다. 설령 기회가 찾아와도 간과하거나 손에 움켜쥔 기회마저 손가락 사이로 빠져나가게 한다. 소극적인 성격의 사람은 우월한 환경에 있어도 그 우수한 자원을 활용하지 못해 성공을 거두지 못한다.

19세기 말엽, 유럽의 탐험가 3명이 북극을 가로지르는 탐험에 나섰다. 북극권에 도달한 탐험대는 썰매를 타고 탐험을 시작했다. 처음에는 탐험이 매우 순조로웠다. 특별한 난관도 없이 점점 목표가 가까워지자 탐험 대원들은 모두 흥분하기 시작했다. 그런데 북극점에 가까워질 무렵 갑자기 기상 상태가 급변했다. 폭풍우가 몰아치고 칼바람이 눈앞을 가로막았다. 갑작스런 눈 폭풍으로 길이 막힌 탐험대는 꼼짝달싹도 할 수 없었다. 그들은 북극점 부근에서 천막을 치고 눈 폭풍이 가라 앉기를 기다렸다.

그러나 1주일이 지나도록 눈 폭풍은 가라앉기는커녕 점점 거세어지기만 했다. 이때 대원 한 명이 겁에 질린 채 다른 두 명에게 말했다.

"내일 날씨가 좋아져서 우리가 순조롭게 북극을 가로지를 조건이 된다고 해도 이미 식량이 바닥을 보이기 시작했네. 북 극점에 도달하기도 전에 굶어 죽고 말 거야. 그만 돌아가세."

실망과 두려움에 찬 그의 절망적인 정서는 다른 대원마저 도 불안에 휩싸이게 했다. 그 역시 식량이 바닥난 상태에서는 북극을 가로지를 수 없기에 철수하는 것이 가장 현명한 선택 이라고 생각했다. 결국 두 사람은 내일 날씨가 좋아지는 대로 철수하자고 의견을 모았다. 그러나 나머지 한 명은 생각이 달 랐다. 그는 두려움이나 실망에 휩쓸리지 않고 자신만만하게 말했다.

"내일 날씨가 좋아진다면 우리는 계속해서 전진할 수 있네. 부족한 식량은 바다표범을 사냥해서 때우면 될 걸세. 아직 남 은 식량도 있으니 북극점까지는 문제없이 도달할 수 있어. 우 리 목표를 달성할 수 있다고."

▼

다음 날 아침이 되자 과연 날씨가 말끔하게 갰다. 그러나 탐험대원들은 의견 일치를 이루지 못했다. 결국 세 사람은 남은 식량을 각각 나눠서 헤어지기로 했다. 그렇게 두 사람은 철수를 하고 한 사람만 혼자서 탐험을 계속했다. 혼자 탐험에 나선 대원은 바다표범을 잡아 끼니를 때우며 마침내 북극을 가로지르는 탐험 활동을 성공적으로 이뤄냈다.

성격은 그 사람의 인생에 실로 엄청난 영향을 미친다. 바로 그 점 때문에 아들러는 성격을 중점적으로 연구했다. 그는 성격과 관련한 수많은 사례를 기록했는데, 아동 성격 발전에 관한 연구도 그중 하나이다.

아들러는 거의 일평생을 아동 성격 발전 연구에 매달렸다고 해도 과언이 아니다. 그는 동료들과 함께 아동의 성격을 연구하기 위해 관찰 대상을 선정하고 성장 과정을 조사했다. 이 연구는 아동들이 성인이 될 때까지 추적 조사하느라 무려 십수 년이 소요되었다.

심리학자들은 어린 시절 아이들의 행동들을 하나하나 기록했다. 가령 문제에 맞닥뜨렸을 때 적극적으로 해결 방법을 강구하는 아이, 어쩔 줄 모르면서 우는 아이, 어른이 와서 도와주기를 기다리는 아이들을 구분했다. 또 실패를 겪었을 때 다른 방법으로 다시 도전하는 아이, 그대로 포기하는 아이들을 따로 나누었고, 교실에 선생님이 없을 때 혼자서 자율적으로 공부하는 아이, 친구들과 수다 떨며 신나게 노는 아이들을 구분했다. 이렇게 상황에 따른 아이들의 행동을 세심하게 관찰하며 기록했다.

수년 뒤 심리학자들은 성인이 된 아이들을 대상으로 다시 한 번 관찰 연구를 하며 어린 시절의 모습과 비교 분석했다. 그리고 오랜 시간이 지난 뒤 마침내 연구 결과가 나왔다. 어린 시절 적극적이고 긍정적이며 용감하고 자율적이었던 아이들은 성인이 된 뒤에 일상생활이나 직장생활에서 대부분 만족스러운 성취를 이루었다. 반면에 소극적이고 보수적이던 아이들은 어른이 되어서도 그다지 큰 성취를 이루지 못했다.

아들러는 과학적인 실험 관찰을 통해 성격이 우리 삶에 매우 중요한 영향을 미친다는 사실을 다시금 입증해 보였다. 그러므로 우리는 적극적인 성격을 가져야만 한다. 그래야 긍정적이고 쾌활한 마음가짐으로 삶의 도전에 용감하게 맞서면서 자신이 꿈꾸던 성공을 이룰 수 있다.

인간의 성격은
한층 완벽하게 개선할 수 있다

Adler

성격은 비교적 안정적이고 핵심적인 의미를 가진 개성의 심리적 특징으로서 우리가 현실을 대하는 태도 및 그에 상응하는 행동방식으로 나타난다. 성격은 한편으로는 이 세계에 대한 우리의 인식을 반영하고 있으며, 또 다른 한편으로는 자아에 대한 도덕적 요구를 반영하고 있다.

성격은 상대적으로 안정성을 구비하고 있지만 그렇다고 성격을 바꿀 수 없다는 의미는 아니다. 아들러는 인간의 성격(인격)은 이드(Id), 자아(Ego), 초자아(Superego)가 서로 투쟁하고 타협하는 과정에서 발전한다고 여겼다.

이드는 인간의 가장 본능적 갈망을 의미한다. 인류 행위의 가장 기본적인 원동력이자 인류 무의식의 집중적인 표현이다. 이드의 지배 아래 있을 때 인간은 자신의 욕망을 즉각적으로 만족시키기를 원한다. 유아기 때 이드는 이미 그 영향력을 발휘하기 시작한다. 생리적으로 계속 성숙해지면서 인간은 사회화 과정에 들어간다. 이때 초자아가 출현하면서 막대한 영향력을 발휘하기 시작한다. 초자아는 사회적 규율, 문화적 규범, 도덕적 요구가 개인의 성격 속에 동화되어 이드의 이기적인 욕구를 억제하고 사회의 질서 있는 운행을 보장하도록 요구한다. 이때 자아가 출현하면서 조정과 절충의 역할을 하며 개인이 평온한 심리 상태로 삶을 꾸려나갈 수 있게 해준다. 이드와 초자아의 투쟁은 대단히 첨예하게 벌어지는데 실로 물과 불의 관계라고 할 수 있다.

실질적으로 자아는 일종의 균형추 역할을 한다. 이드의 무한대로 팽창하는 욕구를 억제하기도 하고 반대로 무절제한 억제를 요구하는 초자아에 저항하기도 한다. 이 삼자의 끊임없는 투쟁을 통해 인간은 자신의 기본적인 성격 특징을 형성한다. 그러나 성격은 바꿀 수 있다. 왜냐하면 초자아와 자아는 한 사람의 의식적인 활동으로서 주관적인 능동성을 지니고 있기 때문이다. 아들러는 이렇게 말했다.

"자아와 초자아를 적절하게 바꾸면 이드, 자아, 초자아 간의 힘의 구조를 완전히 바꿀 수 있다. 이를 통해 자신의 성격을 개선할 수 있다."

벤저민 프랭클린은 자서전에서 자기 성격 개선 방법을 설명했다.

프랭클린은 한때 친구들과 연거푸 갈등을 벌이면서 외톨이가 된 적이 있었다. 자신의 인간관계에 문제가 있음을 깨달은 프랭클린은 그에 상응하는 해결책이 필요했다. 그래서 그는 그동안 자신의 모습을 되돌아보고 반성하면서 좋은 인격자가 되기 위한 13가지 덕목을 만들었다.

- 절제: 배부르도록 먹지 말라, 취하도록 마시지 말라.
- 침묵: 자신이나 타인에게 이득이 될 일이 아니면 말하지 말라, 쓸데없는 수다를 떨지 말라.
- 질서: 모든 물건을 제자리에 두라, 일은 제때에 처리하라.
- 결단: 해야 할 일을 반드시 처리하겠다고 결심하되 게을리하지 말고 실행에 옮겨라.
- 절약: 자신이나 타인에게 이득이 되는 일에 돈을 사용하되 낭비하지 말라.
- 근면: 시간을 낭비하지 말라. 늘 뭔가 유익한 일을 하고, 불필요한 일은 중단하라.
- 진실: 남에게 해를 입히는 거짓말을 하지 말라. 항상 순수하고 정의로운 생각을 하고 말을 하라.
- 정의: 남을 다치게 하거나 당신의 의무를 이행하지 않음으로써 잘못을 저지르는 일이 없도록 하라.
- 중용: 극단을 피하라. 마땅한 이유가 있다고 생각하면 손해를 입은 사람의 분노를 기꺼이 참아 넘기라.

▼

- 청결: 몸과 의복, 주거의 불결함을 보아 넘기지 말라.
- 침착: 사소한 일과 사고, 혹은 흔히 있는 일이나 피할 수 없는 일에 침착함을 잃지 말라.
- 금욕: 건강이나 자손을 얻기 위한 것이 아니면 성욕을 남용하지 말라. 자신이나 다른 사람의 평판을 해치는 아둔함과 나약함을 행하지 말라.
- 겸손: 예수와 소크라테스를 본받아라.

위의 13가지 덕목을 완성한 뒤 프랭클린은 자신이 어떤 덕목을 어겼는지를 날마다 체크했다. 그 결과 자신의 단점이 하나둘씩 줄어드는 것을 발견할 수 있었다.

프랭클린은 바로 이러한 방법을 활용하여 훌륭한 인격을 소유할 수 있었다. 수많은 사람이 그를 존경하고 숭배했으며, 많은 작가 또한 프랭클린을 스스로 성격을 고친 가장 훌륭한 사례로 자주 손꼽는다. 데일 카네기는 《인생론(How to stop worrying and start living)》에서 미국 상업은행과 신탁투자 회사의 CEO 하워드(H. P. Howard)가 위의 방법을 활용하여 자신의 성격을 고친 이야기를 소개했다.

하워드는 자신의 성공 원인을 분석하면서 말했다.

"여러 해 동안 나는 날마다 그날 만났던 사람들을 기록했다. 그리고 주말 저녁에는 혼자 방 안에서 자기 반성을 했다. 지난 한 주일 동안의 일을 돌아보고 검토한 뒤 스스로에게 이렇게 물었다. '지난 한 주 동안 나는 어떤 실수를 저질렀는가? 어떤 일을 잘 처리했는가? 혹시 좀 더 좋은 방법은 없었는가? 나는 그 일에서 어떤 것을 배웠는가?' 등등. 처음 이런 방법으로 자기 반성을 하면서 나는 내가 저지른 실수에 경악을 금치 못했다. 하지만 점점 반성의 시간이 늘어나면서 내가 저지른 실수는 점점 줄어들었다. 이것이 바로 내가 성공할 수 있는 요인이었다."

여기서 볼 수 있듯, 위대한 업적을 이뤄낸 프랭클린이나 크나큰 성공을 거둔 하워드도 끊임없이 자신의 성격을 고쳐나갔기에 훌륭한 인격을 완성할 수 있었다. 그러할진대 우리가 어떻게 자포자기할 수 있겠는가?

좋은 성격은
단련으로 만들어진다

Adler

성격의 자기 수양은 좋은 성격을 기르기 위해 노력하는 것으로서 자각적으로
성격을 바꾸고 행동을 억제하는 일체의 활동을 가리킨다. 자기 수양은 훌륭한
성격을 기르는 데 필요한 방법이자 자신을 통제하는 데 필수적인 능력이다.

건축가는 똑같은 벽돌과 시멘트로 각양각색의 건축물을 세
울 수 있다. 가령 궁전이나 일반 주택, 창고 혹은 별장 등을 지
을 수 있는데, 관건은 건축가가 어떻게 건물을 세우느냐에 달
려 있다. 인간의 성격 역시 마찬가지로 자아 발견과 자아 창조
에 좌우된다. 아들러는 이렇게 말했다.

"노력 없이는 좋은 성격이 자발적으로 생기지 않는다. 좋은
성격은 끊임없는 자기 검토와 자기 통제, 자아 절제를 통해 단
련된다. 바로 이러한 노력을 계속 기울여야만 자신만의 독특

▼

한 개성을 발견할 수 있다."

매년 12월 1일이면 뉴욕 록펠러센터 광장에서는 크리스마스트리 점등식이 개최된다. 거대한 크리스마스트리는 그야말로 완벽 그 자체인데 전하는 말에 따르면 펜실베이니아 주에서 자라는 수천 그루의 전나무 중에서 하나를 고른다고 한다.

어느 화가가 록펠러센터 광장 앞에 세워진 크리스마스트리의 위용에 감탄한 나머지 학생들을 데리고 가서 사생을 하게 했다. 그런데 나이 지긋한 학생 한 명이 의미심장한 표정으로 물었다.

"선생님, 저 거대한 크리스마스트리가 정말로 그렇게 완벽한가요?"

화가는 어리둥절해하며 되물었다.

"수천 그루 중에서 고른 나무인데 어떻게 완벽하지 않을 수 있겠어요?"

"제아무리 멋있는 나무도 결점이 있게 마련이랍니다. 잎이 그다지 무성하지 않아요. 제 남편이 펜실베이니아에서 목수로 일했거든요. 크리스마스트리로 만드는 전나무는 다른 나무의 나뭇가지를 잘라서 덧붙인답니다. 그래서 저렇게 풍성하고 완벽한 크리스마스트리가 만들어진 거랍니다!"

화가는 그 말에 큰 깨달음을 얻었다. 이 세상의 모든 완벽한 사물은 항상 수정과 개선을 통해서 완성된다는 사실을 말이다.

▼

사람도 그렇다. 그가 얼마나 위대하든 얼마나 유명하든 끊임없이 다른 나뭇가지로 덧대어야 하는 전나무와도 같다. 성격도 끊임없는 개선을 통해 나날이 훌륭하게 다듬어지고, 사람도 지속적인 단련을 통해 우수한 인재로 완성된다.

아들러의 인생철학에서 자기 수양은 성격 발전 과정에 매우 중요한 역할을 한다. 자기 수양은 일종의 보충적인 교육역량이자 좋은 성격의 발전 방향이다. 이는 '구슬이 서말이라도 꿰어야 보배'라는 속담과도 일맥상통한다. 위인이든 평범한 사람이든 좋은 성격은 후천적 실천 과정에서의 지속적인 자기 수양을 통한 결과물이다.

성격은 곧 운명이다. 자신의 운명을 스스로 개척하려면 주동적이어야 하며 좋은 성격은 단련이 필요하다. 자연 상태에서 철광석은 아무런 쓸모가 없지만 용광로에서 제련 과정을 거치면서 불순물을 제거하고 순도를 높인 후 주형틀에서 모양을 다듬고 나면 매우 우수한 도구로 재탄생한다. 뜨거운 불속에서 반복적으로 제련되는 과정을 거쳤기에 자연 상태의 철광석이 결국 매우 실용적인 가치를 갖는 것이다.

인간의 일생은 자기 완성의 과정이다. 우리가 성격을 다듬는 목적은 나쁜 성격을 극복하고 좀 더 우수한 성격으로 탈바꿈하여 가장 진실한 자아를 찾기 위해서이다.

성격의 수양은 자기 완벽을 위한 자각적인 행동이다. 성격 수양에 자발성이 있느냐 없느냐는 성격 수양의 효과를 좌우

한다. 성격 수양의 자발성은 먼저 자신의 성격적 결함이 갖는 위해성을 인식하는 데서부터 비롯된다. 그다음은 자신에 대한 엄격한 요구 정도에 따라 결정된다.

성공한 사람은 대부분 성격을 고치고 완벽을 기하는 훈련을 통해 탄생했다. 포부가 큰 사람은 자신에게 매우 엄격한 요구를 한다. 그의 꿈이 숭고할수록 그 꿈을 실현하기 위해 적극적으로 자신의 성격을 고치고 싶은 결심이 한층 굳건해진다.

프랭클린이 매번 원고를 넘길 때마다 벤저민 보건은 항상 이렇게 말했다.

"철자가 불확실하다면 반드시 사전을 살펴보게."

그러고는 프랭클린에게 날마다 글 한 편을 써서 보내달라고 요청했다. 프랭클린이 원고를 보내지 않으면 그는 탁자를 두드리며 이렇게 재촉했다.

"오늘 원고는?"

그렇게 시간이 쌓이면서 프랭클린의 글쓰기 능력은 크게 향상되었다.

훗날 벤저민 보건이 죽고 난 뒤 그의 글들을 정리하던 중에 프랭클린은 우연히 보건이 남긴 메모를 발견했다.

'나는 자네가 생각하는 그런 사람이 아니야. 나는 글쓰기에 대해 전혀 몰라. 그저 자네가 나에게 배우기를 원했기 때문에 내가 할 수 있는 만큼 가르친 것뿐일세. 사실은 자네 스스로

자신을 단련한 거야.'

프랭클린은 그제야 깨달을 수 있었다. 자신의 글쓰기 재능이 실상은 날마다 한 편씩 썼던 글들이 쌓여서 단련되었다는 사실을 말이다.

그 후 프랭클린은 경외심을 갖고 보건이 생전에 엄격하게 요구했던 것처럼 끊임없이 자신을 채찍질했다. 그리하여 좋은 성격을 기르고 또 좋은 글들을 남길 수 있었다.

인생에서 가장 중요한 것은 끊임없는 자기 연마이다. 꾸준히 자신을 연마해야만 당신의 성격은 뜨거운 용광로 속에서 제련되는 철광석처럼 예리하고 빛나게 다듬어져 찬란한 빛을 발할 수 있다.

자신의 성격은
스스로 결정한다

Adler

자기 조절을 통해 성격을 고치는 과정을 보면 일반적으로 우선 자신의 세계관, 신념을 바꾸고 그 후 자신의 태도 특징을 바꾼다. 그러고 나서 각 방면의 성격 특징을 고쳐나간다.

세상은 바뀌어도 인간 본성은 바뀌지 않는다. 이러한 관념은 보편적으로 우리 머릿속에 깊이 뿌리 박혀 있다. 그만큼 사람의 성격을 바꾸는 게 세상을 바꾸는 것보다 더 어렵다는 사실을 강조한 것이리라. 그러나 아들러 심리학의 관점에서 보면, 성격은 가변성이 있을 뿐만 아니라 이 세상을 바꾸는 것보다는 성격을 바꾸기가 훨씬 쉽다는 걸 알 수 있다.

'성격이 일단 고착되면 인생은 이미 결정 난 것이나 다름없다', '열여덟 살 이전에는 성격을 고칠 수 있지만, 그 후는 고치기 힘들다' 등의 생각을 하는 사람들도 이젠 변화해야 할 때다. 성격은 언제든지 고칠 수 있다. 다만 나이가 많아질수록 그 난도가 높아질 따름이다. 아들러는 이렇게 말했다.

"성격은 태도, 의지, 감정, 이성이 결합된 혼합체로서 그중 가장 중요한 것이 태도 특징이다. 태도 특징은 그 사람의 세계관, 신념, 이상, 흥미로 구성된 수요체계가 결정하는데, 이 수요체계는 인간의 모든 행위의 원동력이 된다. 태도 특징은 그 사람이 사물에 대해 갖는 안정적인 성향을 직접적으로 보여주는 인간의 본질적 속성의 반영이다. 이러한 인간의 본질적 속성을 가장 직접적으로 반영하는 태도 특징을 우리는 그다지 어렵지 않게 바꿀 수 있다."

우리가 흔히 말하는 '선입견'이라는 단어에서도 그 사람의 태도 특징을 발견할 수 있다. '선입견'은 고치기 힘들지만 절대 불가능한 것은 아니다. 여러 번의 실천을 통해 '선입견'은 사라지고 올바른 인식을 갖게 된다. 예컨대 게으르고 딱히 하는 일이 없는 사람도 절망과 시련을 겪으면서 근면의 의미를 깨달을 수 있다. 이러한 실천 활동은 그 사람의 태도 특징의 근원을 바꾼다. 일단 실천을 통해 증명된 관념은 과거의 잘못된 관념을 대체하면서 이기적인 사람을 공정한 사람으로, 악독한 사람을 관대하고 인자한 사람으로, 괴팍하고 고집스러운 사람을 친화적이고 열정적인 사람으로 바꾸어준다. 태도 특징에 비해 나머지 성격의 기타 세 가지 방면의 특징은 고치기가 다소 어렵다. 그 원인을 살펴보면 의지, 감정, 이성 등의 성격 특징은 생리적, 선천적 요인의 영향을 많이 받기 때문이다. 아들러는 이렇게 말했다.

"성격 특징은 가령 그 사람의 세계관, 신념과 큰 관계가 있다. 일부 사람 중에는 주도적인 기분 상태가 항상 우울하고 슬픈 이들이 있는데, 이는 그들의 세계관이 비관적인 데서 비롯된다. 또 정서적으로 매우 안정된 사람은 세상 물욕이 없는 그의 세계관과 일치한다."

성격의 기타 세 가지 방면의 변화는 태도 특징에 비해 다소 어렵다. 또한 우리가 흔히 말하는 본성도 상당 부분 위의 세 가지 방면을 가리킨다. 그러나 태도 특징이 가지는 영향력은 매우 중요하다. 태도 특징의 변화는 기타 의지, 감정, 이성 방면의 성격 특징을 고치는 데 상당한 영향을 미친다. 또한 실제 생활에서 우리는 생리적 요소의 영향을 받는 위의 세 가지 특징을 점진적으로 고쳐나갈 수 있다. 예컨대 성격이 급한 사람이 의사가 된 뒤에는 점차 인내심을 기르기 시작하면서 정서적 방면의 특징을 고쳐나갈 수 있다. 다만 태도 특징에 비해 그 변화가 느리고 복잡할 따름이다.

태도 특징의 변화는 그 사람의 성격 변화의 표지석이 될 수 있다. 태도 특징은 일반적으로 두 가지 조건 아래서 변화가 일어난다. 즉, 환경적인 외부적 변화와 자기 조절의 내부적 변화이다. 전자의 경우에도 기존의 태도를 고치려고 하는 자신의 태도 변화가 있어야만 성격에 변화를 가져올 수 있다. 성격 환경의 외부적 변화는 주로 인생의 커다란 변화를 겪고 난 뒤에 일어난다. 가령 사업이 잘못되어 가세가 급격하게 기울거나 가족과 사별하거나 심각한 사고를 당하거나 혹은 반대로 시련 속에서 기회를 얻거나 예기치 못한 행운을 얻는 등의 경우다. 이러한 인생의 커다란 변화는 본래 활발하고 외향적인 사람을 과묵하고 내성적인 사람으로 바꾸기도 하고 또 열등감과 비관주의에 사로잡힌 사람을 자신만만하고 긍정적인 사람으로 바꿔주기도 한다.

성격 자기 조절의 내부적 변화는 전자에 비해 상대적으로 중요하다. 그런 의미에서 인간의 성격은 스스로 결정할 수 있는데, 이와 관련한 사례는 매우 많다. 역경을 헤치고 성공을 거둔 사람들, 간절히 소망하던 꿈을 이룬 사람들이 그 예이다. 그 때문에 자신한테 엄격하게 요구하고 감독해야만 자신도 모르는 사이 성격을 바꿔나갈 수 있다.

태도를 바꾸면 성격을 바꿀 수 있다. 성격을 당신 스스로 결정할 수 있다면 좀 더 적극적인 능동성을 발휘하여 당신의 개성, 특성에 선천적인 성격의 이점을 결합시켜 좀 더 완벽한 개성적인 당신을 만들 수 있을 것이다.

인간은 태도 특징의 변화를 통해 기타 세 가지 방면의 성격 특징을 바꿀 수 있다. 그리고 그보다 더 중요한 점은 우리가 자기 조절을 통해 자신의 성격을 고칠 수 있다는 점이다. 그런 의미에서 당신의 성격은 당신 스스로 결정한다는 사실을 잊지 말라!

성격 체계 속의 단점을
제거하라

Adler

성격과 선천적인 특징, 후천적인 환경 변화를 충분히 이해해야만 인간의 성격을 정확하게 파악할 수 있다.

아들러는 이렇게 말했다.

"성격은 인성, 인격의 개념에 비해 훨씬 광범위하다. 성격은 천성적, 유전적 요소를 가지고 있을 뿐만 아니라 후천적, 사회적 요소도 갖고 있다. 우리는 성격이 행위를 결정짓는 규율을 정확하게 파악해야만 성격이 성공과 실패에 미치는 영향을 좀 더 자세히 이해할 수 있다. 성격과 선천적인 특징, 후천적인 환경 변화를 충분히 이해해야만 인간의 성격을 정확하게 파악할 수 있다."

여기서 아들러는 우수한 성격이 인생에 매우 중요한 영향을 미친다고 주장했다.

삶은 인간이 완벽을 추구하지만 절대적인 완벽은 결코 이룰 수 없다는 사실을 알려준다. 삶의 어떤 분야든 완벽을 추구하는 것은 그저 추상적이고 병적인 혹은 의미 없는 환상에 불과하다. 설령 그렇더라도 우리는 완벽을 추구하는 성격의 유혹을 완전히 외면할 수는 없다. 당신의 성격을 구성하는 '나무 물통'의 나무판자는 대부분 길지만, 그중에는 상대적으로 길이가 짧은 판자가 있게 마련이다. 그리고 이 짧은 나무판자는 가장 결정적인 역할을 하게 된다.

셰익스피어의 비극《오셀로》의 주인공 오셀로는 천성이 고귀하고 용감하며 온화하고 대범했다. 그러나 일단 질투심과 복수심에 사로잡히자 그는 자신의 감정을 통제하지 못했다. 오셀로는 야심가 이아고의 거짓말에 속아 급기야 순결한 아내 데스데모나를 죽이고 말았다. 나중에야 자신의 죄악을 깨달은 오셀로는 끝없는 후회 속에서 스스로 생명을 마감함으로써 용서받을 수 없는 실수의 대가를 치렀다.

오셀로와 데스데모나의 위대한 사랑은 결국 자기 파멸을 가져왔다. 오셀로가 사소한 일도 꼼꼼히 살피는 영웅이었다면 어땠을까? 아마 이아고가 데스데모나를 모함할 때 그의 불순한 의도를 파악하고 벌을 내렸을 것이다. 자신의 사랑하는 아내를 죽이는 어리석은 행동은 저지르지 않았을 것이다.

셰익스피어는 치명적인 결함을 가진 오셀로에게 영혼과 생기를 불어넣어 성격적 매력을 가중시켰다. 하지만 현실에서 오셀로의 성격적 결함을 상징하는 '나무 물통' 속의 짧은 판자를 가지고 있다면 당신의 운명은 그다지 운이 좋지 않을 것이다. 그 때문에 이유야 어떻든 우리는 성격의 치명적인 결함을 상징하는 '나무 물통' 속의 짧은 판자를 없애야 한다.

예컨대 당신이 '나무 물통'의 짧은 판자를 감추기만 한다면 '나무 물통'에 물을 채우지 못할 뿐만 아니라 그 짧은 판자의 치명적인 위험성을 제거할 수 없다. 우리는 반드시 최대한 빨리 짧은 판자를 찾아내서 즉시 바꿔야 한다.

'나무 물통 효과'는 당신 성격의 '나무 물통'의 판자가 모두 길더라도 그중에는 짧은 판자가 있게 마련이고, 게다가 가장 결정적인 역할을 한다는 사실을 강조하고 있다. 그 짧은 판자를 교체하듯이 가장 큰 약점이 되는 성격을 고친다면 당신의 성격 체계 속의 가장 큰 위험성은 사라지게 된다. 즉, 가장 짧은 나무판자를 교체하여 치명적인 결함을 제거해야 한다는 것이다. 그러면 당신은 조화로운 성격으로 성공의 길을 걸어갈 수 있다. 물론 그 어떤 초조감이나 두려움 없이 여유롭고 평안하게 말이다.

Adler,
Alfred

Chapter 5

아들러의 시련;
인생 파고에 용감히 맞서라

아들러는 프로이트의 숙명론적 관점에 반대하며 인간의 창조력은 인생에 매우 중요한 작용을 한다고 여겼다. 그는 인간의 창조력은 시련에 맞닥뜨렸을 때 발현된다고 생각했다. 사실 여기서 아들러가 주창한 것은 인생의 도전에 용감히 맞서야 한다는 것이다. 그래서 그는 "스스로의 노력으로 인생 시련을 헤쳐 나아가야만 그 속에서 즐거움을 깨달을 수 있다"라고 말했다.

시련은 성공을 위해
반드시 통과해야 하는 관문이다

Adler

시련은 성공을 위해 반드시 통과해야 하는 관문이다.

순풍에 돛 단 듯 순탄한 인생을 살아가는 사람이 얼마나 될까? 누구나 시련을 겪어야만 찬란한 무지개를 볼 수 있다.

인생길이 아무런 시련 없이 순탄하기만 한 사람이 과연 있을까? 인생에서 마주치는 여러 도전과 위기에 용감하게 맞서는 것 외에는 달리 방법이 없다. 그것은 원만한 인생을 위해서는 반드시 통과해야 하는 시련이다. 아들러는 "스스로의 노력으로 삶의 시련을 헤쳐 나가야만 그 속에서 즐거움을 깨달을 수 있다"라고 말했다. 그렇다. 인생의 즐거움과 괴로움을 겪어나가며 노력을 기울인 뒤에야 우리는 자신을 소중히 여기고 타인을 존중할 수 있다. 또한 삶에 소극적이거나 회피하지 않고 열정적으로 살아갈 수 있다.

한 농부가 있었다. 그는 신에게 태풍이나 폭설, 지진, 가뭄, 병충해 피해를 입지 않게 도와달라고 날마다 정성껏 기도했다. 하지만 그의 기도는 번번이 물거품이 되기 일쑤였다. 그는 50년 동안 하루도 빼놓지 않고 기도를 올렸다. 신은 농부의 정성이 안타까워 이렇게 말했다.

"나는 이 세상을 창조하고 바람과 비, 가뭄, 메뚜기, 까마귀를 창조했다. 내가 창조한 것은 인간의 소원을 들어줄 수 없는 세상이다."

그러나 농부는 포기하지 않고 신에게 1년만 시간을 달라고 간절히 기도했다. 결국 신은 농부의 소원을 들어주기로 했다.

그다음 해, 과연 농부의 밭에는 보리이삭이 풍성하게 맺혔다. 지난 1년 동안 태풍이나 가뭄의 피해를 입지 않은 덕분에 평년보다 두 배에 달할 만큼 굵고 알차게 자랐다. 농부는 기쁨에 겨워하며 하루라도 빨리 추수하는 날이 다가오기를 손꼽아 기다렸다.

그런데 막상 추수를 하자 이상한 일이 벌어졌다. 튼실하게 자란 보리이삭에서 단 한 톨의 알곡도 나오지 않은 것이다.

농부는 신에게 물었다.

"전지전능하신 신이여, 이게 도대체 무슨 일입니까? 무엇이 잘못된 건가요?"

그러자 신이 말했다.

"나는 지난 일 년 동안 네가 원하는 대로 해주었다. 하지만 보리는 생장 과정에서 겪어야 할 시련이 사라지자 무능해지고 말았다. 이삭이 알곡을 만들려면 노력하고 분투해야 한다. 비바람을 견디고, 뜨거운 태양 볕을 이겨내며, 병충해의 괴롭힘도 참아야만 보리의 내재된 영혼을 일깨울 수 있다. 사람의 영혼도 마찬가지다. 아무런 시련을 겪지 못하면 인간은 그저 빈껍데기에 불과하다."

농부는 보리의 수확이 나빠서 날씨와 병충해를 원망했다. 하지만 생장의 방해 요소가 모두 사라지자 정작 보리가 알곡을 맺지 못할 줄 누가 알았으랴! 하물며 만물의 영장인 인간은 신을 원망해서는 안 된다. 마땅히 인생의 시련과 난관을 극복하려고 노력해야만 진정으로 자기 운명의 주인이 될 수 있다.

인생길이 매사 순탄하기만 하면 삶의 투지를 잃고 현재 상황에 안주하기 쉽다. 반면에 시련과 고난에 맞닥뜨리면 곤경에서 벗어나기 위해 자신의 모든 잠재력을 동원하여 맞서기 때문에 좋은 성과를 얻을 수 있다. 그 때문에 인생에 시련이 필요한 것이다.

삶에서 고통을 피할 수는 없다. 그러나 고난은 성공의 가장 좋은 격려가 된다.

▼

프랑수아 그리냐르(François-Auguste-Victor Grignard)는 부유한 가정에서 태어나 어린 시절부터 사치스러운 생활을 누렸다. 그는 성인이 되어서도 별다른 직업 없이 난봉꾼 생활을 이어갔다. 그러던 어느 날 파티에서 그리냐르는 젊고 아름다운 한 여성에게 매력을 느끼고 다가갔다. 그런데 여성은 매몰차게 말했다.

"저만큼 떨어지세요. 당신 같은 난봉꾼이 내 시야를 가리는 것은 정말 끔찍하게 싫거든요."

거만하고 자존심이 강했던 그리냐르로서는 난생처음 당하는 모욕이었다. 그 순간 그는 자신에 대한 의구심이 일면서 자신감을 잃고 말았다. 동시에 쥐구멍이라도 찾고 싶은 모욕감은 마치 주먹으로 머리를 내치듯 그의 정신을 번쩍 차리게 해줬다. 파티가 끝나고 집으로 돌아간 그리냐르는 가족에게 편지 한 통을 썼다.

'제 행방을 찾지 마세요. 전 앞으로 공부를 할 생각입니다. 분명 좋은 성과를 거둘 것입니다.'

과연 그로부터 8년 후 그리냐르는 유명한 화학자가 되었으며, 얼마 지나지 않아 노벨 화학상을 받았다. 훗날 그리냐르는 편지 한 통을 받았는데, 편지에는 이런 내용이 실려 있었다.

'자신을 이겨낸 당신을 나는 평생 존경할 것입니다.'

그 편지를 보낸 사람은 바로 예전 파티에서 그에게 수모를 안겼던 아리따운 여성이었다.

▼

그리냐르는 대중 앞에서 받은 모욕에 압박감을 느꼈다. 그는 수치심을 씻어버리기 위해 그 압박감을 자기 극복의 동력으로 삼았다. 마침내 모욕감은 영광으로 돌아왔고, 그는 부잣집 난봉꾼에서 위대한 과학자로 탈바꿈하면서 자신감을 되찾을 수 있었다.

누구나 살아가면서 시련에 부딪히지만 그 시련을 대하는 태도는 저마다 다르다. 자포자기하는 이도 있고, 어쩔 줄 몰라 하며 탄식만 내뱉는 이도 있고, 도피나 죽음을 선택하는 이도 있다. 사실 시련은 결코 두려운 것이 아님을 우리는 명심해야 한다. 당신이 용감하게 시련에 맞선다면 성공적인 인생을 누릴 수 있다.

좌절과 시련을 견디지 못한다면 실패자가 될 수밖에 없다. 반면에 좌절과 실패, 고통을 참고 견디는 사람은 성공한다. 성공한 사람들은 시련을 자기 단련의 과정으로 여기며, 시련을 전진하는 원동력으로 삼는다. 그들은 고난 속에서 삶의 용기를 북돋우고 시련을 이겨내는 방법을 터득하며, 열 번 쓰러지면 열 번 일어나는 불굴의 의지력을 갖춘다. 이를 통해 자신을 한층 강하게 단련하며 성공적인 인생을 일구어낸다.

아들러는 인생의 시련은 신이 내린 선물이라고 여겼다. 시련을 겪어야만 인생의 참뜻을 깨우칠 수 있기 때문이다. 중국 고대의 성현은 말했다.

▼

"하늘이 장차 그 사람에게 큰일을 맡기려 할 때는, 반드시 먼저 그 마음을 고통스럽게 괴롭히고, 뼈마디가 꺾이듯 육체적 고통을 당하게 하며, 배고프고 가난에 처하게도 하고, 하는 일마다 순조롭지 못하게 한다. 그리하여 그는 마음의 고난을 극복하고 참을성을 길러 지금까지 할 수 없었던 어떤 사명도 감당할 수 있게 되는 것이다."

시련을 겪은 인생만이 근심과 걱정 속에 살아날 길이 있고 안정과 평안 속에 죽을 길이 있다.

실패를 인정하지 않는 사람만이
희망이 있다

Adler

인생에서 정말로 막다른 골목은 없다. 실패를 인정하지 않는 사람은 언제든지 희망을 얻을 수 있다. 절망의 언저리에서 배회한다면 포기하지 말고 조금만 더 힘을 내라. 어쩌면 그 마지막 도전이 당신에게 기적을 가져다줄 것이다.

실패를 인정하지 않는 것은 일종의 강인한 정신력의 발현이다. 이러한 정신력은 삶에 탄성과 힘을 보태준다. 실패에 굴복하지 않는 것은 좌절과 실패를 대하는 태도이다. 일단 실패하고서 더 이상 아무런 노력을 기울이지 않는다면 또 다른 승리의 가능성은 제로가 된다. 이는 매우 간단한 이치이다. 아들러는 이렇게 말했다.

"성공을 눈앞에 두고 종종 커다란 좌절에 맞닥뜨리곤 한다. 남들은 마땅히 그 일을 포기하는 것이 낫다고 여기지만 그들은 끝까지 밀고 나가 마지막으로 성공을 거둔다."

사실 인생의 영광은 성공 자체가 아니라 열 번 넘어져도 열 번 일어나는 불굴의 정신에 있다. 다시 말해서 성공한 사람들도 모두 실패를 경험했다. 하지만 실패해도 포기하지 않고 성공을 위해 끊임없이 나아갔다. 넘어지면 다시 일어나는 불굴의 정신으로 승리를 거둔 것이다.

존 펜더(J. Pender)가 유럽과 미국을 잇는 해저케이블을 설치할 때이다. 당시로서는 대서양을 횡단하는 해저케이블 설치는 대단히 어려운 작업이었다. 그 때문에 공사가 시작되면서 숱한 난관에 부딪혔다.

존 펜더는 영국의 아가멤논호와 미국의 나이아가라호 두 선박을 이용하여 케이블 설치 작업을 진행했다. 하지만 전선을 감는 도르래 축이 부러지기도 하고 또 케이블의 전류가 단전되기도 했으며, 선박 하나가 중심을 잃고 기울면서 하마터면 침몰될 뻔하기도 했다.

이처럼 크고 작은 위기가 연달아 발생하자 사람들은 해저케이블 설치에 의구심을 품기 시작했다. 하지만 펜더는 반드시 성공할 수 있다고 굳게 믿었다. 그는 주변 사람들의 반대에도 불구하고 700마일 길이의 통신케이블을 주문하고 새로운 설치 기계를 제작했다. 또한 전문가를 초빙하여 케이블 설치 작업 계획을 다시 세웠다.

하지만 작업은 여전히 순탄치 못했다. 전선이 끊기거나 혹은 단전되는 등 예전의 문제점들이 다시금 말썽을 일으켰고, 설상가상 투자자들이 투자를 중단했다. 다행히 일부 투자자가 밤낮으로 고생하는 존 펜더의 모습에 감동을 받아 한 번 더 기회를 주기로 마음을 바꿨다.

그의 정성이 하늘에 닿은 것일까? 마지막 도전에서 존 펜더는 드디어 성공을 거두었다. 해저케이블 설치를 완성하고 영국과 미국 사이에 메시지를 주고받는 데 성공한 것이다. 그러나 행운은 그리 오래가지 못했다. 축배를 들려는 순간 케이블의 전류가 다시 끊기고 만 것이다.

이때는 존 펜더는 물론 모든 투자자가 절망에 빠지고 말았다. 이젠 그 누구도 투자하려고 하지 않았다. 펜더는 다시금 용기를 갖고 새로운 투자자를 찾아 나섰지만, 그 과정은 순조롭지 못했다. 모든 투자자가 그에게 다시 기회를 주려고 하지 않은 탓에 대서양 횡단 해저케이블 설치 공사는 더 이상 진행할 수가 없었다. 하지만 이러한 실패에도 존 펜더는 굴복하지 않았다. 그는 다음해 새로운 회사를 설립하고 다시 투자자를 찾아서 케이블 설치 작업에 매달렸다.

1866년 7월 마침내 해저케이블이 순조롭게 개통되면서 세계 최초의 대서양횡단 전보를 발송하였다. 내용은 이랬다.

'7월 27일 저녁 9시, 우리는 목적을 완수했다. 신이여, 감사합니다! 케이블 설치는 순조롭게 끝나고 모든 것이 정상적으

로 운행되고 있다. 존 펜더.'

 존 펜더의 경력은 숱한 좌절로 점철되어 있었다. 그러나 불굴의 정신력으로 그는 위대한 성공을 거두었다. 우리는 살아가면서 크고 작은 좌절에 부딪힌다. 이는 그 누구도 피해갈 수가 없다. 성공한 사람들은 대부분 좌절을 성공을 위한 인내테스트로 여기며 과감히 맞선다. 그래서 좌절은 소중한 자산으로써 그들이 성공을 이루는 받침돌이 된다. 고난과 좌절 앞에서 백절불굴의 인내력을 가졌느냐에 따라 성공과 실패가 나뉘는 것이다.

불행의 시작은
우리에게 성공의 행운을 가져다준다

Adler

심리적 자기 위안의 관점에서 말하자면, 당신이 얼마나 힘든 곤경에 처하든 항상 '이것보다 더 큰 불행도 있어. 그것에 비하면 난 얼마나 행운인지 몰라!' 라는 생각을 해야 한다! '나는 행운아'라는 생각이 기반이 되면 당신은 언제나 적극적이고 진취적인 마음가짐을 가질 수 있다. 그리고 그러한 적극적인 마음 가짐은 성공의 동력이 된다.

행운과 불행에 대해 아들러는 이렇게 말했다.

"행운과 불행의 기준은 없으며, 그것은 그저 심리 상태일 뿐이다. 어떤 상황에서도 나는 행복하다고 여긴다면 당신은 행운아가 된다. 반대로 좌절에 부딪혔을 때 나는 불행하다고 외친다면 당신은 더욱 불행해질 뿐이다."

이것이 바로 생활의 철학이다. 불행을 조금만 떼어내서 현미경으로 확대해서 들여다본다면 당신은 아마 자신의 눈을 의심하며 깜짝 놀라고 말 것이다. 불행하다는 느낌은 당신을 절망의 심연으로 빠뜨릴 뿐이다.

어느 장군이 병사들을 이끌고 바다 항해에 나섰다가 폭풍우를 만났다. 이때 배를 처음 타보는 병사 한 명이 공포에 사로잡혀 엉엉 울부짖기 시작했다. 병사의 울음소리는 다른 병사들의 마음을 불편하게 했다. 본래는 폭풍우를 대수롭지 않게 여기던 병사들마저 한층 마음이 심란하고 불안해졌다. 이에 화가 난 장군은 울음을 터뜨린 병사를 가두라고 명령했다.

이때 장군 옆에 있던 교관이 말했다.

"신경 쓰지 마십시오. 제가 처리하겠습니다. 저 친구를 안심시킬 방법이 있습니다."

교관은 즉시 울부짖는 병사를 물속으로 던지라고 명령했다. 병사는 물속에서 죽을힘을 다해 헤엄치며 살려달라고 외쳤다. 몇 분 후 교관은 병사를 다시 배로 끌어올렸다.

그러자 좀 전까지만 해도 미친 듯이 고함을 지르며 울부짖던 병사가 이상하게도 조용히 배 한 귀퉁이에 앉아 있는 것이었다.

장군은 교관에게 그 이유를 물었다. 그러자 교관이 이렇게 설명했다.

"대개 사람들은 자신의 상황이 더 악화되기 전까지는 그동안 자신이 얼마나 행운아였는지를 잘 모르지요."

교관은 매우 뛰어난 논리학자였다. 그의 손에서 행운은 라켓이 되고 불행은 공이 되었다. '행운의 라켓'만 있다면 '불행의 공'은 얼마든지 멀리 내던질 수 있는 것이다.

이러한 논리는 바다 한가운데서 조난한 사람에게 비유할 수 있다. 조난은 불행이지만 몸에 끼고 있는 구명조끼는 그가 얼마나 행운아인지를 깨닫게 해준다. 그가 어디로, 얼마나 표류할지는 문제가 되지 않는다. 그의 품속에는 항상 행운이 들어앉아 있기 때문이다. 또한 방위나 거리의 변화로 구명조끼를 잃어버릴 일은 없을 테니 말이다. 그래서 설령 조난했어도 자신이 불행하다고 여기지 않는다. 몸에 끼고 있는 구명조끼가 자신을 반드시 구해줄 것이라고 믿기 때문이다. 바다를 죽음이나 지옥에 비유한다면 폭풍우에 겁에 질린 병사는 '지옥'에 한 번 갔다 온 셈이다. 지옥에 가서도 구사일생으로 살아 돌아온 경험은 이 세상이 더 이상 무섭지 않다고 여기게 해주었다. 배 위로 건져 올려졌으니 그보다 더 큰 행운은 없다고 여긴 것이다.

죽음의 신에게 미소하며 "안녕!"이라고 할 수 있는 사람은 분명 죽음의 신을 당황시킬뿐더러 도망치게 할 것이다. 죽음의 신이 가진 생사부(生死簿)에는 결코 환영받지 못할 사람일 테니까. 당신이 날마다 실패라는 악마와 결투를 벌인다고 상상해보라. 과연 그 악마가 무섭다는 생각이 들까?

　대부분의 성공한 사람은 이 방면에서 우리가 본받아야 할 모범이다. 불행을 담담하게 받아들이고 심지어 인생의 부귀를 대하는 그들의 태도는 우리를 숙연하게 해준다. 아들러는 변증법적인 관점에서 행운과 불행을 분석했다. 그는 행운 속에 불행이 숨어 있고, 불행 속에 종종 뭇사람이 선망하는 행운이 출현한다고 말했다.

　이는 고대 성현의 '화(禍) 속에 복(福)이 깃들어 있고, 복 속에 화가 숨어 있다'라는 주장과도 일맥상통한다. 그 이치는 매우 간단하다. 과도한 행운은 그 사람의 의지를 점점 나약하게 만들어 불행을 이겨내지 못하게 한다. 그래서 곤경에 처하면 그저 하늘만 원망한다. 행운아에게 불행은 치명적인 재난이어서 대항할 힘조차 없다. 왜냐하면 행운아는 행운에만 길들여져 있기 때문이다. 그의 삶은 항상 순풍에 돛 단 듯 순탄하기만 했고, 원하는 일은 다 이룰 수 있었으니 말이다. 그들은 온실 속 화초처럼 비바람에 대적할 힘을 잃어버린 것이다. 반면에 숱한 불행을 겪은 사람에게 불행은 날마다 먹는 집밥이나 다름없다. 이러한 불행이라는 집밥을 먹는 사람은 의지력이 대단히 강하다. 그들은 인생이 항상 순조롭지는 않으며 행운은 어쩌다 한 번 찾아온다는 사실을 잘 알고 있다.

　행운은 유한하지만 불행은 무한하다. 일찌감치 행운을 배부르게 맛본 사람에게 이제 남은 것은 불행뿐이다. 불행을 겪

▼

어본 적이 없기에 일단 불행이 엄습하면 다시금 일어서기가 힘들다. 그렇게 더 많은 불행이 연거푸 그를 덮치게 된다. 때로는 남들에게는 작고 야트막한 언덕이 그 사람의 인생에서는 넘기 힘든 산이 될 수 있다.

생명의 진리에는
불만족이 필요하다

Adler

우리는 끝까지 고군분투해야 한다. 협력의 가치를 아는 사람만이 희망차고 사

회적 기여도가 높은 분투를 이어갈 수 있다.

대부분의 문제에 대해 우리는 그저 일시적인 해답만을 찾

아낼 수 있다. 왜냐하면 우리는 기존의 성취에 만족하지 못하

기에 삶의 문제를 탐구하는 것도 그저 해답을 향해 끝없이 다

가가는 과정에 불과하기 때문이다. 이 세상은 언제나 우리가

미처 알지 못한 것으로 우리를 일깨우기 때문이기도 하다. 삶

은 헤아릴 수 없을 만큼 넓고 크기에 그 문제의 답을 찾기 위

해 헤매는 이들은 항상 실패로 끝난다.

아들러는 이렇게 말했다.

"우리가 살고 있는 이 세상에 고정불변의 환경이나 사물은

없다. 사람들은 누구나 언제 어디서든 생활방식, 생존환경, 생존역할, 생존의식을 전환해야 할 필요가 있다."

그렇다. 한 가지 사고방식 혹은 한 가지 고정적인 위치에 얽매이거나 현재의 생활에 발이 묶인다면 우물 속에 들어앉은 개구리처럼 좀 더 넓은 세상을 볼 수 없고, 장기적인 발전을 꾀할 수도 없다.

한 수련회에서 강의가 열렸다. 강사는 먼저 칠판에 원의 중앙에 한 사람이 서 있는 그림을 그렸다. 그러고는 학생들에게 물었다.

"원 중앙에 서 있으면 매우 편안하다는 느낌을 갖습니다. 이 원 안의 물건들은 여러분에게 매우 중요한 것들이지요. 이곳에는 당신이 사는 집, 가정, 친구, 그리고 직장이 있습니다. 이 원 안에서는 자유롭고 안전합니다. 그렇다면 원 밖으로 나가면 어떤 일이 벌어질까요?"

강의실 안은 순간 조용해졌다. 이때 누군가가 침묵을 깨고 말했다.

"저는 두려울 것 같은데요."

또 다른 누군가는 이렇게 대답했다.

"아마도 실수나 사고가 일어날 것 같은데요."

이때 강사가 다시 물었다.

"그렇다면 당신이 두려움에 빠지거나 혹은 실수를 저지른다면 그 결과는 어떻게 될까요?"

맨 처음 대답했던 사람이 다시금 큰 소리로 대답했다.

"이전보다는 배짱이 두둑해질 것 같습니다. 실수를 통해 교훈도 얻을 것이고요."

강사가 말했다.

"그렇습니다. 더 이상 무서울 것이 없을 테고, 실수를 통해 좋은 교훈을 얻을 것입니다. 당신이 '안전구역'에서 벗어난 뒤에는 예전에 미처 몰랐던 것을 경험하면서 지식과 경험이 늘 것입니다. 다시 말하면 이 원을 벗어나면 당신은 새로운 발전을 이룰 수 있습니다."

강사는 이번에는 아까 그려놓았던 원 밖으로 더 큰 원을 그리고 자동차, 대주택 등 다른 새로운 것들을 추가로 그려 넣었다. 굳이 설명하자면 하나의 원을 벗어났을 때 더 많은 것을 얻을 수 있음을 알려준 것이다.

강사는 이렇게 설명했다.

"지금의 '안전구역'에 만족한다면 당신은 더 이상 시야를 넓힐 수도 없고 새로운 것들을 영원히 얻지도 못할 겁니다. 지금의 '안전구역'을 벗어나야만 인생이 한층 폭넓어지고 또 좀 더 우수한 사람으로 거듭날 수 있습니다."

우리가 생활하고 있는 환경은 하나의 원과 같다. 이 원 안에서는 모든 것이 익숙하다. 또 원하던 것들을 가졌기에 우리는 만족해하여 이 구역을 벗어날 생각을 하지 않는다. 하지만 이 원을 벗어나면 인생의 원은 한층 커지게 된다. 우리는 더 큰 원에서 더 많은 것을 배우고 또 얻게 된다. 이처럼 용감하게 자신이 안주하고 있는 안전구역을 벗어나는 사람만이 인생을 바라보는 시야를 넓히고 좀 더 많은 것을 얻을 수 있다.

인생은 본래가 현재진행형이다. 우리는 각자의 인생에 대한 추구를 끊임없이 수정해야 한다. 《장자》의 〈양생주(養生主)〉편은 말한다.

'우리의 삶에는 끝이 있지만 배움에는 끝이 없다.'

이 말이야말로 우리가 불만족을 갖고 살아가야 하는 이유에 대한 완벽한 대답이라고 할 수 있다. 우리의 생명은 비록 유한하지만 끊임없이 무한한 지식을 탐구해야 한다. 그래야만 인류는 대대손손을 거치면서 지속적인 발전을 이룰 수 있다. 이러한 목표를 갖고 전체 인류가 공동으로 노력한다면 설령 우리는 서로에 대해 잘 알지 못하더라도 공동의 목표가 있기에 사회의 진보 속에서 협력의 즐거움을 만끽할 수 있다. 그래서 아들러도 말했다.

"인생의 다양한 분야에 우리의 불만족의 심리가 필요하다."

성공한 사람들은 대개 자신과 겨루며 새로운 인생을 도모한다. 그들은 영원히 만족하지 못하는 성격으로 끊임없이 고군분투한다. 그래서 약자는 강자가 되고, 가난한 사람은 부유한 사람이 되며, 실패는 성공으로 변한다.

존은 미국 철도 회사의 사장이다. 그가 처음 철도 회사에 입사했을 때만 해도 주급 10달러를 받는 3등 열차 칸의 인부였다는 사실을 아는 이는 매우 적다. 존은 열심히 일한 덕분에 관리부의 직원으로 진급했고, 주급도 12달러로 올랐다.

어느 날 한 늙은 인부가 존에게 이렇게 경고했다.

"관리부서에 들어갔다고 자만하지 말게. 차장이 되고 싶으면 앞으로도 오랫동안 노력해야 할 걸세. 물론 차장이 된다면 주급 백 달러가 넘는 최고 대우를 받게 될 것일세."

그런데 뜻밖에도 존은 이렇게 대답했다.

"설마 고작 열차 차장이 저의 목표겠습니까? 저는 회사의 사장직까지 올라갈 겁니다."

우리는 치열한 경쟁 시대에 살고 있다. 끊임없이 노력하며 자신을 발전시킬 때 사회의 변화 속도에 맞춰나갈 수 있다. 현재의 상태에 안주하고 더 이상 발전의 노력을 기울이지 않는다면 언젠가는 지금의 상태마저 유지하기 힘들 것이다. 심지어 더 이상 생존할 수 없는 상황에까지 몰릴 것이다. 그런 이치를 알고 있는 총명한 사람은 현재에 만족하지 않는다. 그들은 진취심을 잃지 않고 끊임없이 노력한다.

인생의 실패자로 정해진 사람은 없다

Adler

삶의 문제에 맞닥뜨렸을 때 실패할 것이라고 정해진 사람은 없다.

인생에서 실패자로 정해진 사람은 없다. 어니스트 헤밍웨이(Ernest Hemingway)의 《노인과 바다》에 이런 구절이 나온다.

'인간은 패배하기 위해서 태어난 것이 아니야. 인간은 파괴될 수는 있지만 패배하지는 않아.'

인생의 여러 도전 앞에서 우리는 굴복하지 않고 강인한 의지력으로 시련에 맞서고 용감히 싸워 나아가야 한다! 생이 끝나는 날까지 우리는 끝까지 싸워 나아가야 한다. 아들러는 우리에게 삶은 언제나 희망으로 가득 차 있다고 알려주었다. 어쩌면 기회는 저 모퉁이에서 당신을 기다리고 있을지도 모른다. 아들러는 이렇게 말했다.

▼

"우리의 삶은 항상 새로운 놀라움과 도전으로 가득 차 있다. 당신이 절망의 나락으로 떨어지며 다시는 인생에 기회가 없다고 느낄 때면 어김없이 한 줄기 서광이 어둠을 뚫고 당신을 비춰준다."

좌절과 패배를 겪고 나서 마침내 성공을 거둔 사람들은 남들보다 더 많이 '견디기 힘든' 시간을 보냈다. 그럴 때마다 그들은 '다음번에는 성공할 것이다!'라는 신념을 갖고 끝까지 견뎌 나아갔다. 그런 의미에서 "많은 실패자가 포기를 선택한 순간, 자신이 성공에 얼마나 가까이 있었는지 모른다"라는 에디슨의 말은 되새겨볼 필요가 있다.

인생에서는 언제나 고비가 있게 마련이다. 이때 갑절의 피로감과 무력감을 느끼며 더 이상 버티기 힘들다고 포기한다면 그야말로 다 된 죽에 코 빠뜨리는 격으로, 성공을 눈앞에 두고 실패하게 된다.

셀레나는 유명한 출판사 편집장으로서 업무에 대한 책임감이 강한 여성이었다. 어느 날 그녀는 새로 책을 편집하면서 판매 부수를 올리기 위해 가장 멋있는 책 표지를 만들기로 했다. 그래서 개성적인 책 표지를 디자인해줄 디자이너를 찾아 나섰다.

셀레나는 수많은 디자이너가 응모할 수 있도록 공모방식을 채택했다. 응모자들은 저마다 디자인한 샘플을 보냈지만 하나같이 탈락했다. 일반적인 출판사의 관례대로라면 책 표지 디자인 샘플 서너 개를 추려서 그중 하나를 고르면 되는 일이었다. 하지만 셀레나는 이번만큼은 특별히 샘플 스무 개를 추렸다.

출판사 동료들은 그녀의 업무 처리가 너무 까다롭다고 여겼다. 그래봤자 책 표지에 불과한데 굳이 저렇게까지 복잡하게 일을 처리해야 하는가 싶었던 것이다. 이러한 동료들의 불평에도 셀레나는 공모자들이 제출한 샘플을 하나하나 살펴봤다. 하지만 한결같이 마음에 들지 않아서 결정을 내릴 수가 없었다. 설상가상 책 출간일이 점점 다가와서 더 이상 미적거릴 수 없었다. 셀레나는 자신에게 말했다.

'이젠 그만 포기해야 해. 이 샘플 스무 개 중에서 하나를 고르자.'

그러나 그녀의 마음 한구석에서 이런 속삭임이 들려왔다.

'이렇게 많은 샘플 중에서 마음에 든 것을 찾지 못했더라도 포기하면 안 돼!'

그녀는 한 번만 더 기다려보기로 했다.

마침내 새로운 공모자가 스물한 번째 샘플을 들고 왔을 때 셀레나는 탄성을 지르고 말았다.

"좋아. 바로 이거야!"

과연 그 샘플로 표지를 만든 책은 독자들의 시선을 끌면서 단번에 베스트셀러가 되었다.

▼

훗날 셀레나는 그때의 일을 떠올리며 말했다.

"무슨 일을 하든 가장 중요한 것은 함부로 포기하지 않는 것입니다. 포기하고 싶은 마음이 강해질수록 결코 포기해서는 안 됩니다. 눈앞에 장벽이 가로막혀 더 이상 나갈 수 없다고 여길 때는 억지로라도 앞으로 한 걸음 내디뎌야 합니다. 성공은 바로 그 한 걸음 뒤에 놓여 있으니까요."

대부분의 사람이 성공하지 못하는 이유는 노력이 부족해서가 아니다. 난관에 부딪혔을 때 더 이상 노력하기를 포기하기 때문이다. 그런데 그토록 바라던 성공은 바로 눈앞에 있다! 최후의 성공을 거둔 사람은 항상 '다음번에는 성공할 수 있다'라는 신념을 가지고 계속해서 노력을 기울인 이들이다.

사람은 한 마디씩 성장하는 대나무와도 같다. 매번 시련에 부딪힐 때마다 우리는 대나무의 마디가 잘려나가는 듯한 두려움과 긴장감, 그리고 고통에 휩싸인다. 하지만 이때 모든 힘을 한곳에 집중하며 헤쳐나간다면 당신은 한 단계 더 성장할 수 있다. 반면에 그 자리에 주저앉는다면 그것은 곧 실패를 의미한다.

인생에서 가장 중요한 관건이 되는 시기는 생명의 긴장과 고통이 함께 몰아칠 때다. 이때는 지금껏 경험하지 못한 고통을 느끼게 되는데 사실 이는 좋은 현상이다. 생명의 전율과 발버둥치는 처절함을 느끼지 못했다면 이는 곧 성장의 관건이 되는 시점에 이르지 못했다는 것이며, 결국은 아무런 성취도 이룰 수 없다. 그러므로 우리는 '건설적인 고통'을 과감히 받아들여야 한다.

1948년 옥스퍼드대학교에서 '성공 비결'이라는 주제 아래 세미나가 열렸다. 초청 연사는 처칠이었다. 당시 그는 영국인들을 이끌고 반파시스트 전쟁에서 승리를 거둔 직후였다. 처칠은 영국인들이 가장 절망적일 때 총리가 되어 힘겨운 승리를 거두면서 전 세계적으로 명성을 얻었다.

언론에서는 3개월 전부터 강연회를 홍보했으며 영국 전체에 화제가 되었다. 마침내 그날이 밝았다. 이 위대하고 유명한 처칠의 모습을 보기 위해 전국 각지에서 몰려든 사람들로 강연회장은 인산인해를 이루었다. 처칠이 역사에 남을 연설을 준비하고 있다는 소문이 돌았기에 사람들은 그가 오랜 삶을 통해 축적된 지혜를 전할 것이라는 기대감으로 부풀어 있었다. 수천 명이 대강당 안에서 처칠의 연설을 숨죽여 기다렸다.

그런데 뜻밖에도 처칠의 연설은 단 한 마디에 불과했다.

"절대로, 절대로, 절대로 포기하지 마십시오."

그는 이 말을 하고서는 연단에서 내려갔다. 순간 회의장은 쥐 죽은 듯 침묵만이 맴돌았다. 그리고 이어서 우레와 같은 박수가 터져 나왔다.

당신이 뿌린 씨앗이 발아하지 않는다고 원망하지 말라. 온갖 정성을 기울이며 보살핀다면 언젠가는 풍성한 수확을 이룰 것이다. 당신이 가장 포기하고 싶을 때가 바로 결코 포기해서는 안 되는 순간이라는 사실을 기억하라! 바둑에서 가장 큰 장애물은 포기라는 말이 있다. 인생은 계단을 오르는 것과 같다. 한 계단씩 차근차근 올라가면 될 뿐 그 어떤 기교도 필요하지 않다. 그저 한 걸음 한 걸음 올라가기만 하면 결국에는 정상에 도달할 수 있다.

집착은
인생의 장벽을 함락하는 역량이다

Adler

협력정신이 뛰어난 사람일지라도 삶은 끊임없이 문제를 불러일으킨다. 이 세상에 그 누구도 우월이라는 자기의 궁극적 목표 혹은 환경을 완전히 지배하려는 최종적인 목표에 이르렀다고 생각하는 사람은 없다.

아들러는 《삶의 의미》에서 이렇게 지적했다.

'인간은 태생적으로 쉽게 타성에 젖는다. 그래서 무엇을 하든 수박 겉핥기식으로 건성으로 하거나 혹은 중도에 포기하기 일쑤다. 인생길에서 걸림돌에 넘어지거나 혹은 좌절을 겪었을 때는 쉽게 낙담하고 주저앉는다.'

여기서 아들러는 인간성의 약점을 지적하고 있다. 대다수 사람은 평탄한 내리막길을 원하지만 힘들고 가파른 오르막길은 싫어한다. 우리가 어려운 일을 피하기만 하는 원인이기도

▼

하다.

많은 사람이 성취를 거두지 못하는 주된 원인은 가장 큰 힘을 들이고 가장 많은 시간을 쏟아부으며 부지런히 앞을 향해 나아가야 할 때 정작 노력을 멈춰버리는 것이다. 그래서 다 된 죽에 코 빠뜨리는 격으로 실패하고 만다. 물론 성공과는 더욱 멀어지게 된다.

헨리는 웨스터모얼랜드의 시골 마을에서 태어났다. 아버지는 근방에 제법 이름을 알린 외과 의사였다. 헨리는 당연히 훗날 아버지의 가업을 물려받아야 한다고 여겼다. 그래서 그는 에든버러에서 공부할 때도 딴 데 한눈 팔지 않고 오로지 의학 공부에만 열중했다. 주변 사람들은 그의 꾸준한 노력에 감탄을 금치 못했다. 그는 대학 졸업 후 고향으로 돌아와 아버지의 뒤를 이어 의사로 일했다.

그러나 시간이 흐르면서 헨리는 자신의 직업에 점점 흥미를 잃기 시작했다. 폐쇄적이고 낙후된 시골 생활에도 나날이 짜증만 늘었다. 이때 마침 그는 생리학에 관심이 생겼다. 헨리는 생리학 분야를 좀 더 공부해서 자신을 업그레이드시키고 싶은 꿈이 생겼다.

아버지는 헨리의 계획에 찬성하며 생리학 분야에서 최고 권위를 가진 케임브리지대학교에 진학할 수 있도록 도와줬다. 그러나 불행하게도 헨리는 지나치게 공부에만 매달린 끝에 건강을 해치고 말았다. 헨리는 건강을 회복하기 위해 잠시 학업을 중단하고 보조 의사로 일했다. 이 기간 중에 그는 이탈리아어와 문학에 관심을 갖기 시작하면서 점점 의학에서 멀어졌다. 결국 그는 의학 공부를 때려치우고 다른 학위 공부를 하기로 했다. 그리고 얼마 지나지 않아 우수한 성적으로 케임브리지대학교 수학 학사 학위를 취득했다.

졸업 후 그는 군사 전략가가 되고 싶었지만 사정이 여의치 않아 법계로 눈을 돌렸다. 그는 이제 막 학교를 졸업한 신참내기로 왕실 법학협회에 들어간 뒤 과거의 공부 경험을 총동원하여 법률 공부를 파고들었다. 헨리는 아버지에게 보낸 편지에 이런 말을 덧붙였다.

'사람들은 내가 남다른 끈기로 분명 큰 성공을 거둘 것이라고 말합니다. 앞으로 내가 어떤 모습이 될지 알 수 없지만 한 가지 믿음이 있습니다. 무슨 일이든 최선을 다한다면 결코 실패하지 않을 것이라는 믿음입니다.'

28세 되던 해에 헨리는 정식으로 변호사 활동을 시작했다. 당시 경제적으로 여유가 없던 그는 친구들의 후원으로 근근이 생활을 이어갔다. 풍부한 법학 지식을 쌓으며 수년을 버텼지만 그를 찾는 이가 없어서 생활은 나날이 궁핍해졌다. 헨리는 생활비를 쪼개 쓰고 심지어 음식 값도 아끼며 허리띠를 바짝 졸랐지만 생활은 점점 나빠지기만 했다. 헨리는 집으로 편지를 보내 이제 더 이상 버틸 수 없다고 털어놓았다. 이젠 변호사 사무소를 개업할 기회조차 없을 것 같다며 하소연을 늘어놓았다.

그렇게 3년이 지났지만 그의 오랜 기다림은 아무런 성과도 얻지 못했다.

'변호사로 밥벌이하는 것이 녹록지 않은 것 같아.'

헨리는 친구들에게 편지를 보냈다. 이제 더 이상 친구들의 부담이 되고 싶지 않았던 그는 이곳의 생활을 청산하고 케임브리지로 되돌아갔다. 그곳에서는 새롭게 다시 시작할 수 있을 것이라고 여겼다. 가족과 친구들은 그에게 돈을 부쳐주며 실망하지 말고 힘을 내라고 격려해줬다. 그 덕분에 헨리는 다시 기운을 냈고, 그의 일도 점차 호전되기 시작했다. 작은 의뢰 건을 성공적으로 마친 것을 계기로 점점 많은 사람이 그에게 일을 의뢰하기 시작했다.

헨리는 그 어떤 기회도 허투루 보내지 않았고 또 자신을 발전시키는 기회도 놓치지 않았다. 오랜 시간 기울인 노력은 마침내 풍성한 결실로 되돌아왔다. 수년이 지난 뒤 헨리는 더 이상 가족의 도움도 필요 없게 되었고 신세를 진 친구들에게도 모두 돈을 갚았다. 고생 끝에 낙이 온다는 말처럼 그는 점차 명성을 날리면서 부를 쌓았고 마침내 귀족 신분으로서 상원에 출석하게 되었다.

이 세상의 모든 길은 통하게 되어 있다. 당신이 동쪽으로 가

▼

든 서쪽으로 가든 그 길을 끝까지 걸어간다면 목적지에 도달할 수 있다. 하지만 대다수 사람은 이런 의구심에 사로잡힌다.

'그러다 낭떠러지 길에 다다르면 어떡하지?'

설령 그 길 끝에 낭떠러지가 가로놓여 있더라도 무서울 게 없다. 낭떠러지에 길이 막히면 잠시 돌아서 가면 된다. 사람들은 대개 무슨 일을 하든 처음에는 적극적으로 행동에 옮긴다. 하지만 시간이 지나고 또 점점 난도가 높아지면서 힘에 부치면 처음 시작할 때의 열정이 사그라지고 자신감은 위축된다. 설상가상 정체 상태에 빠지거나 뒤로 후퇴하는 일이 반복되면 결국에는 포기하기에 이른다.

아들러는 이렇게 말했다.

"우리는 여러 면에서 인간이 지구상에서 가장 나약한 생물 중의 하나라는 사실을 인정할 수밖에 없다. 우리는 호랑이나 사자처럼 막강한 힘도 없고 또 표범처럼 빠르지도 않다. 대다수 동물은 갖가지 위기를 헤치며 홀로 살아갈 능력이 인간보다 훨씬 월등하다. 생물계의 대다수 동물과는 달리 인간은 가장 연약한 생물 단계에서부터 발전해왔다. 인간이 초창기에 강인한 끈기가 없었다면 생존하지 못했을 것이며 지금의 발전은 꿈조차 꾸지 못했을 것이다."

우리가 성공하느냐 못하느냐의 관건은 시련이 닥쳤을 때 끝까지 목표를 향해 나아가느냐에 달렸다. 이때 멈추지 않고 끝내 걸어가면 승자가 되고 중간에 포기하면 그동안의 노력은 물거품이 되고 만다. 남들보다 뛰어난 끈기와 강인한 의지력을 가진 사람들은 집념을 가지고 끝까지 목표를 추구하며 성공의 길을 개척한다.

좌절은
사회가 부여한 특별한 선물이다

Adler

고난이 가져다주는 성과를 소중히 여겨야 한다. 고난이 닥쳤을 때 자신의 용기를 과장해서도 안 되고, 고난의 결실을 이미 얻었다고 여겨서도 안 된다. 당신이 진정으로 고난을 극복하고 성공을 거뒀을 때 그 결실을 거머쥘 수 있다.

아들러는 이렇게 말했다.

"우리는 사회생활을 하면서 날마다 다양한 사람과 사물로부터 자극을 받는다. 이러한 자극들에 우리는 기뻐하기도 하고 또 실망하기도 한다. 그러한 자극들이 유익하든 그렇지 않든 우리 인생 발전에 매우 소중한 자산이 된다. 그것은 사회가 당신에게 준 특별한 선물이기 때문이다."

이 세상에 똑같이 생긴 길은 없고, 또한 그 누구의 인생도 대체할 수 없다. 꿈을 좇는 과정에서 마주치는 고난 하나하나

▼

도 모두가 유일무이한 것이다. 그 고난은 당신에게 치명적인 타격을 주는 것이 아니라 무궁무진한 동력을 준다. 당신이 고난 속에서 유익한 경험을 얻을 수만 있다면, 또 고난 속에서 당신이 나아가야 할 방향을 정확하게 찾아낸다면 말이다. 그러므로 절대로 고난에 굴복해서는 안 된다!

어느 모임에서 에이튼(Ayton)이 친구들에게 옛이야기를 들려준 적이 있었는데, 그중에는 훗날 영국 수상이 된 처칠도 있었다. 에이튼은 작은 시골에서 태어났다. 부모님이 일찍 돌아가시면서 누나가 가장이 되어 그를 키웠다. 누나가 결혼을 하고 난 뒤 매형은 에이튼을 외삼촌 집에 맡겼는데, 외숙모는 매우 인색한 사람이었다. 에이튼이 한창 성장할 나이임에도 외숙모는 하루에 한 끼 식사만 허락했고, 마구간을 치우거나 잔디를 깎는 일도 모조리 그에게 떠맡겼다. 대학에 들어갔을 때는 집을 구할 돈이 없어서 거의 1년 동안을 교외의 허름한 창고에서 몰래 숨어 잤다…….

에이튼의 이야기에 처칠은 깜짝 놀라며 물었다.

"왜 전에는 그런 이야기를 한마디도 하지 않았지?"

그러자 에이튼이 웃으며 말했다.

"무슨 좋은 이야기라고 하겠어? 고난을 겪고 있거나 혹은 이제 막 고난에서 벗어난 사람들은 괴로움을 하소연할 권리가 없는 걸."

▼

순간 처칠은 가슴이 뜨끔했다. 이때 오랫동안 삶의 시련을 겪고서 자동차 딜러로 성공한 에이튼이 이렇게 말했다.

"고난이 자산이 되는 데는 조건이 있어. 그 고난을 완전히 극복해서 더 이상 고통을 겪는 일이 없어야 하지. 바로 그때 고난은 자네에게 자부심을 가져다주는 인생의 자산이 될 수 있다네."

에이튼의 경험담을 듣고 난 뒤 처칠은 '고난을 사랑하자'라는 인생의 원칙을 다시 세웠다. 그는 자서전에서 이렇게 썼다.

'고난은 자산인데 왜 수치스럽겠는가? 당신이 고난을 극복했을 때 그것은 자산이 된다. 하지만 고난에 굴복했을 때 그것은 당신의 수치가 된다.'

이 세상에 인생이 순탄하기만 한 사람은 없다. 고난이 주는 시련을 견뎌내야만 가치 있는 삶이 된다. 고난을 견디는 과정에서 그 시련을 완전히 벗어나지 못했다면 고통을 겪고 있다고 말하지 말라. 다른 사람의 눈에는 그저 싸구려 연민을 구걸하는 것에 지나지 않는다. 또한 시련 속에서 강인함을 기르고 있다고도 말하지 말라. 다른 사람들에게는 그저 당신이 정신 승리, 자기 도취에 빠져 있다고 느껴질 뿐이다.

우리가 살아가면서 겪는 고난 하나하나는 모두가 자산이다. 그 고난을 극복하지 못한다면 당신은 그 고난을 통해 무언가를 얻었다고 말할 자격이 없다. 남들 눈에는 그저 당신이 고난으로부터 도피하기 위한 핑곗거리를 찾는 것으로만 보일 뿐이다! 고난을 직시하고 견딜 의지력이 있어야만 그것을 극복할 수 있다. 그렇게 할 때 고난으로부터 자산을 얻을 수 있다. 아들러는《인간이해》에서 이렇게 말했다.

'고난이 가져다주는 성과를 소중히 여겨야 한다. 고난이 닥쳤을 때 자신의 용기를 과장해서도 안 되고, 또 고난의 결실을 이미 얻었다고 여겨서도 안 된다. 당신이 진정으로 고난을 극복하고 성공을 거뒀을 때 그 결실을 거머쥘 수 있다.'

일상에서 우리가 시도할 수 있는 일은 많지만, 그 모든 것을 경험할 수는 없다. 우리는 살아가는 데서 배워야 할 것이 너무 많지만, 그것을 모두 습득하지는 못한다. 삶의 가장 큰 즐거움은 실패의 고통과 성공의 희열을 겪는 것이다. 그것이야말로 생명의 진정한 의미이자 당신이 살아가는 중요한 목적이기 때문이다.

한 사람의 영혼은 느끼고 깨달으면서 성장하며 활동의 필요성과도 밀접하게 관련되어 있다. 생활 속에서 맞닥뜨리는 문제에 대한 정신적인 반응은 그 사람의 영혼 속에 흔적을 남긴다. 인간은 기억과 평가를 통해 좋거나 혹은 나빴던 경험을 분석한 뒤 컴퓨터에 저장하듯 자신의 대뇌에 저장한다. 그래서 다음번에 똑같은 시련을 겪게 되면 한층 효과적으로 대처하며 해결해갈 수 있다. 물론 이는 우리가 그러한 경험들이 가져다주는 중요한 의미를 명확하게 깨달았을 때 가능하다.

▾

일상생활에서 우리가 날마다 대면하는 다양한 자극의 가치를 명확히 깨닫는 사람은 그리 많지 않다. 대다수 사람은 그 자극에 따라 좌지우지되거나 혹은 그 속에 침몰되고 만다. 그러한 자극과 경험이 현실 속 자아에 미치는 영향에만 급급할 뿐 그것이 단지 인생이라는 거대한 바다를 이루는 한 점 물방울에 지나지 않다는 사실을 모른다. 날마다 마주치는 다양한 사물을 이성적으로 분석하고 정리할 수 있어야 한다. 그래야만 우리의 영혼은 크게 성장할 수 있다.

창조형 인생을
만들어라

Adler

기회는 다른 사람이 주는 것이 아니라 스스로 만드는 것이다. 총명한 두뇌는
스스로 기회를 창조할 뿐만 아니라 불리한 요소를 유리하게 바꿀 수 있다.

《아들러의 지혜》에서 아들러는 이렇게 말했다.

'우리는 살면서 매우 많은 위기에 부딪힌다. 이때 후퇴하느
냐 혹은 전진하느냐 이 두 가지 서로 다른 선택은 전혀 다른
결과를 가져온다. 그중에 일부는 강인한 추진력으로 자신이
옳다고 하는 일을 과감하게 실행하는데, 이를 패기라고 한다.'

요즘 현대인들은 패기가 부족하다. 과감하게 행동하는 사
람들은 종종 "나에겐 항상 기회가 찾아왔다"라고 말한다. 하
지만 실패한 사람들은 "나는 기회가 없었다!"라며 핑계를 댄
다. 실패한 사람들은 대개 자신에게 기회가 없어서, 주위에 도

움받을 만한 성공가가 없어서, 좋은 자리는 항상 남들이 먼저 차지해서 실패했다고 변명을 늘어놓는다. 그러나 총명한 사람은 그러한 변명을 늘어놓지 않는다. 그들은 기회가 찾아오기를 기다리지도 않고, 또 친구나 친척의 도움을 구걸하지도 않으며 자신의 노력으로 기회를 만들어낸다. 그들은 오로지 자기 자신만이 기회를 만들어낼 수 있음을 잘 안다.

전투에서 승리를 거둔 뒤 누군가가 알렉산드로스에게 기회가 올 때까지 기다렸다가 다른 도시를 공격할지를 물었다. 그러자 알렉산드로스는 버럭 화를 내며 말했다.

"기회? 기회는 우리 스스로 만들어내는 것이다."

기회를 스스로 만들었기에 알렉산드로스는 위대한 영웅이 될 수 있었다. 기회를 스스로 만들어내는 사람만이 크나큰 위업을 쌓을 수 있기 때문이다.

대다수 사람은 기회가 성공의 문을 여는 열쇠라고 여긴다. 일단 기회만 얻으면 성공할 승산이 크다고 여긴다. 하지만 현실은 다르다. 무슨 일이든 기회를 얻어도 꾸준한 노력이 뒷받침되어야만 성공에 가닿을 수 있다. 끝까지 밀고 나가는 끈기는 성공을 가져다줄 때도 있고 또 실패를 가져올 때도 있지만 포기는 무조건 실패로 이어진다. 아들러는 이렇게 말했다.

"신은 우리 모두에게 공평하다. 어떤 특정한 사람에게만 나

▼

쁘게 대하거나 혹은 좋게 대하지 않는다. 그런데 왜 사람들은 신이 보살펴주지 않는다고 원망을 할까? 그 이유는 간단하다. 바로 기회가 왔을 때 대다수 사람은 자신의 몫이 아니라고 여기기 때문이다. 망설이고 위축되면 결국 성공을 놓치고 평범한 일생을 살아갈 수밖에 없다."

아들러의 철학에서는 무슨 일을 할 때 그저 기회가 오기만을 기다리는 것은 대단히 위험한 일이라고 말한다. 가만히 앉아서 기회가 저절로 찾아와주기를 기다리기만 하면 그동안 기울인 노력과 열망은 수포로 돌아가기 쉽다. 물론 기회는 끝내 얻지 못하고 말이다.

난관에 부딪혔을 때 우리 대부분은 그저 귀인이 나타나서 도와주기만을 바란다. 하지만 당신이 인생에서 피할 수 없는 난관을 적극적으로 극복하지 않는다면 설령 누군가 도움의 손길을 내밀어도 그 난관에서 벗어날 수 없다.

기회는 누구에게나 공평하다. 기회가 왔을 때는 적극적으로 손을 뻗어야 한다. 예기치 못한 난관에 부딪혔을 때 우리는 적극적으로 그 도전을 맞이해야 한다. 또한 자신의 지혜와 용기를 총동원하여 그 난관을 극복해야 한다! 난관은 약한 자를 업신여기고 강한 자를 두려워한다. 난관은 당신이 강할 때는 저절로 약해지고, 또 당신이 약해질 때는 저절로 강해진다. 따라서 가만히 앉아서 죽음을 기다리는 것이 아니라 맞서 싸워야 한다. 그래야만 자신의 운명을 바꿀 수 있다!

▼

용감한 사람은
영원토록 자존감을 잃지 않는다

Adler

정도(正道)를 지키며 아첨하지 않는 사람, 무슨 일이든 과감하게 도전하는 사람이 반드시 성공한다고 단언할 수는 없다. 그 대신 그렇게 한 덕분에 그들이 항상 용감하고 자존감을 잃지 않는다고는 단언할 수 있다.

반드시 성공을 거두는 사람은 어떤 부류의 사람들일까? 아들러는 이렇게 말했다.

"이는 사람들이 모두 알고 싶어 하지만 결코 그 답을 얻을 수 없는 문제이다. 처음부터 실패가 정해진 사람이 없는 것처럼 반드시 성공한다고 정해진 사람도 없기 때문이다. 그러나 어떠한 사람이 가장 성공할 가능성이 큰지는 잘 알고 있다. 바로 용감한 사람이다."

대다수 사람은 대충대충 상황에 따라 살아간다. 그래서 뜻

▼

대로 일이 풀리지 않고 삶의 여러 문제가 점점 늘어만 가도 그저 탄식만 늘어놓는다. 어차피 아무것도 없는 맨손이라면, 좀 더 나은 인생을 원한다면 망설일 이유가 무엇인가? 용기를 내서 맞서 싸워라! 실패해봤자 예전의 생활로 돌아가면 그만이다. 반면에 성공하면 자신의 운명을 바꿀 수 있다.

물이 말라버린 우물 속에 개구리 세 마리가 살고 있었다. 한 마리는 덩치가 크고 힘도 셌지만, 나머지 두 마리는 덩치가 작고 약했다. 우물 속에는 약간의 오염된 물이 남아 있는 데다 때때로 곤충이 날아 들어오는 덕분에 개구리들은 목숨을 이어갈 수 있었다. 다만 힘이 약한 작은 개구리들은 힘센 큰 개구리에게 온갖 괴롭힘을 당해야 했다.

그날도 작은 개구리 두 마리는 큰 개구리에게 괴롭힘을 당했다. 이에 더 이상 참지 못한 작은 개구리 한 마리가 또 다른 한 마리에게 말했다.

"우리 여기를 떠나자. 그렇지 않으면 죽을 때까지 괴롭힘을 당할 거야."

그러나 나머지 작은 개구리가 말했다.

"이곳 생활이 힘들다는 것은 나도 잘 알아. 하지만 아직 여기에는 물도 남아 있고 또 곤충들도 날아들잖아. 비록 큰 개구리에게 괴롭힘을 당해도 굶어 죽을 일은 없잖아?"

"싫어, 난 여기를 떠날 거야!"

"꿈도 꾸지 마. 바깥세상이 어떤지 알기나 해? 어쩌면 이곳보다 더 무시무시할지도 몰라! 게다가 이곳에서 나가려면 인간들이 물바가지를 내려줘야만 하잖아. 그러다 인간들이 너를 잡아서 괴롭히면 어떡해? 네가 무사할 것 같아?"

탈출을 원했던 작은 개구리는 아무런 대답도 하지 않았다.

그러던 어느 날, 한 농부가 우물 속으로 바가지를 던졌다. 작은 개구리는 이때를 놓치지 않고 재빨리 바가지 속으로 뛰어들었다. 선량한 농부는 귀여운 개구리를 괴롭히기는커녕 들판에 풀어주었다.

우물을 탈출한 작은 개구리는 광활한 들판에서 행복한 생활을 누렸다. 반면에 우물 속에 남아 있던 또 다른 작은 개구리는 간신히 허기를 때우며 큰 개구리의 괴롭힘 속에서 하루하루를 견뎌야 했다.

일화 속 작은 개구리들과 같은 처지에 몰린 사람들이 있다. 그중 일부가 불운을 탓하며 망설이는 사이 또 다른 부류의 사람들은 정신을 바짝 차리고 위험을 무릅쓰고 과감한 도전을 한다. 전자는 계속해서 아무런 생기도 없는 생활을 이어가고 후자는 최대의 승자가 된다. 규율에 얽매이고 자신의 분수에 만족하는 사람은 대가를 치러야 하는 모험에 절대로 나서지 않는다. 감히 도전에 나서지 못하는 사람은 새로운 길을 개척하지도 혼자 걸어가지도 못한다.

미국 남북전쟁 시기, 사회가 혼란에 빠지고 각종 불안한 소식이 끊임없이 전해질 때였다. 사람들은 저마다 가정과 재산을 보호하기 위한 자구책을 마련하느라 급급했다. 이때 록펠러(John Davison Rockefeller)는 남들과는 달리 전쟁을 통해 좀 더 많은 이익을 취할 방법을 찾는 데 골몰했다.

'전쟁으로 식료품과 생필품이 부족해지고 교통도 중단되어 상품의 시장 가격에 급격한 변화가 일어날 것이다. 이것은 그야말로 찬란한 황금 기회 아닌가? 나가자, 분명 큰 부자가 될 수 있을 거야!'

당시 록펠러는 자신의 총자산 4천 달러로 중개 회사를 내걸고 새로운 도전에 나서기로 했다. 담보대출이 없던 당시 록펠러는 한 은행의 은행장을 찾아가 사업계획을 설명하고 투자금을 얻었다. 그런 다음 전국 각지를 돌아다니며 사업 아이템을 찾아 나섰다. 모든 것은 그의 예상대로 순조롭게 진행되었고, 그 덕분에 그는 4년 만에 1만 달러 이상의 이익을 창출했다. 그가 첫 번째 사업을 결산한 지 보름도 채 되지 않아 남북전쟁이 터지면서 농산품 가격이 갑절로 뛰었다. 록펠러가 그동안 비축해두었던 자산들은 그에게 거대한 이익을 가져다주었고, 그의 재산은 눈덩이처럼 불어났다.

그 일을 계기로 록펠러는 한 가지 비결을 터득했다. 성공의 여부는 세상 밖으로 나가 온몸을 던져 맞서 싸우느냐에 달렸다는 것이다.

혹자는 말했다.

"젊었을 때 넓은 세상에 나가 온몸으로 맞서 싸워라. 이 세상에서 가장 비참한 사람은 자신의 현재 상태에 만족해하며 집에 틀어박혀 사는 사람이다."

평범한 삶에 만족해하는 사람은 안타깝기 짝이 없다. 현재의 생활에 만족을 느낄 때는 이미 퇴보하기 시작했음을 의미하기 때문이다. 넓은 세상으로 나가서 새로운 것들을 개척하거나 창조하는 사람들은 항상 남들은 미처 생각하지 못한 것들까지 생각한다. 용감하게 앞장서는 것이야말로 성공의 필수 조건인 셈이다.

하루가 다르게 변화하고 곳곳에 위기가 도사리는 사회에서 누군가는 자신의 능력 한계에 탄식하며 앞으로 나갈 용기를 잃고 주저앉을 때, 또 다른 누군가는 정반대의 선택을 한다. 아들러는 이렇게 말했다.

"용감하게 세상과 맞서는 사람은 층층이 에워싸인 난관을 헤치고 위기를 극복해나가기 때문에 난관 앞에 고귀한 머리를 숙일 필요가 없다. 또한 난관을 극복하기 때문에 영원토록 자존감을 잃는 법이 없다."

Adler,
Alfred

Chapter 6

아들러의 관계;
인간관계 때문에 고민하지 말라

아들러는 사회와 타인의 필요성을 무시하면 우월 콤플렉스가 생기기 쉽고, 이로 인해 '사회적 관심이 결핍'되어 허황된 자존감만 커진다고 여겼다. 이러한 관점은 훗날 학자들로부터 아들러의 '사회관계학'이라고 불리게 되었다. '우월 콤플렉스'와 '사회적 관심 결핍'이란 타인과 사회를 멀리하는 것을 의미한다. 물론 아들러는 이를 바람직하지 않다고 여겼다. 그는 인간과 인간 사이에는 반드시 화목하고 조화로운 관계가 형성되어야 하며, 서로의 거리를 좁히는 데 주의해야 한다고 주장했다.

우정을 맺는 것은
인류의 가장 오래된 소망이다

Adler

인류의 가장 오래된 소망 중 하나는 바로 서로 간에 우정을 쌓는 것이다.

우정에 대해 아들러는 이렇게 말했다.

"진정한 우정을 얻는 것은 결코 쉬운 일이 아니다. 두 사람 모두 실리를 따지지 않고 진심을 다해 서로를 대해야 한다. 어떤 사람은 지금 당장 우정을 필요로 할 때는 타인에게 지극정성을 다하지만 막상 우정이 필요하지 않게 되면 얼음처럼 차갑게 변한다. 또 어떤 사람은 도움이 필요할 때는 비로소 친구의 중요성을 깨닫지만, 더 이상 필요하지 않게 되면 친구를 귀찮아하고 심지어 상대조차 하지 않으려 한다. 이러한 사람들은 진정한 우정을 얻기 힘들다."

중국의 고대 성현들도 우정의 중요성을 강조했다. 가령 공자는 "혼자서만 배우고 다른 사람과 어울리지 않으면 독단적이고 편협하게 되며 견문이 짧아진다"라고 말했다. 그렇다면 도대체 우정이란 무엇일까? 중국 근현대 문학 비평가인 량스추(梁實秋)는《담우의(談友誼)》에서 우리에게 해답을 알려주고 있다.

'모든 우정은 실상 인간과 인간 사이의 좋은 관계이다. 이는 이해, 흠모, 신임, 용인, 희생 등 수많은 미덕을 포함하고 있다. 우정을 토대로 삼는다면 부자, 부부, 형제자매 관계 등 다른 여러 인간관계를 원만하게 이뤄나갈 수 있다.'

진정한 우정은 개인의 사적인 이익에서 시작될 수 없으며, 또 실리적인 우정은 오래도록 유지될 수 없다. 가령 '권세를 위해 사귀는 사람은 권세가 기울면 관계를 끊고, 이익을 위해 사귀는 사람은 이익이 다하면 흩어진다'라는 옛말을 예로 들 수 있다. 청소년기의 우정이 가장 소중한 것은 그 시절의 우리가 가장 순진하고 진실하며 욕심이나 이기심이 없기 때문이라는 이유를 설명해주는 말이기도 하다.

동양 사람이든 서양 사람이든 모두 우정에 대해 일종의 동경심을 품고 있다. 다른 각도에서 보면 아들러의 철학 속에 담긴 진리와도 일맥상통한다. 즉, 우정을 맺는 것은 인류의 가장 오래된 소망이다.

스페인의 유명한 화가 피카소가 세상을 떠난 뒤 그와 관련한 전기나 회고록이 쏟아져 나왔다. 대부분의 책은 피카소가 독단적이고, 재물을 탐했으며, 이기적이었다고 서술했다. 심지어 피카소를 '악마', '사디스트(Sadist)'로 묘사한 이도 있었다. 그런데 파리 피카소 박물관에서 이발사 에우헤니오 아리아스(Eugenio Arias)의 개인 자료를 전시하면서 피카소의 새로운 일면이 세상에 드러났다. 95세의 노인 아리아스는 피카소와 30년 동안 우정을 나누었으며, 지금까지도 피카소에 대한 아름다운 추억을 간직하고 있었다.

아리아스는 피카소의 집을 자주 찾아갔다. 그는 피카소의 화실에서 피카소의 머리를 이발해주고 또 수염도 밀어주며 화기애애한 분위기 속에서 끝도 없는 이야기를 주고받곤 했다. 한번은 아리아스가 걸어서 집으로 돌아가는 것을 보고 피카소가 마차를 선물한 적도 있었다.

아리아스는 피카소의 명성을 보호하고 지키는 수호자 역할을 자처했다. 피카소에 대해 악담을 퍼붓는 사람이 있으면 당장에 찾아가 따지곤 했다. 아리아스는 피카소가 이발소를 찾아와 이발을 할 때의 추억을 회고하기도 했다. 피카소가 이발소 안에 들어서면 이발소 안의 손님들이 모두 일어나 그에게 인사를 건네며 "선생님, 먼저 이발하시지요"라며 양보하곤 했다. 그럴 때면 피카소는 그러한 특별 우대를 달가워하지 않으며 한사코 사양했다고 한다.

아리아스는 피카소를 대단히 인심이 후한 사람이라고 기

억했다. 한번은 누군가가 피카소를 '구두쇠'라고 말하자 버럭 화를 내며 반박했다.

"당신이 잘 알지도 못하는 고인을 그런 식으로 비판하는 것은 참으로 유치하고 비겁한 행위요. 피카소는 평생 봉사와 자신을 행했소."

그러고는 사례를 들어가며 설명했다.

"피카소는 발로리 성당을 위해 대작 〈전쟁과 평화〉라는 벽화를 완성하고 또 조각 작품도 기증했소. 우리 도시에 생기를 불어넣어준 사람이지."

피카소는 아리아스에게 50여 작품을 선물했는데, 그중에는 아내 자클린의 초상화도 포함되어 있다. 아리아스는 그 작품들을 스페인 정부에 기증했고, 고향 부이트라고에 박물관을 세웠다. 박물관에는 이발 도구를 담는 상자가 진열되어 있는데, 그 위에는 피카소의 〈투우〉 스케치화와 함께 '나의 친구 아리아스에게'라는 피카소의 친필 메모가 적혀 있다. 일본 미술품 소장가가 그 상자를 갖고 싶어서 아리아스에게 백지수표를 건넨 적이 있었다. 하지만 아리아스는 "당신이 내게 얼마를 준들 피카소에 대한 나의 우정과 존경은 살 수 없소"라고 거절했다.

성격이 괴팍한 예술가가 이발사와 그처럼 깊은 우정을 쌓았다는 것은 실로 상상하기가 힘들다. 이발사와 피카소의 우정은 '우정은 가장 비슷한 두 사람의 마음과 영혼을 토대로 한다'는 아들러의 말을 증명해준다. 진정한 우정은 충실하고 진실하며 정성스러워야 한다. 친구라면 서로를 신뢰하고 성실하게 대해야 하며, 또 허심탄회하게 속마음을 털어놓을 수 있어야 한다. 심지어 잘못을 솔직하게 충고해주는 친구만이 진정한 친구라는 관점도 있다. 왜냐하면 당신과 사이가 틀어질 위험을 무릅쓰고 단점을 지적해주는 사람은 자기 이익을 떠나서 오롯이 당신이 좀 더 우수해지길 바라는 마음을 갖고 있기 때문이다.

우정에 대해 성실하고 열정적이며 참여적이고 헌신적인 태도를 가진 사람은 진정한 우정을 얻을 수 있다. 러시아 시인 푸시킨(Aleksandr Pushkin)은 말했다.

"정감 넘치는 시 구절이든 아름다운 문장이든, 혹은 한가로운 즐거움이든 그 무엇도 친밀한 우정을 대신할 수 없다."

우정을 얻지 못한 사람은 이 세상에서 가장 외롭고 불쌍한 사람이다.

당신의 인생을 바쳐서
우정을 지켜라

Adler

우정은 사랑스러우면서도 까탈스러운 어린아이다. 당신이 조금만 소홀히 대해도 금세 떠나버릴 것이다. 우정은 정성스러운 보살핌이 필요하다.

친구 사이에 어떤 위기가 닥쳐도, 설령 그것이 생사가 달린 위기일지라도 충직한 우정만 있다면 친구는 나에게 큰 힘이 된다. 그러한 친구가 옆에 있으면 모든 시련을 헤쳐 나아갈 용기가 생기기 때문이다!

고열에 시달리던 사크레는 병원 CT 촬영에서 가슴에 주먹만 한 크기의 음영을 발견했다. 의사는 종양을 의심했다.

이 소식을 전해 들은 동료들이 앞다퉈 병문안을 왔다. 병문안을 마치고 돌아가던 길에 누군가가 말했다.

▼

"아까 병실에 있던 도로시라는 여자 말이야. 사크레를 보기 위해 일부러 뉴욕에서 여기 캘리포니아까지 왔다는군. 사크레랑 어떤 사이지?"

그러자 또 다른 사람이 말했다.

"도로시라는 여자도 참 대단한 것 같아. 온종일 사크레 옆에서 간호하며 약 먹이고 소변통까지 비우고 있잖아. 아무래도 두 사람의 관계가 특별한 것 같아."

그렇게 사크레를 위문 갔던 동료들은 날마다 도로시에 관한 이야기를 한 보따리씩 풀어놓았다. 도로시가 사크레의 머리에 이마를 대며 체온을 쟀다는 둥, 남들이 보지 않는 곳에서 혼자 흐느꼈다는 둥……. 심지어 도로시와 사크레가 수저를 들고 식판을 두드리며 장난을 쳤다는 괴상한 이야기까지 들려주었다. 도로시가 먼저 수저를 들고 식판을 두드리자 사크레도 따라서 두드리면서 두 사람이 울다가 웃기를 반복했다는 것이다. 과하다 싶을 만큼 친밀한 도로시와 사크레의 모습을 보면서도 정작 그의 아내는 조금도 질투하지 않는 사실에 주목한 이도 있었다. 그래서 동료들은 사크레가 여복(女福)이 많다고 부러워하기도 했다.

열흘 후 마침내 사크레의 검사 결과가 나왔다. 다행히 종양이 아니라는 확진이었다. 그 덕분에 사크레는 언제 그랬냐는 듯 싱글벙글거리며 회사에 출근했다. 이때 누군가가 도로시에 대해 물었다. 그러자 사크레가 대답해주었다.

▼

도로시는 예전에 우리 옆집에 살던 친구야. 큰 지진이 일어났을 때 집이 무너지면서 도로시가 돌무더기에 깔리는 사고가 있었지. 도로시는 겹겹이 쌓인 돌무더기 밑의 빈 공간에서 겨우 목숨을 부지하면서 살려달라고 울부짖었어. 그때 이웃들이 모두 달려가 돌무더기를 들어 올리려고 했지만 워낙 커서 꿈쩍을 하지 않았어. 포클레인이 필요했는데 다음 날에나 올 수가 있었어. 도로시는 포클레인을 기다리며 돌무더기 아래서 부모의 시신을 옆에 둔 채 목이 쉬도록 울기만 했지.

날이 어두워지면서 사람들 사이에서는 곧 땅이 무너질 것이라는 소문이 퍼졌어. 모두들 자리를 박차고 철도가 있는 곳으로 향했지. 나만 빼고 말이야. 그때 지진으로 나 역시 가족을 잃고 혼자 살아남았거든. 나는 도로시가 나를 의지하는 것처럼 나도 도로시를 의지하고 싶었나 봐. 나는 돌무더기에 깔린 도로시에게 소리쳤어.

"도로시, 날이 어두워졌어. 내가 여기서 밤새 같이 있어줄 테니까 무서워하지 마. 네가 아래서 돌멩이를 두드리면 나도 여기서 돌멩이를 두들길게. 네가 두 번 두들기면 나도 두 번 두들길 거야. 어때? 그럼 안 무섭겠지?"

그렇게 도로시가 돌멩이를 두들기면 나도 똑같이 따라서 두들겼어. 그렇게 서로 번갈아가며 돌멩이를 두들기다 어느덧 점점 소리가 약해지다가 끊겼지. 도로시가 잠에 빠진 걸 확인하고서 나도 그제야 잠이 들었어.

▼

얼마나 시간이 지났을까? 갑자기 돌무더기 아래서 다급하게 돌멩이를 두들기는 소리에 잠이 깼어. 나도 서둘러 돌멩이를 두들겼지. 그러자 도로시가 떨리는 목소리로 내 이름을 부르며 엉엉 울기 시작하더라고. 다음 날 날이 밝고 마침내 포클레인이 와서 도로시를 구해낼 수 있었어. 그때 도로시는 열한 살이었고, 나는 열아홉 살이었어.

동료들은 목숨을 건 사크레와 도로시의 순수하고 진한 우정에 그동안 제멋대로 두 사람의 관계를 추측해댔던 자신들이 부끄러워졌다. 그리고 충직함은 우정을 더욱 깊게 해준다는 사실도 깨달았다.

《아들러의 지혜》에 이런 구절이 있다.

'혼자서 우주로 나간다면 제아무리 찬란하게 빛나는 수많은 별과 신기한 현상을 봐도 별다른 기쁨을 느끼지 못할 것이다. 반드시 누군가에게 자신이 본 신기한 현상을 설명할 때 비로소 즐거움을 느낄 수 있다.'

그렇다. 자신의 속마음을 털어놓을 대상이 없다면 어떻게 감정교류를 할 수 있겠는가?

아들러는 인간은 모두가 친구를 찾는 우주 속의 고독한 아이라고 말했다. 사실 우리 대부분은 행운아다. 자신의 친구를 쉽게 찾을 수 있으니 말이다. 하지만 바로 그 때문에 우정을 중시하지 않는 이들이 태반이다. '난 언제든 친구를 만들 수 있어'라는 생각이 항상 마음속에 깃들어 있기 때문이다.

리사는 밝고 쾌활한 여자아이로 항상 유머가 넘치는 말솜씨로 주변 사람들을 웃게 만들었다. 설령 낯선 사람일지라도 친절하고 열정적으로 대했다. 그래서 모두 리사를 사교성이 좋다고 여겼다. 그런데 시간이 지나면서 리사의 주변 사람들은 그녀가 밝고 쾌활하며 친근한데도 정작 속마음을 터놓을 친한 친구는 없음을 발견했다.

사실 리사는 친구가 없는 것이 아니었다. 다만 우정을 지켜나가는 법을 모른 탓에 친구들이 하나둘씩 그녀를 떠났던 것이다. 리사에게는 매우 치명적인 단점이 하나 있었는데, 바로 이기적이고 겉과 속이 다르다는 점이었다. 한때 리사와 친했던 친구들의 말을 빌리면 이렇다. 리사는 친구 몰래 친구의 남자친구와 데이트를 한 적이 있었고, 겉보기에는 리사가 남을 잘 도와줄 것처럼 보이지만 막상 일이 닥치면 맨 먼저 자신의 이익부터 챙겼으며, 또한 친구들의 뒷담화를 즐겨했다. 바로 이러한 이유들 때문에 리사의 친구들은 그녀 곁을 떠나갔다.

의심할 여지 없이 리사의 성격은 친구를 사귀는 데 적합하지 않다. 리사는 한때 많은 친구가 있었지만 정작 우정보다는 자기 자신을 더 중요하게 여겼다. 게다가 리사는 곁에 친구가 있을 때 그 우정을 어떻게 보살피고 지켜나가야 하는지를 깨닫지 못했다. 어쩌면 당신은 이렇게 말할지도 모른다. 어차피 우정이 그처럼 나약해서 깨지기 쉬운 감정이라면 차라리 같은 신념으로 동지애를 나누는 데 집중할 것이라고 말이다. 하지만 제아무리 견고한 우정일지라도 항상 살펴보고 가꿔줘야 한다는 것을 명심해야 한다.

우리는 막상 친구가 되고 나면 조심스러워하던 태도를 소홀히 한다. 이는 곧 서로 간의 우정을 깨뜨리는 요인이 된다. 왜냐하면 일단 조심성이 사라지면 거친 말을 함부로 하며 상대방의 자존심에 상처를 주는 일이 잦아지기 때문이다. 당신이 자신도 모르는 사이 상대방의 자존심을 상하게 하면 그는 앞으로 당신을 멀리할 것이다. 그러므로 친밀한 사이라도 항상 상대방의 자존심을 배려해야 한다.

친한 친구 사이일수록 적정선을 잘 지켜야 한다. 특히 상대방의 동의 없이 그의 물건을 함부로 사용해서는 안 된다. 면도기나 비누 같은 개인용품은 절대로 함부로 사용해서는 안 된다. 동시에 친구의 물건을 자신의 것처럼 소중하게 다루어야 한다. 그래야만 친구의 믿음을 얻을 수 있다.

친구 간의 약속은 반드시 지켜야 하며 말에 신용이 있어야 한다. 자신이 할 수 없는 일을 무조건 대답해서도 안 되고, 부탁을 거절하기 난처하다고 해서 억지로 받아들여서도 안 된다. 그럴 때는 자신의 능력으로는 도와줄 수 없다고 솔직하게 털어놓아 친구가 시간을 낭비하지 않도록 하는 것이 좋다.

친구의 도움이 필요할 때도 억지로 도와달라고 강요해서는 안 된다. 친구 입장에 서서 그의 고충을 이해해야 한다. 도움을 준 친구에게는 진심으로 감사해야 하고, 설령 친구가 도와주기를 거절하더라도 마음에 담아둬서는 안 된다. 그 친구의 난처한 상황을 이해할 수 있어야 한다.

친구 간에는 그 어떤 보상도 바라지 않고 사심 없이 서로를 도와야 한다. 가령 친구가 도와줄 때마다 그에 상응하는 대가를 치른다면 당신도 똑같은 대가를 요구하게 될 것이다. 그러면 당신에게 도움을 요청하는 친구가 사라질 뿐만 아니라 친구와의 관계도 점차 멀어지게 된다.

정성을 다해 친구를 대하며 우정을 지키는 데 최선을 다한다면 당신의 우정은 영원토록 지속될 것이다.

친구를 이해하는 것은
사회적 관계의 토대이다

Adler

친구를 자세히 이해하는 것은 절대적으로 필요하다. 이는 사회적 관계의 토대

이기 때문이다.

아들러는 이렇게 말했다.

"우리는 유년기부터 가정이라는 울타리에 갇혀 인성을 발전시킬 모든 접촉으로부터 차단된다. 우리의 생활방식 역시 또래 간에 필요한 친밀한 접촉을 억압한다. 사실 그러한 접촉은 인성을 발전시키는 과학과 예술에 대단히 중요하다."

여기서 우리는 서로 간의 충분한 접촉이 없기에 본능적으로 상대방을 적대시하게 된다는 사실을 알 수 있다. 그 때문에 그들의 행위를 대하는 태도도 잘못되고, 또 우리의 행위역시 종종 틀릴 때가 많다. 이 모든 것은 우리가 인성을 충분

히 이해하지 못하기 때문이다. 적잖은 사람이 끊임없이 제기하는 문제가 있다. 우리는 날마다 만나고 이야기하면서도 정작 서로 간에 깊이 있는 교류를 하지 않는다는 사실이다. 그저 상대방을 낯선 이방인으로만 여길 뿐이라고 말이다. 이러한 문제는 사회생활에만 존재하는 것이 아니다. 가정이라는 협소한 울타리 안에서도 똑같이 존재한다. 가령 부모가 자녀들을 이해하기 힘들다고 하소연할 때가 많다. 반대로 부모가 자신을 오해하고 있다고 원망하는 자녀도 많다. 이처럼 우리가 가족이나 친구를 대하는 전반적인 태도는 그들에 대한 이해의 깊이에 따라 달라진다. 그 때문에 일상에서 부딪히는 가족이나 친구, 직장동료 들을 정확하게 이해하는 것이 절대적으로 필요하다. 그러한 이해는 사회적 관계의 토대가 되기 때문이다.

채드윅은 크게 성공한 사업가로서 세계적으로 유명한 부동산 회사를 소유하고 있다. 어느덧 노년의 나이에 접어든 채드윅은 사업가 기질이 있는 아들에게 사업체를 물려주고 지중해에서 휴양을 즐기며 노년을 보내기로 했다. 지중해로 떠나기 전까지 채드윅은 날마다 파티를 열었다. 그는 아들을 끌고 다니며 파티에 참석한 친구, 동업자 들을 하나하나 소개해줬다. 그러한 아버지를 이해하지 못한 아들이 물었다.

"아버지, 곧 떠날 날짜가 다가오는데 왜 허구한 날 아버지의 친구들을 소개해주는 겁니까? 이렇게 시간 낭비하지 말고 저에게 성공비결을 알려주세요."

"아들아, 넌 이 아비의 마음고생을 전혀 모르는구나."

채드윅은 한숨을 내쉬며 이어서 말했다.

"난 지금 너에게 성공비결을 전수하고 있다는 걸 모르겠니? 장담하는데, 이 도시 전체에서 나처럼 많은 친구를 가진 사람은 없을 것이다. 이 친구들이야말로 나의 가장 소중한 자산이다. 젊은 시절부터 나는 인간관계에 정성을 들이며 나만의 인맥을 만들어왔다. 좋은 인맥과 성공은 밀접한 관련이 있다고 믿었기 때문이다. 나의 친구 중에는 고위관리, 학자, 동업자도 있을 뿐만 아니라 라이벌도 있고, 보잘것없는 장사치들도 있다. 지난 수십 년 동안 이들은 나에게 아주 많은 도움을 주었다. 내가 혈기 왕성한 청년 시절 회사 선배는 내가 과감하게 창업에 도전할 수 있도록 격려를 해줬다. 또 내 친구 아반디아는 나에게 창업 밑천을 빌려줬다. 전임 농업장관은 나에게 첫 번째 사업 거래를 소개해줬다. 내 회사가 경영난으로 파산 위기에 몰렸을 때는 건축업자 프랭크가 나를 구해줬다…… 이렇게 그들이 없었다면 지금의 나는 존재하지 않았을 것이다! 아들아, 이제 그 귀중한 자산을 너에게 소개해줬으니 아무쪼록 소중히 사용하여라. 물론 그보다 더 중요한 건 젊은 시절의 나처럼 너만의 인맥을 만들어서 성공한 기업가가 되도록 노력해야 한다는 것이다."

채드윅의 성공비결은 다른 성공가들의 비결이기도 하다. 성공한 사람 대부분은 방대한 인맥을 가지고 있다. 외국 성공학의 '인적 네트워크' 학설에서는 타인을 좋아하고 또 타인들로부터 호감을 받는 사람이야말로 이 세상에서 가장 성공한 사람이라고 말한다.

미국에는 세상 누구든 6단계의 지인을 거치면 서로 아는 사이가 된다는 '6단계 분리이론(Six Degrees of Separation)'이 있다. 가령 당신이 A라는 사람을 알고, 또 A는 B라는 사람을 알고……, 이렇게 연쇄반응을 거치고 나면 모두가 아는 사람이 된다. 바꿔 말하면 당신이 만나고 싶은 그 누구와도 겨우 6명의 사람만 거치고 나면 만날 수 있다는 뜻이다. 그가 회사의 사장이든 할리우드의 영화 제작자이든, 혹은 당신의 인맥에 포함하고 싶은 그 어떤 유명인사이든 말이다.

교류 범위가 넓을수록 기회를 얻을 확률도 높아진다. 수많은 기회가 친구와의 교류 속에서 탄생한다. 때로는 무심코 내뱉는 친구의 말 한마디, 친구 지인의 도움, 친구의 관심 등도 행운의 기회가 된다. 모든 성공가의 뒤에는 또 다른 성공가가 있다. 오로지 자기 혼자만의 힘으로 최정상에 오른 이는 없다. 그러므로 지금부터라도 당신은 인맥을 넓히는 데 노력해야 한다. 당신에게 도움을 줄 사람과 자원을 끌어모아 당신의 사업에 도움을 줄 인적 네트워크를 만들어야 한다.

좀 더 많은 사람을 만족시킬 인성을 갖추고 있다면 타인들과의 교류가 한층 쉬워질 것이다. 그러면 불안한 사회적 관계도 사라질 수 있다. 불안한 사회적 관계는 우리가 서로를 제대로 이해하지 못할 때 이뤄진다. 그로 인해 우리는 겉으로 드러나는 현란한 허세에 쉽사리 속아 넘어가는 위험에 빠지게 된다.

교양 없는 사람만이
사람들과 거리두기를 원한다

Adler

교양이 부족한 사람은 타인과 일정한 거리를 유지하고 싶어 하며 협력을 꺼린다.

아들러는 《아동의 인격교육》에서 이렇게 말했다.

'일반적으로 우리는 겸손과 협력정신을 이해하는 아이에게 참으로 교양 있는 아이라는 평가를 한다. 반면에 말썽꾸러기이고 친구들과 협력하기는커녕 오히려 협력관계를 깨뜨리는 아이는 교양이 없다고 나무란다. 이로써 교양이 있느냐 없느냐에 대한 기본적 평가는 친구 혹은 동료와의 협력이 잘 이뤄지는지에 달렸음을 알 수 있다. 교양 있는 사람은 반드시 상호협력하고 또 타인의 매력을 인정할 줄 알아야 한다. 이러한 좋은 교양을 쌓은 아이는 자연스레 그 가정생활의 품질도 한층 높아진다. 독립적이고 긍정적이며 협력을 잘하는 품성의 아이는 그들 부모의 가장 큰 위안이자 든든한 지원군이다.'

우리는 누구나 교양 있는 사람이 되고 싶어 하지만 교양은 하루아침에 뚝딱 만들어지는 것이 아니다. 교양은 일상생활에서의 지속적인 노력과 학습을 통해 쌓인다. 즉, 교양은 손쉽게 쌓을 수 있다는 것이다. 아들러는 이렇게 말했다.

"교양은 매우 단순해서 배우기 쉽다. 그저 교양의 가장 핵심이라고 할 협력 정신과 긍정적인 호감을 기르면 된다. 이는 교양이라는 가지가 무성하게 자라는 나무의 씨앗을 얻는 것과 다름없다. 그저 당신이 꾸준히 물을 주고 가꾸기만 한다면 풍성한 '과실'을 얻을 수 있다."

조지와 찰리는 같은 시기에 회사에 입사했다. 두 사람은 학력 수준이나 업무 실적이 모두 비슷했지만 개인적인 특질은 전혀 달랐다. 예컨대 조지는 옷차림에 대단히 공을 들였고, 말을 할 때도 신사처럼 점잖고 품위가 있었다. 반면에 찰리는 내키는 대로 아무 옷이나 입고 출근을 했다. 어차피 회사는 땀흘리며 일하는 장소라는 생각 때문이었다. 값비싸고 품위 있는 옷차림이 밥을 거저 먹여주지 않으니 그저 열심히 일하면 된다고 여겼던 것이다.

그러던 어느 날 회사에서는 신입사원 중에서 업무 담당자를 뽑기로 했다. 팀장은 찰리와 조지 두 사람을 후보로 등록했다. 두 사람 모두 업무실적이 뛰어나서 우열을 가리기 힘들었기 때문이다. 사장은 후보자 명단을 확인한 후 조지의 이름에 사인을 하며 말했다.

"조지가 괜찮겠어. 그 친구는 용모가 빼어나고 자질도 총명하잖아. 찰리는 외모에 너무 신경을 쓰지 않아서 사람이 품위가 없어. 그 친구가 업무 담당자가 되면 누가 그 친구 말을 고분고분 따르겠나? 거래처와 계약할 때 그 친구가 나서면 아마 모두들 놀라 도망갈 걸세."

교양은 높은 수준의 인맥을 형성하는 데 디딤돌이 되어준다. 대부분의 경우 우리는 옷차림을 보고 그 사람을 판단한다. 옷차림은 가장 중요한 순간에 당신이 상대방의 신뢰를 얻을 자산이 된다.

어쩌면 당신은 이렇게 고집할 수 있다. 깊고 풍부한 지식을 잘 갖추면 되지 품위를 따져서 뭐 하겠느냐고 말이다. 물론 틀린 말은 아니다. 하지만 인성의 약점 중 하나가 사람 자체보다는 옷차림을 더 중시한다는 점이다. 그런데도 후줄근하고 꾀죄죄한 옷차림으로 굳이 상대방이 당신을 얕볼 여지를 남길 필요가 있을까?

현대사회에서 교양 있는 사람은 사업이나 일상생활에서 좋은 성격을 보여주며 많은 사람의 환영을 받는다. 아들러는 '교양 있는 사람'의 열 가지 특징을 다음과 같이 정리했다.

- 시간을 잘 지킨다: 교양 있는 사람은 회의든 약속 모임이든 지각하는 법이 없다. 설령 피치 못할 사정으로 지각을 하더라도 제시간에 약속장소에 나온 상대방에게 불쾌감을 줄 수 있음을 잘 알기 때문이다.

- 대화 자세: 절대로 상대방의 말을 중간에 가로채지 않는다. 항상 상대방의 이야기를 모두 듣고 난 후 그의 의견에 반박하거나 혹은 보충하는 의견을 내놓는다.

- 상냥한 태도: 다른 사람과 이야기를 나눌 때는 항상 상대방의 눈을 직시하며 그 사람의 이야기에 집중한다. 물건을 집어 들거나 신문을 뒤적거리며 무관심한 태도를 보이지 않는다.

- 온화한 말투: 사람이나 사물을 대할 때 편안하고 온화한 태도로 상대방을 논리적으로 설득하면 항상 좋은 성과를 얻는다. 반면에 언성을 높이면 바라던 목적을 얻기는커녕 주변 사람들의 미움만 살 수 있다.

- 대화 기술에 주의한다: 타인의 관점과 견해를 존중한다. 자신이 받아들이기 힘들거나 혹은 동의하지 않더라도 그 사람의 면전에 대고 "헛소리 집어치워", "말도 안 돼"라는 식으로 질책하지 않는다. 그 대신 자신의 의견을 자세히 설명하고 논리로 설득한다.

- 자만하지 않는다: 사람들과 교류할 때 개인의 탁월한 면모를 강조하지 않으며 의도적으로 자신의 우월감을 드러내지 않는다.

- 약속을 잘 지킨다: 설령 난관에 부딪히더라도 한 번 약속한 일은 꼭 지킨다. 일단 자신이 내뱉은 말은 최선을 다해 완수한다.

- 타인에게 관심을 갖는다: 언제 어디서든 여성이나 아동, 연로한 노인에게 관심을 기울이고 편의를 제공한다.

- 도량이 넓다: 사람과 교류할 때 아량을 베풀 줄 안다. 사소한 일로 친구나 동료와 의견다툼을 벌이거나 심지어 절교하는 일이 없다.

- 동정심이 많다: 타인이 불행한 일을 겪을 때 최선을 다해 지원하며 따뜻한 정을 보여준다.

교양 있는 사람은 일반적으로 좋은 교육을 받고 양호한 품성과 습관을 기른 이를 가리킨다. 양호한 교양은 인생에 가장 소중한 자산이다. 양호한 교양을 가진 사람은 인간의 모든 우수한 품성을 전부 다 가지고 있지 않더라도 충성, 용기, 신뢰, 근면, 협동정신, 헌신 등 우수한 품성에 대해 존경과 경외의 마음을 가지고 있다.

최선을 다해
즐거운 일상생활의 분위기를 만들어라

Adler

타인에게 즐거움을 가져다주는 사람은 한층 매력적으로 보인다.

일상생활에서 주변 사람들과 거리감을 느낀다고 탄식하는 사람이 많다. 그들은 매사 조심하느라 오히려 삭막한 인간관계를 형성한다. 사실 사람과 사람 사이의 거리감은 유리막처럼 깨기 쉽다. 다만 그 유리막을 먼저 깨는 사람이 그리 많지 않다는 것이 문제다. 타인의 가벼운 미소에도 가볍게 고개를 숙여 인사한다면 당신은 이미 그 사람에게 한 걸음 다가선 것과 다름없다. 누구든 서로에게 한 발짝 내디딘다면 가벼운 미소 하나만으로도 우리 사이의 유리막이 사라진다는 것을 알 수 있을 것이다.

미소는 가장 단순한 표정이지만 모든 사람에게 가장 아름

다운 명함이자 또 이 세상에서 가장 아름다운 선율의 언어이
다. 그런데 이러한 미소의 존재를 무시하거나 혹은 잘못 사용
하는 이들이 있다. 예컨대 타인이 고통스러워할 때 즐거운 표
정을 짓는 이들이 있다. 부적절한 시간이나 장소에서 즐겁고
유쾌한 모습을 보이는 것은 사회적 감정에 대한 배척과 파괴
로서 분리적 감정에 불과하다. 다행히 일부 사람들은 즐거운
감정을 잘 운용한다. 이들은 항상 즐거운 감정을 내보이며 신
나고 유쾌한 분위기를 조성한다. 그들 속에서 우리는 각기 다
른 단계의 즐거움을 발견할 수 있는데, 예컨대 어린아이 같은
천진난만한 즐거움을 보이는 이들이 있다. 그러한 어린아이
같은 유쾌함 속에는 사람들을 감동시키는 무언가가 있다. 그
들은 어린아이들이 게임이나 수수께끼를 푸는 듯한 방법으로
업무를 대하고 또 여러 문제를 처리한다. 어쩌면 이러한 태도
를 가진 사람들보다 동정심이 풍부하고 또 매력적인 사람은
없을 것이다.

행복을 얻고 싶다면 먼저 당신의 입꼬리를 살짝 위로 잡아
당기며 미소를 지어라. 당신의 진심 어린 미소는 사람들의 마
음을 활짝 열어젖혀서 당신에게 아름답고 행복한 세계를 선
물할 것이다. 그러니 미소를 지어 보이며 당신의 사랑으로 가
득 찬 마음을 주변 사람들에게 전달하라. 더 나아가서는 이 나
라, 이 세계 곳곳에 그 사랑을 전달하여 이 세상 전체가 항상
봄날처럼 따뜻하게 만들어라!

아들러는 이렇게 말했다.

"웃음은 사람과 사람 사이의 관계를 이어주기도 하고 동시에 파괴하기도 한다."

웃음이라는 감정의 표현은 참으로 기묘한 모순덩어리다. 때로는 사람들에게 친구를 선물하면서도 때로는 그들을 다시 빼앗아 간다. 일상생활에서 우리는 대개 진심 어린 미소를 짓는 사람과 교류하기를 원한다. 그들은 타인의 성공을 보면 진심으로 축하를 해주고, 또 타인의 실패에는 진심 어린 동정심을 보인다.

19세기 러시아 문학을 대표하는 세계적인 문호 도스토엡스키(Fyodor Mikhailovich Dostoevskii)는 대단한 선견지명을 지닌 심리학자로서 이런 말을 했다.

"지루한 심리조사보다는 그 사람의 미소를 통해 그의 성격을 파악하는 것이 훨씬 쉽다!"

그들의 진심 어린 미소를 통해 우리는 그들이 탁월한 사회적 감정을 지니고 있음을 알 수 있다. 왜냐하면 사회적 감정 지수가 높은 사람은 남에게 선의를 베풀고 공동 협력하는 데 삶의 의미를 두기 때문이다. 따라서 그들은 일상생활에서 타인들에게 항상 진심 어린 미소를 지을 수 있다.

반면에 우리는 타인의 불행을 비웃는 공격적인 웃음소리를 듣기도 한다. 이러한 사람들은 남들과 협력하는 데 서투르거나 혹은 무척이나 싫어한다. 그들은 진심으로 타인을 대하는 대신 자기 방어벽을 높게 쌓아놓는다. 그들은 잘 웃지 못하기 때문에 자연스레 남들에게 즐거움을 주거나 혹은 즐거움을 표현하는 능력을 상실했다. 사람들과 연결해주는 최고의 수단인 웃음이 결여되어 있기 때문에 그들은 점차 고립되고 자연스레 삶의 즐거움을 알지 못한다. 이 세상에 오직 한 사람을 위한 즐거움은 없다. 즐거움은 사람들과의 친밀한 협력 속에서 만들어지기 때문이다.

이로 미루어보아 미소가 얼마나 신비한 역량을 지니고 있는지 충분히 이해할 수 있을 것이다. 미소는 사람들을 행복 속으로 이끌기도 하고 고독 속으로 밀치기도 한다. 일상생활에서 미소는 "나는 당신이 좋습니다. 당신을 만나게 되어 무척 반갑습니다!"라고 말하는 것이나 다름없다. 교류 활동에서 미소는 무궁무진한 힘을 발휘한다. 거대한 자석이 철가루를 끌어당기는 것처럼 당신을 끌어당기고 매료시켜 항거불능으로 만든다. 미소는 인간관계에서 가늠할 수 없는 가치를 지니고 있다. 인간관계의 기적을 만들어내고 또 우리 자신을 변화시킨다.

행복은
사람 간의 거리를 좁혀주는 감정이다

Adler

즐거움은 사람과 사람 사이의 거리를 완벽하게 메워주는 감정이다. 즐거움은
사람들 사이의 거리를 참지 못한다.

'당신이 웃으면 온 세계가 함께 웃고, 울 때는 당신 혼자 운
다'라는 서양 속담이 있다. 웃음이 나 자신과 타인에게 갖는
의미를 가장 직접적인 방식으로 전달하는 말이다. 아들러는
이렇게 말했다.

"즐거움은 사람과 사람 사이의 거리를 좁혀준다. 사람들은
당신의 즐거움을 함께 공유하기를 원한다. 생활 속의 즐거움
은 계속 쌓이기 때문이다. 반면에 당신이 괴로워할 때는 오로
지 당신 혼자만이 고통스러워한다. 그 누구도 당신의 고통을
나눠 가지지 못한다. 그들이 원하지 않아서가 아니라 당신이

▼

고통스러워하는 이유를 당신 혼자만이 알고 있기 때문이다!"

아들러는 즐거움의 진리는 남과 함께 나누는 것에 있다고 여겼다. 즐거움을 남들과 함께 나눌 수 없다면 그것은 진정한 즐거움이 아니기 때문이다. 즐거움은 친구를 찾고 서로 껴안으며 온기를 나누는 것으로 표현된다. 즐거운 사람은 그 감정을 함께 즐기고 음미할 사람이 필요하다. 즐거움은 친구들과 함께 손을 잡기를 원하며, 따듯한 온기처럼 한 사람에게서 또다른 사람으로 전달된다. 그 감정은 절대 사그라들지 않는다. 그저 함께 공유할 뿐이다.

사실 즐거움은 장애물을 극복하는 가장 좋은 표현일 것이다. 웃음과 즐거움은 긴밀하게 연결된 채 성격의 한계를 초월하여 타인에 대한 동정으로 이어진다. 그래서 아들러는 이렇게 말했다.

"즐거움의 최고 경지는 친구들 간의 상호 신뢰이다. 설령 이간질이나 도발을 당하더라도 서로를 의심하지 않기에 여러 사람이 함께 인생의 꿈을 이룰 수 있다."

이는 즐거움이란 가만히 앉아서 공유하기를 기다리는 것이 아니라는 사실을 알려준다. 그것은 선물도 혹은 권리도 아니다. 당신이 적극적으로 찾아 나서고 노력해야만 얻을 수 있다. 이것이 바로 진정한 즐거움의 길이다.

20세기 미국의 걸출한 무신론자였던 시어도어 드와이트

(Theodore William Dwight)는 모든 종교를 신화로 간주했다. 종교를 그저 바보가 나와서 들려주는 이야기로, 그 어떤 의미도 없다고 여긴 것이다. 하지만 예수의 말 중 하나는 신념처럼 받들었다. 바로 '네 이웃을 사랑하라'였다. 드와이트는 말했다.

"모든 사람이 기나긴 인생에서 그저 행복만 누리기를 바란다면 오로지 자신만을 생각해서는 안 된다. 마땅히 타인을 배려할 줄 알아야 한다."

오랜 세월 병상에 누워 있던 학자가 있었다. 그런데 수많은 언론매체에서는 그를 이 세상에서 가장 사심이 없는 사람이라고 추켜세웠다.

기나긴 시간을 병상 신세를 지는 사람이 자신의 고통과 번민도 해결하기 힘들 텐데 어떻게 이 세상에서 가장 사심 없는 사람이 됐을까? 이유인즉슨 그가 '타인을 위해 봉사한다'라는 신념을 줄곧 온몸으로 실천했기 때문이다.

그 학자는 자신의 모든 방법을 동원해서 전국 각지의 사지 마비 환자들의 주소를 수집하여 그들 한 사람 한 사람에게 편지를 보냈다. 그는 편지로 그들을 격려하고 관심을 표시하며 병마와 용감하게 싸우라고 격려했다. 그리고 그 환자들이 조직을 만들어 서로 편지를 주고받을 수 있게 격려했다. 그 학자는 매년 1,400여 통의 편지를 써서 환자 수천 명에게 즐거움과 웃음을 되찾아주었다.

똑같은 사지마비 환자였지만 그 학자가 여느 환자들과 다른 점은 진정한 행복은 타인을 돕는 데서 비롯한다는 깨달음을 얻은 데 있었다. 조지 버나드 쇼(George Bernard Shaw)는 말했다.

"자기중심적인 사람은 온종일 남들이 자신을 즐겁게 해주지 못한다고 불평만 한다."

다른 사람을 도와주기를 즐겨하며 그들에게 웃음소리를 가져다준다면, 당신은 진정으로 즐겁고 행복한 사람이라고 할 수 있다.

헬렌 켈러(Helen Keller)는 말했다.

"선의에서 남에게 도움 되는 말을 하고 유쾌한 웃음을 짓는 사람, 혹은 남을 위해 울퉁불퉁한 길을 닦는 사람은 기쁨을 자신의 일부로 여긴다. 그래서 평생 그러한 기쁨을 추구하며 살아간다."

이기적인 사람은
타인의 인정을 받기 힘들다

Adler

실패의 이유는 동질감과 사회적 관심이 부족하기 때문이다. 업무나 우정, 성생활의 문제를 처리할 때 그 문제들이 상호 간의 협력을 통해 해결될 수 있다는 점을 간과한다. 그들은 개인의 소유에 모든 삶의 의미를 부여하기 때문이다.

역사적 경험은 그 누구도 개인의 성취에서 이익을 얻을 수 없다는 사실을 알려준다. 오로지 개인의 성공만을 추구하는 사람은 실제로는 거짓된 개인의 우월감을 추구할 뿐이다. 그들의 성공은 그저 자기 자신에게만 의미가 있을 뿐이다. 우리의 의도나 행위 역시 마찬가지다. 타인에 대해서만 그 진정한 의미를 가진다. 우리는 누구나 좀 더 중요한 사람이 되려고 노력한다. 하지만 그 사람의 중요성은 그가 타인을 위해 헌신한

공헌에 달려 있다. 이 점을 제대로 인식하지 못한다면 잘못된 길로 빠질 수 있다.

아들러는 어느 종교집단의 교주에 관한 이야기를 한 적이 있다. 어느 날 교주는 교인들을 소집하고서 다음 주 수요일에 세계 종말이 다가온다고 말했다. 두려움과 공포에 빠진 교인들은 곧장 전 재산을 처분하고 삶에 대한 모든 욕망을 버린 채 불안한 마음으로 세계 종말의 날을 기다렸다. 그런데 막상 수요일이 지났는데도 아무 일도 일어나지 않자 그들은 다음 날 교주를 찾아가 따졌다.

"당신이 우리를 얼마나 어리석은 바보천치로 만들었는지 압니까? 우리는 당신 말만 믿고 전 재산을 포기한데다 만나는 사람마다 세계 종말이 다가왔다고 알렸습니다. 사람들이 우리를 비웃고 조롱해도 묵묵히 참으며 그들을 설득했습니다. 그런데 수요일이 지났는데도 이 세상은 예전 그대로이지 않습니까?"

그러자 교주가 대답했다.

"나의 수요일은 당신들의 수요일과 다릅니다!"

이에 대해 아들러는 이렇게 말했다.

"교주는 개인적인 의미로 교인들의 질책을 회피했다. 개인적인 의미는 검증할 수 없기 때문이다. 하지만 그 개인적인 의미를 삶의 의미로 삼는 사람은 타인의 인정과 존중을 받을 수 없다."

이기심은 인간의 천성으로 우리 모두의 내면 깊은 곳에 숨어 있다. 우리는 성장 과정에서 이기심을 극복해야 한다는 것을 깨닫고 끊임없이 노력하며 점차 이타적으로 변한다. 하지만 일부 사람들은 이기적인 본성을 극복하기는커녕 오히려 한층 지독한 이기주의자로 변한다. 그들의 마음속에는 언제나 자기 자신만이 들어 있기에 다른 누군가가 비집고 들어갈 틈이 없다.

이기적인 사람은 자신이 가장 중요하다고 생각하고 또 자신의 물건만이 얻기 힘든 것이라고 여기기 때문에 자기 자신과 자신의 소유물을 극도로 애지중지한다. 그들은 좁쌀만큼의 양보를 베푸는 것도 대단히 견디기 힘들어한다. 따라서 그들에게는 친구가 없다.

어느 부자가 있었다. 그는 아주 많은 재산을 소유하고 있었지만 대단히 이기적이었다. 좋은 물건은 무조건 자신이 독차지했고, 아내나 자녀에게도 야박하게 대했으며, 남들에게는 지독스러울 만큼 인색했다. 그는 남에게 속마음을 털어놓은 적이 없었다. 괴로운 일이든 기쁜 일이든 혼자서 감내했다. 그렇게 시간이 흐르면서 점차 사람들은 그와 대화를 나누려 하지 않았고 점점 멀리하기 시작했으며 심지어 그를 보고 도망치는 사람도 있었다.

눈보라가 치는 어느 밤, 가족들이 옹기종기 모여앉아 담소를 나누는 동안 부자는 홀로 밖을 서성거렸다. 한참을 무작정 걷다가 이윽고 절벽에 오른 그는 죽을 결심을 했다. 이때 마침 지나가던 노숙자가 그를 막아섰다. 노숙자는 그에게 왜 죽으려 했냐고 물었다. 자녀들이 불효를 저질렀냐고 아니면 가난하고 의지할 데가 없어서 극단적인 생각을 했냐고 말이다. 노숙자는 계속해서 질문을 쏟았지만 부자는 연신 고개만 가로 젓다 이내 울음을 터뜨렸다. 그러고는 모든 사람이 자신을 외면하고 따돌린다고 하소연했다. 노숙자는 부자의 이야기를 듣다가 문제의 원인을 찾아내고는 물었다.

"지금 기분은 어떤가요?"

부자는 눈물을 멈추고는 이렇게 대답했다.

"기분이 좀 나아진 것 같습니다."

"당신의 기분이 조금 나아진 것은 나와 함께 당신의 고민을 나눴기 때문입니다. 생면부지인 나에게 고민을 털어놓은 것만으로도 당신의 기분이 한결 나아질 수 있는데, 왜 가족들에게 고민을 말하지 않는 건가요? 당신의 즐거움과 재산, 그리고 고민을 주변 사람들과 함께 나눈다면 인생의 즐거움을 찾을 수 있을 겁니다. 그동안 당신이 불행하다고 느끼고, 또 주변 사람들로부터 따돌림을 당한 것은 당신이 너무 엄격하고 까다롭고 이기적이었기 때문입니다. 주변 사람들과 마음을 나누지 않고 스스로를 막다른 골목으로 몰아세운 겁니다. 당신의 이기심은 당신의 세상을 점점 비좁게 만들어 당신을 숨

막히게 했지요. 더 이상 외롭게 살고 싶지 않다면 반드시 이기심과 작별해야 합니다. 그리고 남들과 함께 나누는 법을 배우십시오."

큰 깨달음을 얻고 집으로 돌아온 부자는 자신의 인색함과 이기심을 고쳐나갔다. 그러자 점차 주변 사람들이 부자를 향해 손을 내밀기 시작했고, 그의 세계도 덩달아 넓어지면서 즐거움과 웃음소리로 가득 차게 되었다.

우리 인생에는 남들과 나눌 것이 참으로 많다. 그들과 함께 나눠야만 좀 더 많은 것을 얻을 수 있고, 또 나눠야만 더 많은 친구를 얻을 수 있다. 이기적인 사람은 타인과 친밀한 관계를 형성하기가 힘들다. 이기적인 마음은 그를 실패자의 무리 속으로 밀어뜨릴 뿐이다. 특히 오늘날의 사회에서는 협력 없이는 변변한 성과를 거두기 힘들며, 성공은 더더구나 꿈도 꿀 수 없다.

주변 사람을 홀대하는 것은
냉혹한 세계로 밀어뜨리는 것이다

Adler

한때 사회로부터 냉대를 받고서는 영원토록 세상은 냉혹한 곳이라고 여기는 사람들이 있다.

오늘날 고도로 발달된 문화 전파의 루트는 우리의 정신생활을 한층 풍요롭게 해준 동시에 우리가 어떤 문제를 이해하는 매개체가 되었다. 현실적인 조건의 제약으로 우리는 저마다의 유년 시절의 경험을 잘 알지 못한다. 하지만 영화나 문학 작품 등은 그들의 경험을 우리에게 알려주고 일련의 정보까지 제공해준다. 그래서 예술 작품은 비록 우리의 일상생활보다 한 차원 높게 가공된 것일지라도 여전히 우리의 평범한 삶에 뿌리를 두고 있다. 예컨대 일상생활에서 우리는 차갑고 냉정한 동료를 만날 때가 있다. 그들은 동료들과의 협력을 거부하거나 혹은 문제가 생겼을 때 소극적으로 대처한다. 당신이 가까이 다가가 도움을 주려고 해도 그들과 친해질 기회가 없다. 문제의 근본적인 원인을 찾을 수 없기 때문에 참으로 난처하기 짝이 없는 상황이다. 이럴 때는 문화매체의 기능이 한층 도드라진다. 일부 작품 속에서 우리는 해답을 찾을 수 있으니까 말이다. 가령 차갑고 냉정한 사람들은 대부분 유년기에 가족이나 주변 환경으로부터 무시당한 경험이 있다. 그들은 냉대와 외면을 당한 기억 때문에 사랑을 베풀거나 서로 협력하는 법을 잘 모른다. 그들은 과거에 우호적이고 선의적인 역량을 경험하지 못했기에 이 세상은 친절하지 않다고 잘못된 판단을 하게 된다. 다른 사람의 친절에 어떻게 대응해야 할지도 모른 채 그저 차가운 반응을 보이는 것이다.

이는 우리가 경계해야 할 현상이다. 사회의 경쟁이 나날이 치열해지는 오늘날 대부분의 사람은 자기 일을 처리하기에 급급하다. 주변의 가족이나 친구를 소홀히 하게 되고 점차 차갑고 냉혹한 세계로 빠져든다. 물론 사람들과의 관계도 점점 야박해지고 있다. 계속 이렇게 된다면 앞으로의 결과가 어떻게 될지는 상상하고도 남음이 있다.

《아들러의 지혜》에는 다음과 같은 설명이 나온다.

'우리는 누구나 다른 사람에게 흥미를 느끼는 능력이 있다. 하지만 이러한 능력은 자극을 주고 단련해야만 발전할 수 있다. 그렇지 않으면 이내 사그라지고 만다.'

▼

무시당하거나 혹은 미움이나 따돌림을 받는 아이는 외톨이가 되기 쉽다. 그들은 다른 사람과 교류할 줄도 모르고 또 협력의 중요성도 모른다. 동시에 그들이 남들과 공동생활을 할 수 있도록 도와줄 그 어떤 사물에 대해서도 흥미를 느끼지 못한다. 심지어 기이한 행위방식이나 사회적 인식을 갖기도 한다. 심리학 연구 결과는 그러한 원인이 다른 사람에게 흥미를 느끼는 능력이 계발되지 못했기 때문이라는 사실을 알려주고 있다. 무시당하고 냉대를 받은 탓에 타인에 대한 흥미가 생기기 시작하는 초기에 그 능력이 억눌려 발전하지 못한 것이다.

아들러는 고아나 혹은 사생아 출신의 아이는 대개 성공하기가 매우 힘들다고 여겼다. 그들이 아동기에 부모의 보살핌을 받지 못하고 또 온전한 사랑과 주목을 받지 못했기 때문이다. 따라서 일상생활에서 그러한 환경에서 성장한 사람을 만났을 때는 그들에게 좀 더 많은 관심을 기울이고 인내심을 발휘해야 한다. 그들이 문제를 대하는 방식을 고치려면 주변 사람들의 각별한 도움이 필요하기 때문이다. 물론 그들 중에는 지극히 정상적이고 적극적인 생활 태도를 보이는 이들도 있다. 하지만 아동기 때 소외된 기억은 그들의 성격 형성에 일련의 영향을 미치게 마련이다. 다만 내면 깊숙이 잠들어 있는 부정적인 정서가 폭발할 만한 상황에 맞닥뜨리지 않아서 아직 수면 위로 드러나지 않았을 뿐이다. 예컨대 사업에서 성공하고 또 인간관계도 원만한 사람이 유독 애정생활에서는 성실하지 못한 경우가 있다. 이는 아동기 때 사랑에 대한 불신을 경험했기 때문이다. 그러므로 주변에 그러한 사람이 있다면 먼저 그들이 진정한 삶의 의미를 깨닫고 사랑이라는 감정에 대한 인식을 재정립할 수 있도록 도와줘야 한다.

협력은
인격의 문을 여는 열쇠이다

Adler

우리가 삶의 의미를 발견하고 또 이해할 수 있다면, 우리는 인격을 계발할 열쇠를 갖게 된다.

아들러는 이렇게 말했다.

"인간의 특징은 영원히 바꿀 수 없다. 하지만 실상은 곤경을 헤쳐 나아가는 열쇠를 가진 적이 없는 사람에게만 유효한 말이다. 그들은 최초의 오류를 찾아내지 못했기 때문에 그 어떤 토론이든 아무런 의미가 없다. 유일하게 개선할 방법은 좀 더 협력하는 방법을 터득하고 삶을 좀 더 용감하게 대면할 수 있도록 훈련하는 것밖에는 없다. 협력은 우리가 소유하고 있거나 혹은 충분히 가질 수 있는 건강한 인격의 유일한 안전장치다."

▼

일상생활에서 우리는 이러한 현상을 쉽게 발견할 수 있다. 예컨대 어린 시절 부모의 과잉보호 속에서 협력의 기술을 단련하지 못한 아동은 일단 학교에 진학하면 문제가 생긴다. 그들은 학우들과 교류할 줄도 모르고, 공유나 협력의 의미도 모르며, 그저 자신이 필요한 것에만 집중한다. 이는 결코 이기적이라고는 표현할 수 없다. 그저 타인에게 관심을 기울인다는 것에 대한 인식이 없을 뿐이다. 집에서는 항상 관심과 보호를 받는 대상이었기에 다른 사람에게 관심을 기울일 필요도 없고 또 협력하는 기회조차도 없었을 것이다.

개인에게는 필연적으로 취약성, 결함, 제한성이 존재하기에 우리 인간은 집단 형태로 생활할 수밖에 없다. 그래서 어떻게 해야 집단 구성원 모두에게 이익이 될 수 있는가 하는 문제는 저마다의 유일한 사고 명제가 되었다. 실생활을 정리하여 종합해보면 아들러의 인생철학을 한층 명확하게 파악할 수 있다. 즉, 한 사람이 자신은 물론 인류 전체에게 이익이 되는 최대 공헌은 바로 타인과의 협력에 있다는 것이다. 생명의 연속을 포함한 생활 속의 모든 문제는 협력이 필요하다. 협력 정신이 결여된 사람은 주변 사람들에게 버림당하게 마련이다. 왜냐하면 그의 존재가 기타 구성원들에게는 아무런 의미가 없기 때문이다. 그러한 사람은 인류를 위한 공헌을 하기는커녕 역사의 강 속으로 흔적조차 없이 사라질 뿐이다.

아프리카 대초원에서는 이른바 '밀림의 왕'이라 불리는 사자가 종종 장기간 기아 상태에 빠질 때가 많다. 그 이유가 뭘까? 사자는 사냥을 할 때 항상 혼자서 하기 때문이다. 반면에 대초원의 또 다른 포식 동물인 하이에나는 많게는 수백 마리 적게는 수십 마리가 함께 모여 군집생활을 한다. 하이에나는 혼자서 사냥하는 법이 없다. 하이에나는 사자가 포획물을 잡아 죽일 때까지 기다렸다가 그 '밀림의 왕'에게서 먹잇감을 훔쳐낸다!

하이에나 한 마리는 막강한 사자에게 대적할 상대가 못 된다. 하지만 무리를 지은 하이에나 군단이 일단 힘을 모으면 밀림의 왕조차 겁에 질려 꼼짝달싹 못 한다. 그리하여 사자는 자신이 고생해서 잡은 포획물을 하이에나 무리가 뜯어먹는 걸 지켜보다 남은 찌꺼기로 간신히 배를 채울 때가 많다.

우리 주변에도 사자와 같은 사람들이 있다. 뛰어난 능력과 재주로 그 누구보다 탁월한 능력자라고 자부하지만 정작 다른 사람들과 협력할 줄을 모른다. 그래서 자신을 도와 함께 일을 도모할 동료나 친구가 없다. 사실 다른 사람을 도와주는 일은 결코 손해를 보는 것이 아니다. 오히려 크나큰 기쁨과 이익으로 되돌아올 때가 많다.

1490년 젊은 화가 알브레히트 뒤러(Albrecht Dürer)는 절친 프란츠 나이스타인과 함께 그림 공부를 했다. 가정형편이 불우했던 두 사람은 학비를 대기 위해 공부와 일을 병행했지만 일을 하다 보니 미술 공부에 전념할 수가 없었다. 결국 공부와 일 둘 중 하나는 포기해야 하는 상황에 이르렀다. 두 사람은 상의 끝에 한 사람이 공부에 전념하고 나머지 한 사람은 생활비와 학비를 대주다가 나중에 되갚기로 했다. 그렇게 제비뽑기를 한 결과 프란츠 나이스타인이 일을 하게 되었고 뒤러가 미술 공부를 하게 되었다. 뒤러는 자신을 위해 힘들게 일하는 친구를 생각하며 더욱 미술 공부에 전념했으며, 나이스타인은 공부하는 뒤러를 위해 더욱 열심히 일하였다.

그리고 수년 후 알브레히트 뒤러는 뛰어난 화가로 큰 성공을 거두었다. 부와 명예를 얻은 그는 친구에게 진 빚을 갚기 위하여 프란츠 나이스타인을 찾아갔다. 하지만 친구의 학비를 대느라 험한 육체노동을 한 탓에 이미 프란츠의 두 손은 뒤틀리고 굳어서 붓을 잡을 수 없는 지경이 되어 있었다. 프란츠는 훌륭한 미술가가 되겠다는 꿈을 이루지 못한 것에 대한 일말의 원망조차 없이 그저 친구의 성공을 자기 일처럼 기뻐했다. 그날 뒤러는 창문을 통해 프란츠가 무릎을 꿇고 두 손을 모은 채 기도를 올리는 모습을 보게 되었다.

"주님, 저의 손은 고된 노동으로 굳어버려서 더 이상 그림을 그릴 수 없습니다. 하지만 저 대신 친구인 뒤러가 뛰어난 화가가 되었습니다. 뒤러가 주님을 위하여 아름다운 그림을 그릴 수 있게 하소서."

그 모습을 바라보며 뒤러는 상처투성이지만 자신을 위해

희생하고 기도하는 친구의 손이야말로 희생과 우정의 아름다운 표상이라고 생각했다. 이에 흐르는 눈물과 북받치는 감정을 참으면서 뒤러는 그림 도구를 펼치고 친구의 두 손을 정성스럽게 스케치했다. 그 그림이 바로 오늘날 독일 뉘른베르크 박물관에서 500년이 넘도록 우리에게 크나큰 감격을 주고 있는 알브레히트의 작품 〈기도하는 손〉이다.

현대사회에서 성공하기 위해서는 협력자의 도움이 절실히 필요하다. 아무런 사심 없이 자신을 도와주는 사람을 만날 수 있다면 그것보다 더 큰 행운은 없을 것이다.

아들러는《삶의 의미》에서 이렇게 말했다.

'인류의 유일한 구성원은 단 한 명도 없다. 우리 옆에는 다른 사람이 있고 또 우리는 그들과 긴밀하게 연결되어 있다.'

인간은 태어난 그 순간부터 인류사회의 유일한 존재가 아니다. 설령 세상 사람과 등을 지고 고립된 세상을 산다고 자부하는 사람도 자신이 이 세상과 완전히 격리되어 있다고 말하지는 못한다. 왜냐하면 인간은 군집생활을 하는 동물로서 무리를 벗어난 개체는 생존할 수 없기 때문이다.

인간의 신체는 태생적으로 취약하다. 이는 개인이 혼자서는 자신의 인생 목표를 실현할 수 없고 심지어 생존조차도 힘든 운명임을 결정해버렸다. 그래서 우리 주변에는 필연적으로 다른 사람들이 동행한다. 우리는 모두가 서로 연결되어 있다고 말해도 과언이 아닐 것이다. 주변 사람들에게 관심을 갖고 사랑을 쏟는 것은 좀 더 완벽한 인간관계를 위한 일이다.

겸손한 마음은
더 많은 사람의 찬사를 이끌어낸다

Adler

지나치게 독선적인 사람과 과도하게 교만한 사람은 인간본성학을 다룰 수 없다.

아들러는 스스로도 자신의 심리학 연구는 인류가 좀 더 수월하게 이익을 도모할 수 있도록 하기 위한 학문이라고 밝힌 바 있다. 또한 인간본성학은 수많은 도구를 제공할 수 있는 예술로 봐야 한다고 주장했다. 기타 예술과 긴밀하게 연결되어 있고 또 그 예술들을 지도하는 역할을 하는 예술이라고 말이다. 아들러는 《삶의 의미》에서 이렇게 말했다.

'인간성 문제에 대한 해답은 삶이 우리에게 제기한 거대한 과제다. 그것을 해결하는 것은 예로부터 우리 인류문화가 추구한 목표이기도 하다. 오늘날 우리는 서로 거리를 두고 살아가고 있기 때문에 인간성을 완전하게 이해하는 사람이 없다. 설령 인간본성학에 정통하다고 자부하는 사람도 이 부분에 관해서는 필수적인 연구를 진행하지 않았다. 그저 아이들처럼 자신이 알고 있는 몇 가지 단어를 읊어댈 뿐이다. 이처럼 독선적인 마음으로는 그 어떤 과학적 진리도 다룰 수 없으며 인간본성학에 대해 토론조차 할 수 없다.'

아들러는 우리가 인간성 이해에 대해 너무나 예민한 나머지 잘못된 방식으로 타인의 성격을 단언하거나 혹은 부적절한 시기에 타인의 성격에 대해 결론을 내리는 것은 그 사람에게 엄청난 상처를 주는 일이라고 생각했다.

인간본성학은 우리를 겸손하게 만든다. 왜냐하면 인간 본성은 우리 인간의 영혼 깊은 곳에서부터 탐구해낸 사실들이기 때문이다. 인간은 겸허하고 겸손한 태도로만 과학의 이상적 경지에 도달할 수 있다. 예컨대 당신의 기발한 아이디어를 옆 사람이 창안한 것이라고 말하며 그가 우월감을 느끼도록 도와주는 것도 좋은 방법이다. 프랑스의 한 철학가는 말했다.

"당신이 경쟁자를 이기고 싶다면 그것은 매우 간단하다. 죽자 살자 그보다 한층 우수해지기 위해 노력하며 그를 제압하면 된다. 하지만 친구를 얻고 싶고 좋은 인맥을 쌓고 싶다면 반드시 작은 희생을 해야 한다. 바로 친구가 당신보다 우수한 기량을 뽐내며 앞서 나갈 수 있도록 하면 된다."

이러한 이치는 사실 매우 간단하다. 우리는 누구나 중요한 인물이 되고 싶은 욕구가 있다. 당신이 남을 도와 그가 그러한 욕구를 실현할 수 있도록 도와준다면 그는 자연스레 당신에게 감사하는 마음을 갖게 될 것이다. 우리는 남들보다 뛰어날 때 일종의 우월감을 느낀다. 반대로 남이 나보다 잘나서 나보다 위에 있을 때는 마음이 불편해지면서 열등감이 생기고 심지어는 앙심마저 품게 된다.

유진 윌슨은 디자인 설계 전문 회사의 판매사원이다. 그의 주요 고객은 패션디자이너와 방직품 제조상이었다. 지난 수년 동안 윌슨은 한 번도 빼놓지 않고 한 달에 한 번씩 뉴욕의 유명한 패션디자이너를 찾아갔다.

"그 디자이너는 한 번도 나를 거부한 적이 없었어요. 내가 갈 때마다 따듯하게 환영해줬습니다."

윌슨은 이어서 말했다.

"하지만 그는 단 한 번도 내가 판촉하는 디자인 설계를 구매하지 않았습니다. 그는 언제나 예의 바르게 나와 대화를 나누고 또 내가 가지고 간 샘플을 꼼꼼히 살펴보고서는 이렇게 말했죠. '윌슨, 아무래도 이번에는 거래를 못 할 것 같네.'"

판촉 활동에서 번번이 실패를 거듭하고 나서야 윌슨은 자신의 실패 원인을 찾아냈다. 너무 고리타분한 자신의 세일즈 방식이 문제였던 것이다. 그는 예전의 낡은 세일즈방식대로 고객을 만나면 곧장 디자인 샘플을 보여주며 디자인의 구상과 창의성, 독특한 특성 등을 구구절절 늘어놓았다. 그러는 동안 고객들은 지루함을 애써 참으며 그의 이야기가 끝나기만을 기다렸다. 자신의 방식이 너무 고루하다는 사실을 깨달은 월슨은 개선하기로 결심했다. 그는 매주 인간관계에 관련된 책을 읽고 인간 본성에 대해 탐구했다.

얼마 지나지 않아 월슨은 뉴욕의 유명 패션디자이너를 설득할 방법을 찾아냈다. 월슨은 디자이너가 자부심이 유난히 강해서 다른 사람의 디자인은 무조건 외면한다는 사실을 파악했다. 그래서 그는 아직 완성되지 않은 디자인 설계도를 갖고 디자이너를 찾아가 말했다.

"폴, 괜찮다면 저 좀 도와주시겠습니까? 여기 아직 완성되지 않은 초안이 있는데 어떻게 완성해야 할지 알 수가 없네요. 어떻게 마무리를 지어야 당신에게 필요한 디자인이 완성될 수 있을까요?"

디자이너는 초안을 자세히 살펴보다가 대단히 창의적인 디자인이라는 사실을 발견하고는 말했다.

"월슨, 내가 그 초안을 좀 더 자세히 보고 싶은데 여기에 두고 가겠나?"

그로부터 며칠 뒤 월슨은 다시 뉴욕의 디자이너 사무실을 찾아갔다. 디자이너는 자신의 아이디어를 덧붙여 조언해주었고 월슨은 그 내용을 메모했다. 그러고는 디자이너가 원하는 디자인 샘플을 완성했다. 이에 디자이너는 대단히 만족해하며 흔쾌히 계약을 체결했다.

어떠한가? 이처럼 당신이 자신의 총명함을 드러내려고 애쓰지 않는다면 주변 사람들은 흔쾌히 당신을 받아들이게 된다.

미국 전임 대통령 시어도어 루스벨트는 대통령 재임 시절에 자신이 내린 판단의 75퍼센트만 옳으면 자신은 더 바랄 것이 없다는 말을 했다. 당신이 내린 판단의 55퍼센트가 옳다고 확신한다면 월가에서 단 하루 동안 100만 달러를 벌 수 있다. 55퍼센트의 확신도 없으면서 어떻게 다른 사람의 잘못을 탓할 수 있겠는가?

아들러는 이렇게 말했다.

"다른 사람이 당신을 싫어하고 배척하도록 만들고 싶다면 계속해서 당신의 총명함을 뽐내라. 하지만 다른 사람들로부터 사랑과 환영을 받고 싶다면 좀 더 겸허한 마음으로 그들의 의견에 귀 기울여야 한다. 그래야만 상대방의 인정을 받을 수 있고 좋은 인맥도 형성할 수 있다."

Adler,
Alfred

Chapter 7

아들러의 사랑;
사랑으로 행복한 삶을 완성하라

아들러는 결혼과 가정에 대한 정확하고 명철한 견해를 남겼다. 아들러는 아동 발달 초기에 이미 사랑과 결혼에 대한 미래상이 형성된다고 보았다. 그는 말했다. "아동이 이성에 대해 흥미를 느끼고 좋아하는 대상을 선택할 때 그것이 잘못되었다거나 쓸데없는 장난을 한다고 여기거나 혹은 성조숙증이라고 판단해서는 안 된다. 우리는 아동이 사랑과 결혼에 대해 첫발을 뗀 것이라고 생각해야 한다."

사랑은
의존관계이다

Adler

사랑은 항상 우리 주변을 에워싸고 있다. 의존관계를 인지하지 못하는 사람조차도 이미 정신적으로는 그 관계가 형성되어 있을 가능성이 크다.

아들러는 사랑을 하나의 의존관계라고 여겼다. 아들러는 인간이 자신에게 중요한 영향을 미치는 일과 밀접한 의존관계를 유지하고 있으며, 그 밀접한 의존관계에서 자신의 감정을 느낄 수 있음을 발견했다. 아들러는 이러한 의존관계를 '사랑'이라고 일컬었다.

사랑에 대한 아들러의 해석은 우리가 일반적으로 인식하는 사랑과는 크게 다르다. 우리는 대개 사랑은 강렬한 감정이자 심각하고 절실한 체험 혹은 타인에게 연연해하는 마음으로 오직 사람과 사람 사이에만 존재한다고 여긴다. 하지만 아들러는 사랑의 범위를 우리가 일상생활에서 접촉하는 모든 사물로 확장했다. 그래서 우리가 사물에 대해 갖는 여러 감정도 모두 사랑으로 귀결시켰다. 그는 사랑이란 일종의 인간과 사물의 관계, 즉 의존관계로 해석했다.

두 개의 사물이 의존관계를 맺었을 때 그 사물들은 긴밀하게 연계되어 있다. 서로 끌어당기는 자석이든, 공동이익으로 협력관계를 맺은 사업가든, 혹은 특정 사물에 관심을 갖는 수집가든 모두가 의존관계로 연결되어 있다. 아들러의 관점에서 보면 이러한 것들도 모두 사랑이라고 할 수 있다.

일상생활에서 우리는 남녀 간에 생기는 관심을 사랑이라고 말한다. 그러나 사람들에게 관심을 불러일으키는 것에 오로지 남녀 간의 감정만 있는 것은 아니다. 남성은 스포츠, 음악 등에 흥미를 느끼고 여성은 패션이나 장신구, 화장품 등에 깊은 관심을 갖는다. 이러한 기호, 취향 등으로 불리는 관심거리는 여태껏 사랑과는 아무런 관련이 없었다.

하지만 이른바 흥미나 기호, 사랑 간에는 공통점이 있다. 예컨대 "내 아내를 사랑한다"라고 말할 수 있는 것처럼 "나는 저 스포츠 종목을 사랑해", "나는 저 영화를 좋아해"라고 말할 수 있다. 사랑의 대상과 관심, 취미의 대상은 상호 호환된다. 어쩌면 그런 의미에서 취미나 기호는 '사랑'의 또 다른 이름일지도 모른다. 그렇다면 사랑의 범위는 아들러가 생각했던 것처럼 확대할 수 있지 않을까?

▼

아들러는 사랑은 그저 일종의 의존관계로서 감정과는 크게 관련되어 있지 않다고 여겼다. 예컨대 한창 열애 중인 연인들은 상대방을 깊이 사랑하면서 서로에게 연연하는 감정 속에서 사랑의 기쁨을 맛볼 것이다. 그러나 시간이 지나면서 그들의 사랑에 대한 체험은 점차 둔감해지게 마련이다. 연애 기간이 3년이 지난 연인들이 처음 사귀기 시작한 3개월 무렵의 강렬한 사랑의 체험을 할 수 없는 것처럼 말이다. 이는 신경학과의 지식으로 좀 더 분석할 수 있을 것이다. 하지만 여기서 강조하고 싶은 점은 서로에게 사랑의 감정이 무덤덤해졌음에도 연인들이 함께할 수 있는 것은 바로 의존관계가 작용하기 때문이라는 점이다. 이러한 의존관계를 통해 그들은 과거 열애 시절 경험에서 현재의 감정을 처리하는 방법을 찾을 수 있고, 또 그들 서로 간의 연인관계를 계속 확인할 수 있다. 의존관계는 사랑을 지속시켜주는 역할을 한다. 설령 시간이 흐르면서 그 사랑의 체험이 계속 소멸하더라도 말이다.

사랑은 우리에게 기쁨을 가져다주는 동시에 고통을 안겨준다. 대다수의 경우 고통 속에 빠진 연인은 상대방을 쉽사리 포기하려 들지 않는다. 그들 사이에는 이미 단단한 의존관계가 형성되어 있어서 그 관계를 유지하면서 자신의 생활을 지속하고 싶어 하기 때문이다. 설령 두 사람이 연인관계를 끝내더라도 오랜 시간 그들은 복잡하게 뒤엉켜 있는 상황에 처한다. 비록 사랑은 끝났지만 그들 사이의 의존관계가 여전히 남아 있기 때문이다.

아들러가 사랑의 범위를 무한대로 확장한 이후 우리의 의존관계도 덩달아 늘어났다. 그중에는 우리의 경력이나 선택에 기인한 것도 있고, 우리의 욕망과 필요에 기인한 것도 있다. 우리가 하는 수많은 선택에서 사상이나 신념은 유일한 기준이 아니다. 때로는 신체적, 본능적, 혹은 생활의 수요에 영향을 받을 때가 많다. 그리고 의존관계가 형성되면 우리는 그 관계가 규정한 궤적대로 앞으로 나아가게 된다.

아들러의 관점에 따르면 우리는 누구나 의존관계를 형성하고 있다. 다시 말해서 우리는 누구나 사랑하는 사람이 있고 또 사랑 속에서 살아가고 있다. 아들러의 정신분석 관점은 우리에게 '사랑이란 무엇인가?'에 대해 해석해주고 있다. 아들러에게 사랑은 이미 감정의 색채는 퇴화되고 대신 중성적이고 기능성을 지닌 명사가 되었다.

가정과 사업은
상호 보완관계다

Adler

'회사에서는 좋은 동료이고, 가정에서는 좋은 애인이자 진정한 반려자이다'는

한 사람에게 바랄 수 있는 최대치의 요구이자 그에게 주어질 수 있는 최고치

의 평가이다.

위와 같은 평가를 얻을 수 있는 사람은 마땅히 자부심을 가

져도 될 것이다. 이는 곧 그가 삶의 3대 문제를 해결해야 하는

의무를 대단히 성공적인 협력방식으로 책임지고 있음을 의미

하기 때문이다.

아들러의 사랑 철학에서 가정은 사업의 요람이며 사업은

가정의 의지처로서, 가정과 사업은 일정한 상호 보완 작용을

하고 있다. 하지만 오늘날 상당수 사람은 결혼과 가정에 대한

관심을 소홀히 하고 있다. 결혼생활은 세심한 관리 따위는 필

요 없으며 그저 식만 올리면 만사형통이라고 여긴다. 행복을 결정하는 데 행복한 결혼생활이 그 무엇보다 훨씬 중요하다는 것을 모른 채 말이다. 당신이 행복한 결혼생활을 하고 있다면 사업에서 숱한 좌절을 겪어도 여전히 행복하고 즐거운 생활을 누릴 수 있다. 그러나 결혼생활이 불행하면 당신이 사업에서 크나큰 성공을 거두어도 여전히 결핍감에 시달리며 성취감을 얻기 힘들다. 아들러는 《아들러의 지혜》에서 이렇게 말했다.

'우리 모두에게 가정과 사업은 똑같이 중요하다. 혹자는 사업이 바쁘다는 핑계로 가정에 소홀하지만 이는 열등감의 표현일 뿐이다. 사업의 성공으로 결혼생활의 행복감을 대체할 수 있는 사람은 없다.'

인류는 남성과 여성으로 나뉘어 있다. 사랑과 결혼은 이러한 관계에 속해 있으며, 그것들은 생명의 연속성을 가능하게 해주는 보증수표이다. 개인과 단체의 생명을 지속시키는 데서도 반드시 이러한 사실을 헤아려야 한다. 그 어떤 남성이든 혹은 여성이든 이 문제를 외면할 수 없다. 그들이 이 문제에 대해 보여주는 행동이 바로 그들의 대답이다. 인류는 저마다 서로 다른 다양한 방식으로 이 문제를 해결하려고 시도했다. 그들의 행위는 항상 그들이 믿는 유일한 해결방식을 보여준다.

그저 사업에서만 성공해서는 진정한 의미의 성공가라고 할 수 없다. 사랑과 사업 양 방면에서 성공해야만 진정으로 성공

한 사람이라고 할 수 있다.《예기(禮記)》〈대학〉에서는 다음과
같이 말한다.

'밝은 덕을 천하에 밝히고자 하는 자는 먼저 그 나라를 잘
다스려야 하고, 그 나라를 잘 다스리고자 하는 자는 먼저 자기
자신을 수양해야 하고, 자기 자신을 수양하고자 하는 자는 먼
저 그 마음을 바로 해야 하고, 마음이 바르게 된 이후에 자신
의 몸이 수양되며, 자신이 수양된 이후에 집안이 잘 다스려지
고, 집안이 잘 다스려진 이후에 나라가 잘 다스려지며, 나라가
잘 다스려진 이후에 천하가 평화롭게 된다.'

이는 유교 전통 사상 중 지식인들이 숭배하던 신조다. 자기
완성을 토대로 삼아 가정을 잘 다스리고 더 나아가서는 천하
를 평화롭게 하는 것은 수천 년 동안 수많은 지식인이 꿈꾸던
최고의 경지였다.

수천 년 동안 전승해온 저 인생 신조를 통해 우리는 가정이
인생에 얼마나 중요한 의미를 가지는지 알 수 있다. 행복한 인
생을 만들어가는 중요한 열쇠는 남성과 여성의 관계, 가정의
관계를 잘 처리하는 것이다.

사랑과 결혼은
협력적인 일면이 있다

Adler

사랑과 그 결과물인 결혼은 당신의 반려자에 대한 가장 친밀한 헌신이다. 그
것은 영혼의 소통, 신체의 끌림 및 다음 세대의 잉태라는 공통된 소원을 표현
하고 있다. 우리는 사랑과 결혼의 협력적인 면을 명확하게 파악해야 하며, 이
는 두 사람의 행복은 물론 인류 공동의 이익을 위해서 꼭 필요하다.

행복한 결혼은 두 사람의 노력으로 함께 만들어내는 것으
로 어느 한쪽만 노력한다면 실패를 피할 수 없다.

아들러가 살던 지방에는 다음과 같은 오래된 풍습이 있다.
남녀가 결혼식을 올리기 전에 먼저 광장으로 간다. 그곳에는
커다란 통나무가 준비되어 있다. 부부는 양쪽 끝에 손잡이가
달린 톱으로 그 나무를 두 동강 내야 한다. 이때 두 사람이 협
력하지 않고 서로 견제한다면 제대로 톱질을 할 수 없다. 또

▼

둘 중의 한 사람만 죽기 살기로 톱을 당겨도 제대로 나무를 자를 수 없다. 반드시 두 사람이 한마음 한뜻으로 힘을 모아서 톱질해야만 나무를 손쉽게 자를 수 있다.

위의 풍습은 신혼부부에게 한 가지 결혼 철학을 알려주고 있다. 즉, 협력은 결혼의 가장 중요한 조건이라는 점이다. 결혼은 두 사람이 함께하는 것으로 결혼생활에 문제가 생긴다면 그것은 두 사람이 함께 만들어낸 것이다. 하물며 어떻게 한 사람에게만 해결하라고 요구할 수 있겠는가? 또한 어떻게 혼자만의 힘으로 그 문제를 해결할 수 있겠는가? 서로 사랑하는 두 남녀가 결혼해서 부부가 됐다면 사실상 결혼생활에서 맞닥뜨리는 문제는 두 사람만의 문제가 아니라 두 집안의 문제이기도 하다. 그 때문에 자신의 집안에 대해서도 제대로 이해하지 못하는 사람이 문제를 해결하려 든다면 좋은 효과를 얻을 수 없다. 그래서 협력은 행복한 결혼생활을 오래도록 지속시키는 데 가장 첫 번째 조건이라고 할 수 있다. 쌍방이 함께 협력해야만 결혼생활의 문제를 완벽한 방식으로 해결할 수 있다. 아들러는 이렇게 말했다.

"행복한 사랑의 결과물을 얻으려면 상대방에 대한 서로의 동등한 깊은 관심과 상호협력이 필요하다."

두 사람이 서로에게 매력을 느끼기 때문에 결혼으로 이어지는 것이다. 그런데 서로에 대한 관심이 사라진다면 사랑은 저절로 소멸되게 마련이다. 여기서 우리가 명확하게 깨달아야 할 점은 서로에게 관심을 갖고 흠모하는 것이 그저 상대방의 눈에 완벽한 모습을 보여줘야 한다는 의미는 아니라는 점이다. 왜냐하면 이 세상에 완벽한 사람은 없고, 또 일상생활에서 언제 어디서나 완벽한 모습을 유지하는 것은 불가능하기 때문이다. 누군가를 사랑한다면 그의 단점을 포용할 수 있어야 한다.

한꺼번에 두 남성에게 구애를 받는 여성이 있었다. 두 사람 모두 마음에 들었기에 여성은 쉽게 마음을 결정하지 못했다. 게다가 두 남성이 각각 한 가지씩 단점이 있음을 알게 되자 더욱 망설이게 되었다. 여성은 친구들과 가족에게 물어봤지만 뾰족한 대답을 들을 수 없었다. 급기야 그녀는 해변에서 우연히 만난 백발의 노부부에게 자신의 고민을 털어놓았다. 노부인은 여성의 고민을 듣고 난 뒤 미소를 지으며 자신의 늙은 남편을 바라보며 말했다.

"늙을 때까지 함께 손잡고 살아갈 수 있는 진정한 연인은 단점이 없는 사람이 아니라 그 단점마저도 당신이 포용할 수 있는 사람이랍니다. 그 사람의 단점을 감싸게 되면 나머지는 장점만 남지요. 그래서 늙을 때까지 서로 만족해하며 살아갈 수 있어요."

노부인의 말에 큰 깨달음을 얻은 여성은 미소를 지으며 해변을 떠났다.

▼

사랑에 빠진 연인들이 상대의 단점을 포용한다면 이제 그들에게 남은 것은 오랜 세월을 함께하며 서로의 장점을 흠모하는 것뿐일 텐데 어찌 행복하지 않을 수 있겠는가? 아들러는 이렇게 말했다.

"그 사람의 용기와 협력 능력은 그가 이성에게 접근하는 방식에서 엿볼 수 있다."

사랑하는 사람을 있는 그대로 직시하지 못한다면 성공할 수 없다. 사랑의 영역에 발을 딛기 위해서는 엄청난 용기가 필요하다. 그러한 용기가 있어야만 두 사람의 행복을 함께 짊어지고 나아갈 수 있다.

활동 범위를 자신의 가정으로만 제한시킨 사람은 절대로 사랑을 얻을 수 없다. 스스로 자신을 가정의 울타리 안에 가둬둔 이유는 그가 타인과 협력할 능력이 부족하기 때문이다. 사회의식이 결여되면 낯선 세계에 대한 안전감이 결핍되게 마련이다. 한번 생각해보라. 자신 스스로도 안전감을 느끼지 못하는 사람이 어떻게 또 다른 사람에게 안전감을 줄 수 있겠는가? 어쩌면 사랑을 하는 데서도 용기가 부족한 사람은 자신의 삶에 용감하지 않을뿐더러 타인과 협력하는 능력도 형편없을 것이라고 말할 수 있으리라. 그런 사람은 가장 익숙한 최소한의 사람들에게만 관심을 가지며 지낼 뿐이다. 낯선 타인과 교류할 때 자신에게 익숙한 방식으로 타인을 통제하지 못할까 봐 두렵기 때문이다.

▼

이런 부류의 사람들은 일종의 오이디푸스 콤플렉스(Oedip-us Complex) 성향을 보인다. 사실 그들 대다수는 어머니의 총애를 받았다. 그런데 아동기 때의 경험과 교육을 통해 자신이 원하는 것은 반드시 실현된다는 잘못된 믿음을 가지기 쉽다. 그래서 자신의 노력을 통해 가정의 범위를 벗어나 더 큰 사회 속에서 사랑과 온정을 받기를 원하지 않는다. 그들의 애정관 속에서 반려자는 협력의 대상이 아니라 그저 노예에 불과할 뿐이다. 이러한 사람들은 애정생활에서 실패자를 면하기 힘들다. 그들은 자신의 생활 범위를 박차고 나갈 용기조차 없이 그저 애정의 난도를 무한대로 확대시키거나 혹은 사랑의 매력을 우습게 여긴다. 그들은 그저 자신이 익숙한 분위기 속에서 살기를 원할 뿐이다. 이처럼 소심한 사람은 사랑과 결혼생활 속에서 연달아 발생하는 문제를 직시하지도, 해결하지도 못한다.

생활 속에서
반려자를 슈퍼맨으로 착각하지 말라

Adler

낭만적인 이상은 모든 연애 대상을 배제한다. 현실 속에서는 그 이상적인 수준에 도달할 수 있는 이성이 없기 때문이다.

무릇 옥에도 티가 있듯이 이 세상에 완벽한 사람은 없다. 하물며 어떻게 사랑에 완벽을 추구할 수 있겠는가? 어떤 사람들은 로맨틱하고 이상적이며 결코 손이 닿지 않는 사랑을 꿈꾼다. 그런 사람들은 환상 속에만 빠져서 현실 속에서 반려자를 찾을 필요성을 느끼지 못한다.

옛날에 젊은 청년이 자신의 새 신부를 위한 시를 적은 뒤 그 종이를 유리병에 넣어 바다에 던졌다. 그로부터 수년이 지난 뒤 인도네시아 발리섬 부근에서 바다를 떠다니던 유리병이 발견되었다. 그 유리병 속의 종이에는 이렇게 적혀 있었다.

▼

이 편지는 당신에 대한 나의 사랑입니다. 하지만 당신이 이 편지를 언제쯤 읽게 될지는 나도 장담할 수 없습니다. 어쩌면 바다 위를 떠다니다 영원히 발견되지 못할지도 모릅니다. 또 어쩌면 어느 날 당신 앞에 나타나 당신에 대한 나의 뜨거운 사랑을 전달해줄지도 모릅니다.

하지만 어찌 되었든 당신에게 한 가지는 맹세할 수 있습니다. 나는 평생 당신을 사랑할 것이며, 나의 인생 전체를 바쳐 당신을 지키며 그 옆에 함께할 것입니다. 설령 우리가 이미 백발이 성성한 노인이 되었더라도 나는 우리가 나눈 달콤한 첫 키스처럼 당신에게 뜨거운 키스를 할 것입니다.

당신을 사랑하는 남편, 톰

편지를 발견한 사람은 사방팔방으로 수소문하여 간신히 톰의 아내를 찾아내 편지를 보냈다. 그리고 얼마 지나지 않아 그 여인으로부터 온 회신에 그는 소스라치게 놀라고 말았다. 그 여인은 먼저 편지를 찾아서 보내준 데 감사를 표한 뒤 매우 화가 난 어조로 다음과 같은 사실을 밝혔다. 톰에게 새로운 연인이 생겨 오래전에 이혼하고 각자 새로운 가정을 꾸리고 살고 있다는 내용이었다.

톰이 연애편지 속에 밝힌 그의 사랑은 분명 진실하고 간절했다. 그러나 그의 결혼생활은 불행하였으니 참으로 아이러니했다. 그 절실했던 사랑은 행복한 결혼을 보장해주지 못한 걸까? 정녕 결혼은 사랑의 무덤이란 말인가?

이는 결혼이 우리에게 주는 모순이라고도 할 수 있다. 대개 두 사람이 결혼식장을 들어서는 순간 사랑은 점차 그들의 결혼생활 속에서 소멸된다. 마치 처음부터 사랑이 존재하지 않았던 것처럼 말이다. 아들러는 이렇게 말했다.

"결혼생활 속에서 사람들은 종종 자신의 결혼과 외재된 감정을 비교한다. 결혼관계가 외재된 감정보다 더 큰 기쁨을 주지 않을 때 그들은 자신의 결혼생활에 불만을 품게 되고 이는 곧 파국으로 치닫는다."

위대한 문학 작품에도 혼외 사랑에 중점을 두거나 결혼생활 속의 사랑은 무시하는 성향을 보이는 것들이 있다.《보바리 부인》,《안나 카레니나》등이 그렇다. 이 두 작품 속의 여주인공은 모두 혼외 사랑을 추구하며 그들의 결혼생활 속 사랑을 부정하고 있다.

기혼자들 중 일부는 종종 사랑의 존재를 무시하곤 한다. 그들이 주로 나누는 대화는 일상의 잡다한 일에 불과하다. 가령 남편의 패션 스타일 혹은 아내의 요리 솜씨 등을 이야기할 뿐 자신과 반려자의 감정에 대해 언급하는 일은 극히 드물다. 어쩌면 행복한 결혼생활을 하는 사람들의 입장에서는 이미 그들의 사랑이 서로의 일부가 되었기 때문에 더 이상 언급할 필요가 없다고 여기는지도 모른다.

아들러는 이렇게 말했다.

"사랑은 결혼생활을 행복하게도 해주고 불행하게도 만든다. 사람은 누구나 단점이 있다. 결혼생활에서 서로의 단점을 포용하며 변함없이 상대방을 사랑한다면 그들은 행복한 결혼생활을 누린다고 할 수 있다. 그러나 결혼생활은 거울과도 같이 두 사람의 모든 본성을 서로에게 그대로 노출한다. 결혼생활을 통해 과거 로맨틱한 연애 시절에 미처 알지 못했던 상대방의 단점을 발견할 때 이를 넓은 아량으로 포용하는 사람은 극히 드물다. 그런 뜻밖의 발견은 종종 두 사람을 실망과 불만 속에 밀어 넣는다. 불만을 품은 당사자가 남편이든 아내이든 결국 그들의 결혼생활은 심각한 상처를 입고 만다."

달콤한 사랑 속에서 여성은 자신이 사랑하는 남성에게 화려한 날개옷을 만들어 입힌다. 그리고 자신이 정성 들여 만들어낸 아름다운 환상 속에 도취한다. 중국의 소설가 장아이링(張愛玲)은 이렇게 경고했다.

"결혼은 이가 득실거리는 화려한 치마다. 안타깝게도 여성들의 눈은 그저 화려한 치마만 볼 뿐 그 위를 기어 다니는 이를 보지 못하거나 혹은 외면한다."

결혼에도
준비와 학습이 필요하다

Adler

배움이 없다면 성인이 되어서도 일상생활에서 맞닥뜨리는 위기를 헤쳐 나아

가기 힘들다. 우리는 저마다의 삶의 태도에 따라 모든 문제에 대한 반응을 일

으키기 때문이다.

여러 문학·예술 작품 속에서 우리는 '부부 사랑 지침서', '사랑을 위해 공부하다' 등의 문장을 접하는 일이 점점 많아 지고 있다. 이는 많은 사람이 점점 사랑과 결혼은 인간의 천 성적인 기능이 아니라는 사실을 인식하기 시작했음을 보여준 다. 그도 그럴 것이 수많은 성인이 결혼이라는 학문에 대해서 는 어린아이보다 이해도가 더 낮을 때가 많다.

아들러는 이렇게 말했다.

"우리가 사랑과 결혼에 대해 가장 먼저 배워야 할 것은 서

로를 대하는 태도이다. 대다수 사람의 사랑을 대하는 태도는 이미 5, 6세 유년기 때 윤곽이 잡히고, 또 그 시기에 사랑과 결혼에 대한 미래상이 형성된다는 사실을 발견할 수 있다. 아동은 매우 일찍부터 이성에 대해 흥미를 느끼기 시작하고 자신이 좋아하는 대상을 선택한다. 이때 그것이 잘못되었다거나 쓸데없는 장난을 한다고 여기거나 혹은 성조숙증이라고 판단해서는 안 된다. 그러한 행위를 조롱해서도 안 되고 웃음거리로 만들어서도 안 된다. 오히려 우리는 아동이 사랑과 결혼에 대해 첫발을 뗀 것이라고 생각해야 한다."

아들러는 아동기 시절 사랑과 결혼에 대해 정확하게 인지하면 훗날 성인이 되어서 교양 있고 헌신적인 태도로 이성과 교류할 수 있다고 여겼다. 더 나아가 그러한 아동들이 일부일처제의 가장 충성스러운 수호자가 된다고 보았다. 설령 부모의 결혼생활이 그다지 화목하지 않더라도 그들은 그 피해를 받지 않는다. 그래서 결혼은 준비가 필요하다. 행복한 결혼은 단지 물질적인 방면뿐만 아니라 심리적인 방면에서도 준비가 잘 갖춰져야 한다.

수많은 사람이 사랑에 대한 담론을 쏟아내지만, 여전히 사랑에 대해 오해하는 사람이 많다. 아들러는 대다수 사람이 사랑에 대해 갖는 잘못된 인식을 세 가지로 정리했다.

첫째, 대다수 사람은 사랑을 어떻게 하면 사랑받을 수 있는가의 문제로만 바라본다. 어떻게 상대방을 사랑해야 하는지 또 자신에게는 타인을 사랑할 능력이 있는지에 대해서는 고민조차 하지 않는다. 이러한 관점의 영향으로 대다수 사람은 이성에게 최대한 매력적이고 사랑스럽게 '보여주는' 데만 열중한다. 남성의 경우 그들은 적극적이고 진취적인 태도로 고군분투하며 경제적 기반과 사회적 지위를 갖추려고 애쓴다. 그들은 여성들이 경제적 기반이 탄탄하고 사회적 지위가 높은 남성을 좋아한다고 여기기 때문이다. 물론 사실이 그렇다. 심리학자들이 이성의 매력에 대해 설문조사를 진행한 적이 있다. 이때 심리학자들은 사람들 사이에 일종의 평행적 매칭 현상이 있음을 발견했다. 즉, 대부분의 사람은 배우자를 선택할 때 자신의 조건과 비슷한 사람을 좋아한다는 것이다. 예컨대 두 집안의 사회적 지위나 경제적 형편이 비슷한 상대를 선호한다. 또 아름다운 미모의 여성은 잘생기고 훤칠한 남성을 좋아한다. 남성의 외모가 처질 경우 그는 경제적 조건이나 사회적 지위로 부족한 부분을 메우려고 애쓴다. 그래서 대부분의 남성은 여성의 사랑을 얻기 위해 자신의 경제적 조건과 사회적 지위를 향상시키려고 노력한다. 여성의 경우에는 자신의 미모를 한층 돋보이게 하고 성격도 귀엽고 사랑스럽게 보이도록 노력한다. 이것 역시 평행적 매칭 현상으로 설명할 수 있을 것이다.

둘째, 대다수 사람은 사랑의 대상을 찾는 문제를 사랑이라고 여긴다. 현실 생활에서 우리는 이런 푸념을 자주 듣는다. 예컨대 자신이 사랑에 실패하는 이유는 서로 성격이 맞지 않기 때문이라든

가 아직 사랑할 대상을 찾지 못한 것은 자신에게 적합한 사람이 나타나지 않았기 때문이라는 것이다. 이는 전통 사회의 영향을 받은 관점이다. 전통 사회에서 두 남녀의 결합은 재산, 권력 등 다양한 요소를 고려해야 한다. 그러한 상황에서 정작 사랑은 부차적인 위치에 놓인다. 적합한 결혼 상대가 결혼생활에서 가장 중요하게 고려해야 할 요소가 된 것이다. 사회의 발전과 더불어 낭만주의가 성행하기 시작하면서는 개인의 감정을 중시하는 성향이 강해졌다. 자연스레 사람들은 자신에게 정신적으로나 육체적으로 즐거움과 행복을 가져다주는 상대를 찾게 되었다. 이렇게 자신에게 적합한 결혼 상대를 찾는 것이 바로 사랑이라는 뿌리 깊은 고정관념이 생긴 것이다.

셋째, 수많은 사람이 사랑은 찰나적인 감정의 체험일 뿐 영원한 것은 아니라고 여긴다. 대부분의 사람은 낭만적이고 열정적인 사랑을 추구한다. 그러한 사랑이야말로 두 사람의 깊은 사랑을 증명해준다고 여긴다. 하지만 막상 그 사랑의 열정이 점점 식으면 두 사람의 사랑이 끝났다고 여기며 결별을 선택한다. 사랑에 대한 인식이 바로 이 단계에 머물러 있기 때문에 평범한 결혼생활에는 사랑이 존재하지 않는다고 여긴다.

이로 미루어보아 대부분의 사람이 사랑에 대해 갖는 오해는 비교적 보편적인 현상임을 알 수 있다. 그들은 사랑을 우연한 행운이 빚어내는 감정의 충돌, 즉 '인연'으로 간주한다.

사랑도 학습을 통해 습득하는 능력이라는 사실을 깨닫지 못한다.

아들러의 사랑에 대한 실천적 이론은 우리가 사랑의 달콤함을 충분히 누릴 수 있도록 도와준다. 우리는 자신을 좀 더 정확하게 인식하고 잘못된 관념에서 벗어나 사랑의 예술을 실천하도록 노력해야 할 것이다.

사랑,
적극적으로 감정을 표현하는 법을 익혀라

Adler

대외적으로 애정 문제를 용감하게 대면하지 못하는 사람은 그 문제를 성공적으로 해결할 수 없다.

아들러는 이렇게 말했다.

"우리는 문화적인 영향을 받은 탓에 남녀 간의 사랑의 완성에서 남성이 주도적으로 먼저 연모하는 마음을 밝히기를 바란다. 남성이든 여성이든 모두 이러한 고정적인 관념을 지니고 있다. 이러한 문화적 요구가 지속되는 한 남성은 자신의 사랑을 얻기 위해 좀 더 용감하게 사랑을 표현하는 방법을 배워야 한다."

사실 아들러는 이러한 인식을 장려하는 편이다. 왜냐하면 남성은 적극적이고, 과감하며, 진취적인 생활 태도를 길러야 하며, 이는 인류의 발전과 인생의 성공에 반드시 갖춰야 할 품성이라고 보았기 때문이다. 이러한 생활 태도는 그들이 삶의 문제를 대할 때 좀 더 주도적인 적극성과 용기, 믿음을 갖게 해주기 때문이기도 하다.

사랑을 얻기 위해서는 둘 중의 한 사람은 주도적이어야 한다. 연애를 시작할 때 두 사람이 서로 호감을 갖고 좋아하거나 혹은 한눈에 반하는 일이 극히 드물기 때문이다. 게다가 남성들은 여성들보다 '철면피'이기 때문에 거절을 두려워하지 않는다. 남성은 연모하는 여성에게 설령 백번을 거절당해도 포기하지 않는다. 반면에 여성은 단 한 번의 거절조차도 견디지 못한다. 여성은 자신이 좋아하는 남성에게 집요하게 매달리지 못한다. 노골적으로 연모의 뜻을 표시하며 끈질기게 매달린다면 헤픈 여자라고 세간의 손가락질을 받기 쉽다. 하지만 남성의 경우 자신이 좋아하는 여성에게 죽자 살자 매달리며 끈질기게 치근덕거려도 주변 사람들은 이를 사랑을 쟁취하려는 저돌적이고 용감한 태도라고 여긴다. 그래서 연애의 '공방전'에서 남성은 대개 주도적인 위치에 있다. 물론 현실의 연애 생활에서 고생하는 쪽은 역시 남성이지만 말이다.

남성이 구애하는 과정에서 우유부단할 경우 피해는 오롯이 자신의 몫이 된다. 대부분의 미혼 남성이 결혼을 하지 못하는 원인은 바로 적극성이 결여되었기 때문이다. 사실 연모하는 여성에게 구애하는 것은 매우 떳떳한 일이기에 앞뒤 재며 망설일 필요가 없다. 그런데도 상당수 남성은 마음에 드는 여성에게 적극적으로 다가서지 못하고 고민에 빠진다. 그러한 고민은 쓸데없는 시간 낭비에 불과한데도 말이다.

또한 상당수의 남성은 사랑 고백을 했다가 거절당한 일을 쥐구멍에라도 들어가고 싶어 할 만큼 창피해한다. 사실 이는 혼자만의 느낌일 뿐이다. 대부분의 사람은 남성이 좋아하는 여성에게 구애하는 일을 성공 여부에 상관없이 그저 좋은 일이라고 생각한다. 더 나아가 그 남성이 젊고 박력 넘친다는 방증이라고도 여긴다. 사랑 고백을 해서 성공하면 그보다 아름다운 결말은 없을 것이다. 설령 실패하더라도 그 역시 인생의 로맨틱하고 아름다운 추억이 된다.

사랑 고백을 했다가 좌절했을 때 가장 필요한 것은 책임을 회피하고 안전한 동굴 속으로 숨는 것이 아니라 적극적으로 맞서면서 문제를 해결하려는 노력이다. 문제를 지나치게 확대해석하지 않고 반대로 '전략상 경쟁자를 얕잡아보되 전술상으로는 경쟁자를 중시하는' 심리 상태를 유지해야 한다. 어쩌면 이런 태도를 가진 남성들은 사회에서 더 많은 성공을 거둘 수 있을 것이다.

아들러는 이렇게 말했다.

"대외적으로 애정 문제를 용감하게 대면하지 못하는 사람은 그 문제를 성공적으로 해결할 수 없다."

애정 문제에서는 남성뿐만 아니라 여성도 적극적이어야 한다. 여성들은 마음에 드는 남성을 반려자로 만나고 싶지만 사랑을 선택하는 문제에서는 항상 '수비수'의 위치에 서고 반대로 남성은 주도적인 '공격수'의 위치에 선다. 이러한 '수비수'와 '공격수'의 감정적인 교차 속에서 여성은 소극적인 입장이 될 수밖에 없다. 마치 파티에 초대된 손님과 같은 입장이 되는 것이다. 파티를 준비하는 요리사에게 자신이 좋아하는 음식을 주문하지 못한 채 그저 식탁에 오른 '요리'만을 선택할 권리가 주어진 것처럼 말이다. 허기진 배를 채우기 위해 눈앞에 놓인 '요리'를 꿀꺽 삼키거나 혹은 억지로 입에 집어넣을 뿐 제대로 맛을 음미하며 원하는 '요리'를 먹는 사람은 매우 드물다.

흔히 여성을 약자라고 말하는데 실상 애정 문제에서도 예외가 아니다. 불행한 결혼을 하는 대부분의 여성의 잘못을 따져보면 최초의 소극적인 선택에서 원인을 찾을 수 있다. 원하지 않는 '요리'를 아쉬운 대로 참고 견디거나 혹은 억지로 삼키면 '소화불량'에 걸리고 '건강을 해치는' 것은 너무도 당연한 일이다.

그러므로 여성들은 적극적으로 '사랑의 공'을 자신이 좋아하는 남성에게 과감히 던지며 행복의 주도권을 틀어쥐어야 한다. 식탁에 오르는 요리를 그저 기다기만 하는 '손님'이 아니라 직접 자신이 좋아하는 요리를 요구할 수 있어야 한다. 그래야만 자신의 행복한 결혼 파티를 만끽할 수 있다.

▼

집안일을
하나의 예술로 생각하라

Adler

여성들이 집안일을 하나의 예술로 받아들인다면 그 속에서 즐거움을 얻을 수 있다. 동시에 능숙하게 집안일을 처리하는 것은 이 세상의 그 어떤 직업에도 손색 없는 중요한 업무라고 자부하게 된다.

이 세상 거의 모든 지역에서는, 설령 남녀평등 사상이 강한 서양일지라도 여성들의 생활 속 지위는 낮게 평가되고 있으며 부차적인 존재로 인식되고 있다. 아들러는 이렇게 말했다.

"이러한 불건전한 전통 관념 때문에 아동기 시절 남성들은 '무릇 남자는 부엌을 멀리해야 한다'라는 교육을 주입받는다. 그러한 탓에 남성들은 집안일을 하인의 일로 간주하며 집안일을 도와주는 것은 남성의 존엄을 해치는 일로 여겼다."

중국에서도 집안일을 여성의 큰 공헌으로 생각하지 않고 당연히 해야 할 '의무'로 여긴다. 또한 남성은 하지 않는 자질구레하고 비천한 일로 취급한다. 현대 여성들이 자아실현의 가치를 중시하면서 가장 첫 번째로 저항한 것이 집안일을 거부하는 것이었다. 마치 집안일을 거부하는 것이야말로 남녀평등의 증거라도 되듯이 말이다. 그래야만 그들의 잠재력을 발전할 기회를 얻는 것이라 여겼다. 사실 이는 사회적 편견에 반항하는 여성들의 극단주의적인 태도라고 할 수 있다.

아들러는 남성이든 여성이든 집안일에 대한 인식을 고쳐야 한다고 여겼다. 아들러는 이렇게 말했다.

"부부간에 집안일의 분담으로 생기는 갈등의 근원을 파헤쳐 보면 모두가 집안일을 하찮게 여기는 데 있다. 집안일을 처리하는 것을 일종의 생활 예술이라고 생각하지 않고 부담으로 간주하는 것이다."

오늘날 사회에서 집안일을 하는 사람은 피지배자라는 잘못된 인식이 생겨났지만, 다행히 호전되는 추세다. 오늘날 사회는 치열한 경쟁 사회로서 물질생활에 대한 요구도 한층 높아지면서 부부 모두가 직장생활을 하는 비율도 점차 높아지고 있다. 일상생활에서 집안일에 대한 책임은 협조가 필요해졌고, 두 사람이 집안일을 분담하는 재미도 느끼게 되었다. 그리하여 점점 더 많은 젊은 부부가 집안일을 허드렛일이 아닌 일종의 예술이자 사랑의 표현으로 받아들이고 있다.

사실 결혼하고 나면 새로운 가정을 꾸리느라 잡다한 일이 많아지는 반면, 연애 시절의 로맨틱함은 줄어든다. 그래서 "결혼은 사랑의 무덤이다"라고 말한 영국 시인 바이런(Byron)의 말에 공감하는 이가 많다. 결혼을 무덤으로 여기는 원흉 중의 하나가 바로 잡다한 집안일이다. 영리한 사람들은 번잡한 집안일 때문에 두 사람의 로맨틱한 감정을 외면하지 않는다. 사실 집안일도 따지고 보면 행복한 결혼생활을 위한 것이다. 집안일이 부부의 행복에 방해가 된다면 아예 내버려 둬도 상관없다. 집안일을 하는 과정에서 무엇보다 중요한 것은 두 사람의 행복과 즐거움이며, 일은 부차적인 것에 불과하다. 앞에서도 말했듯이 집안일은 어디까지나 자신의 가정을 행복하고 안락한 환경으로 만들기 위한 것이다. 그렇다면 어떻게 해야 집안일이 두 사람의 행복을 훼방 놓지 않도록 할 수 있을까?

첫째로 여성은 집안일을 할 때 종종 까다로운 요구를 하는 편이다. 여성은 깔끔하고 청결한 것을 좋아하기 때문에 일을 할 때도 매우 꼼꼼하고 세밀하게 한다. 동시에 남성에게도 자신의 기준대로 집안일을 처리할 것을 요구한다. 여성의 그러한 요구는 말다툼의 도화선이 된다. 따라서 집안일에서 해방되기 위해서는 여성을 이해하는 것이 가장 중요하다. 사실 아내든 남편이든 서로를 잘 이해해야 한다. 성별이나 성격이 다르기 때문에 똑같은 일을 하는 데서도 두 사람의 기준이 다른 것은 너무도 당연하다. 이러한 문제에 대해서는 두 사람이 좀 더 관대하게 서로를 이해해줘야 한다.

▼

둘째로 남성은 여성보다 훨씬 게으르다. 가부장적인 관념의 영향이거나 혹은 가정의 생계를 책임지는 가장으로서 직장에 더 큰 비중을 두느라 남성들은 상대적으로 집안일에 무관심하고 또 게으른 편이다. 이렇게도 표현할 수 있다. 부지런한 여성 앞에서는 제아무리 부지런한 남성일지라도 게을러 보이게 마련이다. 이 때문에 집안일에서 남성과 여성은 부리는 사람과 부림을 당하는 사람의 관계가 된다.

집안일이 가정의 행복에 나쁜 영향을 미치지 않도록 노력해야 한다. 차라리 집안일을 소홀히 하는 대신 두 사람의 관계에 좀 더 많은 시간을 쏟아부어 행복을 만끽하는 것이 낫다. 혹은 상대방의 고충을 이해해주며 당신이 먼저 나서서 집안일을 처리하는 것도 좋다. 그렇게 두 사람이 서로를 너그럽게 배려하며 즐겁고 화목한 분위기 속에서 집안일을 해야만 좀 더 행복한 결혼생활을 이어갈 수 있다.

가정생활에서
권위는 필요하지 않다

Adler

가정에서 권위란 아무런 쓸모가 없으며 진정한 협력만이 필요하다.

우리가 남녀 간의 애정 문제에서 가장 먼저 발견한 점은 바로 두 사람의 협력을 통해서만이 아름답고 행복한 관계를 유지할 수 있다는 점이다. 문제는 두 사람이 함께 협력하여 사랑을 키우는 일이 대다수 사람에게는 처음 경험하는 일이라는 점이다. 우리는 직장에서 혼자서 프로젝트를 맡아서 처리하거나 혹은 여러 사람이 팀을 꾸려 함께 일한 경험이 있다. 하지만 남녀가 짝을 이뤄서 일한 경험은 극히 드물다. 그 때문에 연애 혹은 결혼이라는 새로운 상황을 맞이하는 것 자체가 큰 어려움일 수밖에 없다. 하지만 두 사람이 예전처럼 서로에게 깊은 관심을 잃지 않는다면 그 어려움을 해결하기가 한결 쉬워지고, 더 나아가 두 사람의 관계도 한층 돈독해진다.

우리는 배우자에게 자신보다 더 깊은 관심을 쏟아야 한다. 여기서 중요한 점은 오로지 관심을 주어야지 배우자를 통제해서는 안 된다는 점이다. 가정생활에서 절대적인 권위는 백해무익할 뿐이다. 이는 애정생활과 결혼생활을 성공으로 이끄는 가장 중요한 기본이다. 자기 자신보다 배우자에게 더 깊은 관심을 쏟는다면 부부 사이의 진정한 평등이 이뤄질 수 있다. 우리가 진심으로 자신을 희생하며 봉사한다면 결혼생활에서 스스로를 낮춰 굽실거리거나 혹은 억압받는다는 느낌은 안 생긴다. 남녀 모두가 이러한 태도를 지녀야만 평등이 이뤄진다. 두 사람 모두 상대방의 삶을 좀 더 편안하고 풍요롭게 해주기 위해 노력해야 한다. 그래야만 결혼생활에서 안정감을 갖게 되고 더 나아가 자신의 가치도 한층 높아진다. 또한 비로소 원만한 결혼생활이 주는 만족감과 행복감을 얻을 수 있다. 이러한 감정은 당신이 누구도 대체할 수 없는 중요한 가치가 있는 사람이라는 느낌을 준다. 당신의 배우자가 당신을 필요로 하고 또 가정생활을 대하는 당신의 태도가 올바르다면 당신은 좋은 인생의 반려자이자 진정한 친구라고 할 수 있다.

아들러는 이렇게 말했다.

"결혼은 인생의 반려자를 통한 하나의 결합이다. 그래서 두 사람 모두 상대방을 통치하려고 해서는 안 된다."

▼

고대 그리스에는 부부에 관한 다음과 같은 말이 있다. 생명이 잉태되던 태초에 부부는 둥근 공처럼 하나의 몸체였다. 그러나 신이 반으로 쪼갠 탓에 인간들은 완전체를 이루기 위해 평생 자신의 반쪽을 찾으러 헤맨다.

설령 과거에는 하나의 몸체였다고 하더라도 오랜 세월 떨어져 있던 탓에 서로를 되찾아도 완벽한 합체를 이루기는 힘들다. 반쪽으로 생활하던 반평생 동안 그들의 삶 속에는 상대방의 존재 없이 오로지 자신만 있었기 때문이다. 어쩌면 불완전한 반쪽이었기에 각자의 모서리가 너무 뾰족해져서 상대방을 완전하게 이해하기 힘든 건지도 모른다. 그래서 우리가 각자의 반쪽을 찾아서 결혼식장에 들어가면서부터 진짜 진통시간이 찾아온다. 이때 결혼생활 속에서 계속 서로 적응하고 조화를 이뤄야만 다시금 예전의 완전체로 돌아갈 수 있다.

아들러가 말했던 것처럼 부부간의 융합방식은 천차만별이다. 하지만 여기에 상대방을 지배하는 방식으로 융합을 이루는 것은 결코 포함되지 않는다. 인간이 평생토록 자신의 반쪽을 찾는 것은 스스로가 불완전하기 때문이다. 그런데 상대방을 지배하는 방식으로 결합한다면 지배 당사자가 누구이든 간에 그 결혼은 행복하지 못할 것이다. 왜냐하면 그러한 결합은 불완전한 반쪽이 겹으로 포개지는 것일 뿐 행복한 완전체를 이루지 못하기 때문이다. 두 사람이 서로 조율하고 보완해야만 독신 시절에는 미처 깨닫지 못했던 좋은 품성을 찾아내기를 수 있다. 또한 지식적으로나 정서적으로 또 정신적으로 두 사람이 함께 새로운 성장을 이룰 수 있다.

사랑과 결혼의 의미를 놓고 아들러는 이렇게 말했다.

"사랑의 결과물인 결혼은 반려자에 대한 가장 정성 어린 봉사다. 이러한 봉사는 육체적 매력, 동반관계, 자녀 양육을 결정하는 과정에서 나타난다. 사랑과 결혼은 인류에게 없어서는 안 될 소중한 것으로서 남녀 두 사람의 행복한 협력에 유익할 뿐만 아니라 인류 전체의 행복한 협력에도 유익하다."

사랑과 결혼은 인류 공동이익을 위해 생겨난 협력이라는 관점을 견지한다면 결혼생활에서 비롯되는 다양한 문제를 손쉽게 해결할 수 있을 것이다. 설령 인류의 다양한 추구 중에 가장 본능적인 것이 육체적 매력일지라도 인류 발전에 결코 없어서는 안 되는 부분이다. 인간은 자연의 법칙을 따라야 하는 동물이기에 이 척박한 지구상에서 영원히 생존할 수가 없다. 그 때문에 인류 생명을 보존하는 주요 방법이 바로 우리의 생식 능력과 육체적 매력에 대한 끊임없는 추구를 통한 후손의 번식이다. 이성 간의 매력과 결합은 인류가 줄곧 추구해오던 것이었다. 사실상 우리는 이러한 결합 속에서 사랑받기를 갈구해왔다고 할 수 있다. 우리가 자신의 행복을 타인에게 사랑받은 정도에 귀결시키는 것도 이런 이유에서다. 그 때문에 사랑받지 못하면 끝도 없는 괴로움 속에 빠지기 쉽다.

결혼생활의 갖가지 문제는 비록 우리를 곤혹스럽게 하지만 우리 인류를 대대손손 이어가게 해주는 유일한 방식이다. 또한 결혼생활이 주는 즐거움과 매력은 그 무엇으로도 대체할 수 없다. 결혼생활을 위해 진심으로 모든 것을 헌신한다면 모든 문제를 순조롭게 해결해 나아갈 수 있다. 결혼생활의 모든 문제를 해결하려면 협력과 헌신의 중요성을 깨달아야 한다.

결혼을 통해
사랑의 충족감을 얻어라

Adler

친밀하고 오랫동안 지속되는 부부관계는 행복한 생활의 상징이다.

아들러는 성숙한 결혼생활에서 만족감을 느끼는 것은 두 사람이 로맨틱한 사랑을 지속해야 한다는 압박에서 벗어났기 때문이라고 여겼다. 로맨틱한 사랑은 뜨거운 열정이 전제되어야 하는데, 풍요롭고 다채로운 무한대의 환상을 가져다준다.

부부가 로맨틱한 사랑을 느끼지 못할 경우, 그들은 사랑을 그저 결혼을 유지해주기 위한 접착제라고만 여길 뿐 그 사랑에서 정신적인 즐거움을 느낄 수 있기를 욕심내지 않는다. 성숙한 결혼은 열정이 식은 뒤의 사랑의 산물이다. 성숙한 결혼생활을 하는 부부는 사랑의 여러 단계를 명확히 깨달았기 때문에 사랑의 자극을 과도하게 요구하지 않는다. 반면에 서로에게 주는 따뜻한 온기와 편안한 느낌을 누리려고 한다. 그들은 자유로이 책을 읽거나 음악을 듣거나 자신의 취미생활을 즐기면서도 상대방을 외롭게 한다는 걱정을 할 필요가 없다. 그밖에도 그들은 집안일을 함께 분담하면서 서로에게 더욱 많은 관심을 쏟고, 또 공동의 노동이 가져다주는 행복한 결속력을 함께 누린다.

이혼은 부부관계 속에서 사랑이 결핍된 극단적인 반응이다. 부부가 인내심을 갖고 결혼생활을 유지해간다면 다시금 행복을 되찾을 수 있다.

어느 심리학자가 결혼생활에 관한 설문조사를 진행한 적이 있었다. 그들은 결혼생활에 불행을 느끼면서도 여전히 결혼관계를 유지하는 사람들을 5년 후 다시 방문했는데, 그중 약 80퍼센트가 현재의 결혼생활이 '대단히' 혹은 '상당히' 행복하다고 대답했다.

행복한 결혼생활을 원한다면 결혼하기에 앞서 신중하게 앞으로의 결혼생활에 대한 계획을 세워야 한다. 물론 결혼은 혼자만의 일이 아니다. 행복한 결혼을 위해 배우자를 매우 신중하게 선택해야 한다.

대다수의 전문가는 저마다의 관점에서 사랑, 결혼에 대한 연구와 이론을 세운다. 그들의 관점은 저마다 다르지만 한 가지 공통된 부분이 있다. 바로 결혼은 두 사람이 노력하며 꾸려가야 한다는 점이다.

아들러는 이렇게 말했다.

"친밀하고 오랫동안 지속되는 부부관계는 행복한 생활의 상징이다."

우리는 결혼생활에서 만들어가는 행복 속에서 사랑의 영양소를 흡수하고 또 사랑이 주는 만족감을 체험한다. 그러나 이러한 친밀하면서도 오랫동안 지속되는 부부관계는 점차 줄어드는 추세이다. 프랑스 속담에 '사랑은 시간을 갉아먹고 시간 역시 사랑을 갉아먹는다'라는 말이 있다. '결혼만 하면 아무런 노력을 기울이지 않아도 저절로 달콤함, 평등, 즐거움, 만족감을 준다!'고 여긴다면 의심할 여지 없이 그 사랑은 시간에 갉아먹히기 쉽다. 왜냐하면 사랑은 하나의 과정이기 때문이다. 그 과정의 단계마다 각기 다른 특성과 요구사항이 있다. 우리가 시간 속에 침몰되어 눈과 귀가 먼 채 사랑받기만을 갈구한다면 우리의 사랑은 오랫동안 지속되기 힘들다.

사랑에는 운영의 기술이 필요하다. 우리가 노력해야만 사랑이 소진하는 것을 막을 수 있다. 설령 직장에서 산더미 같은 업무에 시달리더라도 시간을 쪼개 가족과 함께 시간을 보내야 한다. 설령 가정생활에 불만이 많아도 배우자에게 끝도 없는 원망과 잔소리를 늘어놔서는 안 된다. 또한 자신의 꿈만을 위해 모든 시간과 노력을 바치며 배우자의 꿈을 외면해서도 안 된다. 이처럼 끊임없는 정성과 노력으로 결혼생활을 운영

▼

해나가야만 풍성한 행복의 과실을 얻을 수 있다.

평등하고 친밀하고 서로 지지하는 부부관계를 맹세한 사람만이 오랫동안 지속되는 결혼생활에서 사랑의 만족감을 얻을 수 있다. 우리는 누구나 살아가면서 아름답고 행복한 애정을 꿈꾼다. 하지만 이처럼 행복한 사랑 역시 우리에게 하나의 의구심을 가져다준다. '과연 평생토록 내 옆에서 나를 사랑해줄 반려자를 만날 수 있을까?' 하는 의구심이다. 누구나 가져보는 이 의구심에 어느 현자는 이러한 대답을 했다.

"당신과 일시적인 감정놀음을 하려는 사람이 아니라 진정으로 당신을 사랑하는 이를 만나야 합니다. 진정한 사랑 속에서 우리는 누구나 성실하고 또 단순해집니다."

"사랑하다 상처를 받지 않을까요?"

"물론 상처를 받게 될 겁니다. 하지만 당신이 정성을 다해 그를 대한다면 그는 이를 악물고 상처를 극복할 것입니다."

"사랑은 어떤 과정을 거치나요?"

"사랑은 단번에 완성되는 것이 아니라 점진적으로 발전합니다. 당신이 우물에서 숭늉 찾기식으로 성급하게 군다면 진정한 사랑을 얻기 힘듭니다. 사랑은 인내심을 갖고 자신의 모든 것을 바칠 수 있는 사람의 몫입니다. 진정한 사랑을 상대방에게 쏟는다면 그러한 헌신은 당신을 찬란한 빛으로 빛나게 해주며, 상대방도 그 찬란한 아름다움에 감화될 것입니다. 설령 당신이 못생겼다고 해도 상대방은 그에 아랑곳하지 않을 것입니다."

　사랑해서 결혼식을 올린 사람들은 서로 평생을 함께하기로 맹세했다. 그들이 자발적으로 사랑의 '성곽' 안으로 들어선 것은 결혼생활을 통해 사랑의 만족감을 얻기를 바라기 때문이다. 이러한 만족감은 열정적인 사랑뿐만 아니라 소박하고 안정적인 사랑 속에서도 얻을 수 있다.